로저도슨의

협상비법

Secrets of Power Negotiating for Salespeople

로저도슨의

협상비법

SIA 시아

옮긴이 이덕열

동국대학교 졸업. (주)마당에 입사, 출판계에 발을 내디뎠다. 이후 출판기획 및 번역 회사인 미디어뱅크에 근무하면서 전문 번역가로서 활약하게 되었다. 옮긴 책으로 『미국을 말한다』, 『아래로부터의 세계화』, 『벌리츠 여행 안내서』 시리즈, 『반룬의 예술사 이야기』시리즈 등이 있다.

협상비법

초판 1쇄 발행 2017년 7월 10일

지은이 로저 도슨
옮긴이 이덕열
펴낸이 김형성

디자인 정종덕
마케팅 최관호
관리 남영애

펴낸곳 (주)시아컨텐츠그룹

주소 경기도 파주시 재두루미길 150
등록번호 460-251002014000093
전화 031-955-9696 **팩스** 031-955-9393
E-mail siaabook9671@naver.com

ISBN 979-11-961212-5-9
값 16,000원

잘못된 책은 구입하신 서점에서 바꾸어 드립니다.

서문

누군가 무엇을 팔아도 이익을 남기지 않으면 아무 소용 없다

1980년대 후반, 세계는 극적으로 변화했다. 철의 장막이 열리기 시작했고 감춰졌던 공산주의 사회의 실상이 조금씩 모습을 드러냈다. 나는 매우 격앙되어 있었다. 소련 사람들의 일상생활이란 것은 내 일생동안 가장 신비로운 것으로 여겨졌기 때문이다. 그때 몇몇 외국인이 처음으로 소련사회의 구조를 직접 보고 평가할 수 있는 기회를 가지게 되었다.

낯선 외국으로의 여행은 언제나 나를 황홀하게 했다. 나는 스무살 때 영국 해운 회사에서 사진 기사로 있었는데 운 좋게도 그때 세계일주의 기회를 가지게 되었다. 낯선 곳으로의 여행은 나를 들뜨게 했고 사실 나는 그런 여행을 마음속으로 몹시 원했다. 나는 특히 앞으로 뉴스가 될 만한 곳으로 여행하기를 기대했는데 그런 곳의 뉴스나 이야기는 듣는 사람을 쏙 빠져들게 하기 때문이다. 그래서 나는 1989년에 소련으로 여행이 허락된 사람 중 한 사람이 되었다. 입국이 허가된 첫 번째 관광단에 참여한 것이다. 나와 아들 존은 2주 동안 중국에서 보냈고 이후 2주 동안을 러시아와 우크라이나에서 보냈다.

그때 소련은 역사상 유례없는 놀라운 경험과 격심한 변화를 겪고 있었다. 물론 그때까지 공산당의 엄격한 통제 아래 있었지만, 소련공산당 정치국에서는 자본주의 사회를 받아들이는 것에 대한 가능성에 대해서 논의하고 있었고 인민들은 흥분해 있었다. 페레스트로이카가 이미 사회 곳곳에 널리 확산되어 스며들고 있었던 것이다.

나와 존이 보기에, 러시아 사람들은 자본주의에 대해 배워야 할 것이 아주 많았다. 당시에는 물건을 파는 곳이면 어떤 가게든 그 앞에 사람들이 길게 줄지어 서 있었다. 그곳에서 파는 물건이 무엇이냐는 그들에게 중요하지 않았다. '물건' 자체가 워낙 귀해서 무엇이든 살 것이었다. 그들은 자기 차례가 왔을 때, 살 물건이 아직 남아 있는 것을 보고 기뻐했다.

존과 나는 어떤 남자가 상자를 들고 길모퉁이로 가서 상자를 열기 위해 몸을 구부리는 것을 보았다. 그가 몸을 채 펴기도 전에, 한 무리의 군중이 그를 둘러싸며 그의 얼굴에 루불화를 내밀기 시작했다. 그가 파는 것은 싸구려 시계였다. 마치 피라니아가 먹이를 공격하듯이 사람들은 무서운 기세로 돈을 앞으로 전달했으며 앞 사람들은 오도 가도 못하게 꼼짝없이 갇혀 버렸다. 그러면 시계가 건네졌고, 시계를 받은 사람은 재빨리 포장을 뜯고 물건을 보았다. 채 3분도 안 되어, 경찰이 단속하기 훨씬 전에, 그 상인은 재빠르게 사라졌다.

우리는 붉은 광장과(공산주의와 상관없이 벽돌색깔 때문에 붙여진 이름) 크렘린 궁이 내려다보이는 그 유명한 굼 백화점에 갔다. 우리는 그 백화점이 소련 체제의 성공을 기념하는 건물이기를 기대했다. 하지만 우리가 거기에서 본 것이라고는 팔 물건이 거의 없는 빈 진열대들뿐이었다. 살 수 있는 것들은 질이 형편없는 값싼 물건들이었다.

나는 미국 식품 창고 협회에서 파견되어 온 미국인들과 이야기 나눌 기회가 있었다. 그들은 소련이 좀더 정교한 식품 유통 체계를 확립하는 데 도움을 주기 위해 온 사람들이었다. 그들은 러시아에 와서 깜짝 놀랐다고 말했다. 인구 2억 6,000만 명인 이 나라에 식품 유통 체계가 사실상 없는 것이나 마찬가지였기 때문이다.

창고도 없고, 바코드 해독기가 달린 컨베이어 벨트도 없고, 현금 등록기 인식에서부터 재고정리가 바로 가능한 컴퓨터도 없었다. 정말 아무것도 없었다. 그들은 상품을 가지고 있지도 가져 본 적도 없었다. 만약 물건이 있다면 트럭에 실어 가게로 보냈을 것이고, 거기에서 몇 분 이내에 소비자 손으로 사라질 것이다.

나는 소련에서 실행 중인 정책과 시스템을 실제로 보면서, 문득 그 시스템이 효과가 없는 까닭을 떠올릴 수 있었다. 그리고 그 순간, 미국이 냉전에서 최후의 승자가 될 것이며 결국 그로 인해 소련이 붕괴할 수밖에 없으리란 것을 알았다. 소련에는 세일즈맨이 존재하지 않았다. 자본주의 사회에서는 세일즈맨이야말로 모든 일의 기본이 되는 열쇠이다. 누군가 무엇을 팔지 않으면 아무 일도 일어나지 않는 것이다. 우리 체제에서는 세일즈맨이야말로 수요를 창출하고 공급을 생산하는, 원동력이다. 그것은 곧 우리 경제 전체를 움직이는 연료와 같다.

나는 미국의 시스템을 생각해 보았다. 미국에서의 사업은 말로 설명할 수 없을 정도로 복잡하다. 소련은 그것을 이해하지 못한다. 그들은 그저 공산주의를 포기하고 몇몇 열성적인 사업가에게 맡기면 경제를 살릴 수 있을 것이라고 생각한다. 얼마나 어처구니 없는 생각인가!

사업이란 본사에 천재 한 명 있다고 해서 돌아가는 것이 아니다. 사업이 잘 돌아갈 수 있는 것은 수백만 명의 세일즈맨이 아침마다 만나 커피를 마시면서 어떻게 하면 더 잘 할 수 있을까 토론하기 때문이다. 전국적으로 하루에 1,000개의 호텔에서 만 건의 약속이 잡히고, 회사는 회사대로 영업 미팅을 열어 세일즈맨에게 정보를 주고 교육시키고 힘을 불어 넣어 주기 때문에 미국은 돌아간다. 미국의 비즈니스는 9,000개가 넘는 전국적인 조직들이 매년 모임을 통해 경쟁자들을 만나고, 해당 업계를 좀더 발전시킬 수 있는 방법에 대해 이야기하는 가운데 제 기능을 발휘한다. 미국에서의 사업은 매일 수백 만 명의 경영자들이 복도에서, 커피숍에서, 사무실에서, 회의실에서 만나 자신들의 상품을 팔고, 더 잘 팔 수 있는 방법을 배우고 가르쳐 주기 때문에 잘 돌아간다.

누군가 무엇을 팔지 않는다면 세상에는 아무 일도 일어나지 않는다.

그러나 미국 내 판매 상황은 변하고 있다. 외부 상황은 점점 더 힘들어지고 있고 경쟁은 이전보다 더 치열해졌다. 경쟁이 전세계로 확대되면서 한 발 더 나아가는 사람만이 살아남을 수 있다. 어떤 부문에서는 제품을 처음 생산해서 이익을 얻을 수 있는 기간이 몇 년에서 몇 달, 심지어 몇 주로 짧아지고 있다. 바이어들은 과거보다 훨씬 더 노련해졌고 정보에 밝아졌다.

당신과 당신의 세일즈맨들이 상대하는 바이어들은 가격을 좀더 낮추기 위해 엄청난 압력을 가해 오고 있다. 당신의 세일즈맨이 제대로 협상에 임하는 방법을 모른다면, 아무리 판매량이 치솟아도 당신은 손해를 볼 수밖에 없다. 가격하락의 압박은 엄청나게 거세져서 이제 "누군가 무엇을 팔지 않으면 아무런 의미도 없다"는 말도 옛말이 되어 버렸다.

이제 우리는 그것을 고쳐야 한다. "누군가 이익을 남기며 팔지 않으면 아무런 의미가 없다."

이 책의 모든 내용은 세일즈맨들이 보다 높은 이윤을 남기고 팔 수 있도록 가르치기 위한 것이다.

캘리포니아 라 하브라 하이츠에서
로저 도슨

목차

4부 협상의 마무리

5부 왜 생각처럼 돈이 그다지 중요하지 않을까

6부 협상을 성공적으로 마치는 마무리 비법

7부 협상의 주도권을 쥐는 방법

8부 협상 상대방 파악하기(지피지기면 백전백승)

1부
협상이 왜 중요할까?

1. 새로운 시대의
영업 환경 변화와 판매의 의미

2. 윈윈 영업 협상 전략
(서로가 만족하는 영업 협상의 방법)

3. 협상에도 법칙이 있다

1 새로운 시대의 영업 환경 변화와 판매의 의미

몇 년 전에 나는 '파워 협상 비법'이라는 제목으로 카세트테이프를 낸 적이 있다. 예상 외로, 그리고 나로서는 너무도 기쁘게 테이프는 유례를 찾아보기 어려울 만큼 많이 팔렸다. 그 덕분에 나는 전국의 영업 관리자들로부터 많은 전화를 받았다. 이윤폭을 높이고 저가 공세를 펴는 경쟁사들을 막을 수 있도록 자기 회사 영업 사원들을 교육시켜 달라는 것이었다.

IBM이나 제록스, 브록터앤갬블, 머크 퍼머슈티컬, 애보트 드러그, 제너럴 푸즈 등과 같은 거대 기업에서부터 아주 작은 신생 기업에 이르기까지 나는 오랫동안 강의를 했다. 그러나 나에게 그보다 더 중요한 것은 세일즈맨에 대해, 바이어에 대해, 그리고 날로 변하는 영업 전략에 대해 많이 배웠다는 점이다.

몇 년 동안 세일즈맨들은 영업직에 대해 많은 것을 알려 주었다. 그들은 외적 환경이 더욱 어려워지고 있으며, 21세기에는 최고의 유능한 세일즈맨만이 성공할 수 있다고 말한다. 나는 앞으로는 영업직에 커다란 변화가 일어날 것이라고 생각한다. 영업직에 불어오는 시련을 몇 가지 들어보면 아래와 같다.

추세 1: 바이어들은 점점 더 노련한 협상가가 되어 간다

세미나에서 만난 모든 세일즈맨과 영업 관리자들은 한결같이 말한다. "지금의 바이어들은 10년, 20년 전 바이어보다 훨씬 더 노련한 협상 전문가들이다." 이 추세는 지금도 계속되고 있다.

나는 이렇게 애매하게 말하는 것을 싫어한다. 그러나 그것이 현실로 나타나고 있다. 당신이 어떤 회사에 물건을 팔고 있다고 하자. 그 회사 경영자 생각에, 이익을 낼 수 있는 가장 빠르고 좋은 방법이 무엇일까? 바로 당신 호주머니에서 돈을 꺼내 곧장 자기 호주머니에 넣는 것이다!

이 점에 대해서 잠깐 생각해 보자. 당신 고객이 이익을 증대시키는 방법에는 세 가지가 있다.

1 더 많이 파는 것이다　이것은 경쟁사와 한바탕 접전을 치르거나(경쟁사의 사업 영역 일부를 빼앗아 시장 점유율을 높인다), 새로운 제품 또는 기존 제품과 다른 제품을 만들어 새 시장을 형성시킨다는 뜻이다.(매우 큰 위험을 감수하거나 비용이 많이 드는 측면이 있다.)

2 비용을 줄이는 것이다　이것은 종업원을 해고하거나 새 장비 구입비용을 줄이면 된다.

3 당신을 비롯한 공급자들과 협상을 잘 하는 방법이다 이것이 가장 쉽다. 문제는 그들 이익이 커지는 만큼 당신 이익이 줄어든다는 것이다.

이와 관련하여 지금 여러 회사에서 일어나고 있는 현상이 바로 바이어의 직급 상승이다. 10년 전만 하더라도 연공서열을 통해 진급한 바이어와 상대하면 됐다. 하지만 지금은 경영에 전문성을 가지고 있는 사장급 인사들과 상대해야 한다.

상대는 하버드 대학에서 일주일 동안 협상 교육을 받고 막 돌아온 사람일 수도 있다. 그는 협상을 잘 하는 것이 시장 점유율을 높이거나 생산 비용을 줄이는 것보다 훨씬 더 쉽다는 것을 잘 알고 있다.

추세 2: 바이어들은 어느 때보다 정보를 많이 갖고 있다

예전에는 바이어들이 세일즈맨을 필요로 할 때가 많았다. 바이어들은 세일즈맨을 통해서 가치 있는 정보를 얻어 낼 수 있었기 때문이다. 과거에, 바이어들은 무엇보다도 정기적으로 찾아오는 세일즈맨을 통해 업계의 신제품이나 새로운 흐름에 대한 정보를 얻었다. 그 정보가 꽤 쓸모 있었기 때문에 세일즈맨들은 그것을 유리하게 이용할 수 있었다. 하지만 이제 그런 이점이 사라지고 있다. 오늘날 바이어들은 컴퓨터를 이용하여 관심 분야에 관한 정보를 얻을 수 있다. 또 업계 뉴스도 그때그때 듣는다.

옛날에 세일즈맨들은 바이어들에게 허풍을 떨 수 있었다. 예를 들어 옛날에는 백화점 체인에 물건을 팔려는 세일즈맨이 구매 담당자에게 말할 수 있었다. "우리 회사의 전 모델을 취급하면 최고급 모델의 판매 비중이 전체의 32퍼센트를 차지할 것이며, 그럼으로써 이윤은 3퍼센트 증가할 것입니다."

오늘날 세일즈맨이 그렇게 말하면 달걀 세례를 받을지도 모른다. 컴퓨터에 몇 개의 숫자만 쳐 넣으면 해당 제품의 판매 현황을 금방 알 수 있기 때문이다. 구매 담당자는 그 자리에서 말할 것이다. "그건 제가 알아 본 것과는 다르군요. 워싱턴 지점에서 시험 판매해 봤는데 최고 모델의 판매 비중은 12.8퍼센트에 불과했고, 이윤은 겨우 0.8퍼센트 높아졌습니다. 그건 당신네 회사의 다른 제품을 비치하기 위해 쓴 비용만큼도 안 됩니다."

바이어가 정보에 밝을 때 나타나는 문제가 또 있다. 다른 곳에서 더 좋은 조건으로 거래되는지 여부가 금방 드러난다는 점이다. 어떤 쿠키 제조업체가 덴버 지역에서 시장 점유율을 높이고 싶어 한다고 하자. 그 업체는 출고량도 늘리고 판매를 촉진시키기 위해서 해당 지역 상점들에게 특혜를 준다. 그러면 곧 전국의 음식 소매점과 도매점은 그 특혜를 받기 위해 자기 지역 공급자에게 주문하지 않고 덴버에서 주문한다. 그들은 덴버로 물건을 받으러 갈 필요도 없다. 서류상의 발송지를 자기네 창고로 바꾸기만 하면 된다.

추세 3: 세일즈맨의 역할이 바뀌고 있다—역할 전도

예전에 세일즈맨의 역할은 분명하게 정해져 있었다. 제조업체의 제품을 사용자나 배급업자에게 파는 것이었다. 하지만 오늘날의 세일즈맨들은 자신의 역할이 점점 바뀌고 있음을 절감하고 있다. 파는 사람이라기보다 사는 사람이 되어 가는 것이다. 이 현상은 소매상인에게 직접 판매하는 업계에서 뚜렷하게 나타나고 있지만, 이 추세는 다른 업계로 계속 확산될 전망이다. 프록터앤갬블이나 제너럴 푸즈 같은 식품 생산업체들이 나를 고용한 것도 그 때문이었다. 소매상인들과의 협찬 광고 프로그램 협상 방법에 대해 세일즈맨들을 교육시켜 달라는 것이었다.

샐러드드레싱 제조업자를 예로 들어 보자. 처음에 이 사람은 그저 자기가 먹으려고 샐러드드레싱을 만들기 시작했을 수도 있다. 그런데 저녁에 초대된 손님들이 샐러드드레싱을 아주 맛있게 먹어서 친구들에게도 조금씩 만들어 주기 시작했다. 그러다가 크리스마스 선물이나 생일 선물용으로 많이 만들어 보았다. 모든 사람들이 좋아할 뿐만 아니라 시장에 팔아 보라고 권하기까지 했다. 그는 사업에 뛰어들었다. 소규모 창업 자금을 빌린 다음 슈퍼마켓과 식료품점을 돌면서 물건을 팔기 시작했다.

그러나 실망스럽게도 상점에 진열하는 데에 비용이 너무 많이 든다. 우선 상점에 물건을 들여놓는 것부터 협상을 시작해야 한다. 상점 관리자가 말한다. "우리 진열대에 진열하는 것 자체에 금전적 가치가 있습니다. 당신의 샐러드드레싱을 우리 진열대에 올려놓으려면 2만 달러의 진열 요금을 내야 합니다." 여기에서 그치지 않는다. 샐러드드레싱이 팔리지 않으면 재고를 반품받아야 함은 물론, 다른 상품을 진열했을 때 발생할 수 있는 수익금까지 변상해야 할 수도 있다. 상품을 좋은 곳에 진열하려면 특별 진열 요금 문제를 협상해야 한다. 게다가 신문에 광고하는 비용과 판촉 전단지의 제작, 배포 비용 등 상점 측과 협상할 일이 줄줄이 늘어선다. 물건 파는 일보다도 상점에서 준비하는 각종 프로그램 참여 비용을 협상하는 데에 더 많은 시간을 쓰게 된다.

이것은 슈퍼마켓이나 백화점, 또는 편의점 같은 소매점에 물건을 파는 사람 누구에게나 적용되는 아주 전형적인 역할 전도이다.

따라서 세일즈맨의 역할은 앞으로 더욱 극적으로 바뀔 것이다. 세일즈맨으로 성공하려면 지금까지보다 좀더 지적이고 다재다능해져야 하며 한층 향상된 교육을 받아야 할 것이다. 무엇보다도, 세일즈맨은 좀더 유능한 영업 협상가가 되어야 한다.

2

윈윈 영업 협상 전략 (서로가 만족하는 영업 협상의 방법)

세일즈맨이라면 '협상의 목적은 서로 만족하는 방법 찾기' 라는 말을 한번쯤 들어 보았을 것이다. 서로 만족하는 협상 방법이란 세일즈맨과 바이어가 협상을 마치면서 서로 자기가 이겼다고 생각할 수 있는 방법이다. 두 사람이 협상하는 경우를 보면서 생각해 보자. 여기 오렌지를 갖고 싶은 사람이 둘 있는데, 오렌지는 하나뿐이다. 그들은 서로 자기가 갖겠다고 옥신각신하다가, 결국 오렌지를 반으로 갈라서 한쪽씩 갖는 것이 최선이라는 결론에 이른다. 즉 원하는 것의 반만 갖는 것으로 만족한다. 정말 공평하게 하려면 한 사람이 자르고 나머지 한 사람이 고르면 된다. 그러나 협상하면서 각자 오렌지가 필요한 이유를 말하면 결과가 달라질 수 있다. 한 사람은 주스를 만들기 위해 알맹이가 필요하고 또 한 사람은 케이크를 굽기 위해 껍질이 필요하다는 사실을 알아 낸 것이다. 그들은 두 사람 모두 이기는, 어느 쪽도 지지 않는 방법을 찾아 낸 것이다.

틀림없이 그렇다!

그건 실제 상황에서도 일어날 수 있다. 물론 눈에 띌 만큼 자주 일어나지는 않는다.

직접 협상 현장을 보자. 당신이 바이어와 마주 앉아 있을 때, 그것조차 운이 좋고 능수능란해야 기회가 오는 것이지만, 대부분의 경우 바이어가 원하는 것이 바로 당신이 원하는 것이다. 서로 좋은 방법, 즉 윈윈 해결 방법이 있을 것 같지 않다. 바이어는 가장 싸게 사기를 원하고 당신은 가장 비싸게 팔기를 원한다. 바이어는 당신의 호주머니에서 돈을 꺼내 자기 호주머니에 넣고 싶어한다.

파워 영업 협상의 입장은 다르다. 물론 파워 영업 협상은 협상 테이블에서 승리하는 방법을 가르친다. 그러면서 바이어도 자기가 이겼다고 생각하게 한다. 사실 이 기술이 파워 영업 협상의 요체이다. 두 세일즈맨이 정확하게 같은 상황에 있는 두 사람의 바이어를 만나러 간다고 하자. 두 사람 모두 정확하게 같은 가격과 조건으로 판매를 마칠 수 있다. 무능한 세일즈맨은 상대가 졌다고 생각하게 한다. 그러나 파워 영업 협상가는 상대로 하여금 자기가 이겼다고 생각하게 한다.

> 파워 영업 협상가는 상대가 이겼다고 생각하게 한다.
> 무능한 협상가는 상대가 졌다고 생각하게 한다.

나는 이 방법을 가르칠 것이다. 그것도 상대가 이겼다고 끝까지 생각하게 만드는 방법을 가르칠 것이다. 그 방법을 이용하면 상대가 다음날 아침에 일어나서 '이제 와서 보니 그 세일즈맨이 나한테 교묘한 수를 썼어. 그를 다시 만나서 얘기해 볼 때까지 결정을 보류해야지' 따위의 생각을 하지 않을 것이다. 절대로 아니다! 상대방은 정말 기분 좋게 협상했고 당신을 다시 만나 얘기할 필요가 없다고 생각할 것이다.

내가 가르치는 파워 영업 협상 비법을 배워서 실전에 적용한다면, 당신은 앞으로 다시는 바이어에게 졌다고 생각하지 않을 것이다. 협상을 마치면서 늘 자신이 이겼으며, 바이어와의 관계도 한층 좋아졌다고 느낄 것이다.

3

협상에도 법칙이 있다

체스와 마찬가지로, 파워 영업 협상은 일련의 규칙에 따라 이루어진다. 협상과 체스의 가장 큰 차이는, 협상의 경우에는 상대방이 그 규칙을 꼭 알아야 할 필요가 없다는 것이다. 당신은 자신의 움직임에 대한 상대의 반응을 예측할 수 있다. 수년에 걸쳐 경험한 수만 가지 반응을 통하여, 우리는 상대방이 어떻게 반응할지 알 수 있다. 물론 늘 정확한 것은 아니다. 그러나 협상을 단순한 기술이 아닌 과학으로 만들기에는 충분하다.

작은 실험을 통해 이것을 알아 보자.

1부터 10 사이의 숫자를 하나 생각한다.

그 숫자에 9를 곱한다.

곱해서 나온 숫자의 두 자리를 서로 더한다.

거기에서 5를 뺀다.

나온 숫자를 그 순서에 해당하는 A, B, C, D, E, F 등의 알파벳으로 바꾼다. 1이 나왔다면 A, 5가 나왔다면 E가 될 것이다.

이제 그 문자로 시작되는 나라 이름을 생각한다.

그 나라 이름의 두 번째 알파벳으로 시작되는 동물 이름을 생각해 보라.

이제 결과를 알아 보자. 위의 과정을 통해 나온 나라는 덴마크(Denmark)이며 동물은 코끼리(Elephant)이다. 어떻게 알았을까?

오레건 주와 노스웨스트 다코타 주 등의 북서부에 사는 사람에게 같은 실험을 하면 결과가 덴마크와 말코손바닥사슴(elk)으로 나온다는 것을 어떻게 알 수 있을까?

그리고 만약 당신이 혼란을 일으켰다면, 그것은 계산에 헷갈렸으며 결과가 전혀 엉뚱하게 나온다는 것을 내가 어떻게 알았을까? 내가 천재이기 때문이 아니다. 그것은 내가 수천 명의 사람들에게 실험해서 어떤 반응이 나올지 예측할 수 있기 때문이다. 협상도 이와 같은 방식이다. 당신의 움직임에 대한 상대방의 반응은 충분히 예측할 수 있다.

체스를 둘 때에 사람들은 이른바 '수'라는 전술적 움직임을 쓴다. 거기에는 시작된 게임을 당신 뜻대로 이끌려는 초반 전략이 있다. 그리고 게임을 계속 당신 뜻대로 이끌어나가려는 중반 전략이 있다. 또한 상대에게 외통수를 먹일 준비가 되었을 때 사용할 마무리 전략, 또는 영업에 빗대어 이야기한다면 마무리 영업이 있다.

이와 같이 이 책은 여러분에게 파워 영업 협상의 전략들을 가르칠 것이다.

첫째, 당신은 초반 전략을 배울 것이다. 이것은 바이어와 접촉하는 초기 단계에서 구사하는 수법으로, 성공적인 결말을 위한 초석을 놓기 위해 바이어와 접촉하는 초기 단계에 사용한다.

이것은 매우 중요하다. 왜냐하면 협상이 진행될수록, 모든 진척 상황이 초기 단계에 조성해 놓은 환경에 따라 달라지기 때문이다. 무엇을 요구할 때에나 어떤 태도를 보여 줄 때에는, 협상의 모든 요소들을 세심하게 고려하여 짠 계획 속에서 실행되어야 한다. 바이어, 시장, 바이어의 회사 등을 잘 평가한 뒤에 구사한 초반 전략에 따라 성공과 실패가 엇갈릴 것이다.

그 다음에는 중간 전략을 배울 것이다. 그것은 여세를 계속 당신 쪽으로 몰고 가는 방법이다. 이 국면에서는 다른 일이 펼쳐진다. 양쪽의 움직임이 흐름을 만들어 내는데, 그 흐름이 협상 당사자들 주위에서 휘돌아 다른 방향으로 몰고 간다. 이런 압력에 대처하고 주도권을 놓치지 않는 방법을 배울 것이다.

마지막으로, 마무리 전략을 배울 것이다. 여기까지 배우면 당신은 원하는 것을 얻고, 상대방도 나름대로 자기가 이겼다고 생각하면서 협상이 마무리될 수 있다. 마지막 몇 분에 따라 결과가 달라질 수 있다. 경마와 마찬가지로, 경기에서 순위를 매기는 곳은 한 군데뿐이다. 바로 결승점이다. 파워 영업 협상가로서, 당신은 끝까지 협상 과정을 부드럽게 통제할 수 있는 방법을 배울 것이다.

2부
협상은 이렇게 시작하라 (영업 협상의 초반 전략)

4 당신이 원하는 그 이상을 요구하라(좀더 부풀려서 요구하기)

지금부터 영업 협상의 초반 전략이 시작된다.

규칙 제1조는 '원하는 그 이상을 요구하라'이다

헨리 키신저는 "협상 테이블에서의 효율성은 자기 요구를 과장해서 이야기하는 것에 달려 있다"라고까지 말했다. 흥미롭지 않은가? 국제 협상가로 세계적 명성을 떨친 어떤 사람은 공개적으로 말했다. 자신과 협상하는 사람은 자기가 좀더 부풀려서 요구할 것을 예상해야 한다고. 이것을 명심해야 한다. 비록 "바이어는 멍청이가 아니다. 그는 내가 부풀려서 요구한다는 것을 즉시 알아차릴 것이다"라고 생각해도 달라질 것은 없다. 그렇다고 하더라도, 이것은 뛰어난 협상 원칙이다.

원하는 그 이상을 요구해야 하는 까닭을 몇 가지 생각해 보자.

■ 바이어가 여기저기 온갖 군데에서 견적을 받을 것이 확실한데

당신은 왜 여전히 그 가격을 그대로 요구하는가?

- 당신 제품의 정가가 현재 바이어가 지불하는 값보다 높은 것을 알면서도 그 가격을 그대로 요구해야 하는 까닭은 무엇인가?
- 바이어가 예산을 너무 의식해서 많은 돈을 지불하지 않을 것이 확실한데도 그에게 최고 모델을 구입하라고 권해야 하는 까닭은 무엇인가?
- 바이어가 과거에 그런 적이 없음을 알면서도, 바이어가 보증 서비스 연장 옵션을 선택할 것이라고 가정해야 하는 까닭은 무엇인가?

위의 질문을 잘 생각해 보면 당신이 원하는 것 이상으로 부풀려서 요구해야 마땅한 이유가 몇 가지 생각날 것이다.

1 가장 확실한 이유는 그럼으로써 협상의 여지가 생긴다는 것이다

일단 가격을 제시하고 나면 언제라도 깎아줄 수 있지만 더 올릴 수는 없다.(마무리 협상 전략에 가면, 하나씩 하나씩 좀더 좋은 거래로 나아가는 방법이 나온다. 어떤 것은 초반보다 협상 마무리 부분에서 더 쉽게 얻을 수 있다.)

당신은 납득 가능한 최고액을 요구해야 한다. 납득 가능한 최고액이란 상대방이 납득할 수 있는 범위 내에서 당신이 요구할 수 있는 최고 수준의 액수를 뜻한다.

상대에 대해서 잘 모를수록, 초기에 제시하는 액수가 높아야 한다. 거기에는 두 가지 이유가 있다. 첫째로, 애초의 예상을 벗어나는 결과가 일어날 수 있다. 바이어에 대해서, 또는 그가 원하는 바에 대해서 모른다면, 바이어는 당신 예상보다 높은 액수를 기꺼이 지불할 수도 있다. 두 번째 이유는, 이것이 새로운 관계라면, 그래서 좀더 크게 양보할 수 있다면, 당신을 훨씬 더 우호적으로 보이게 할 수 있다는 것이다. 반대로 상대편이 당신을 모른다면, 그들의 초기 제시 액수도 어처구니없는 수준이 될 수 있다.

납득 가능한 최고액보다 더 높은 액수를 요구할 때에는 조정의 여지가 있음을 슬쩍 비추어야 한다. 바이어가 보기에 당신의 초기 제시 액수가 지나치게 높고, '이 정도 아니면 안 된다'는 태도라면 협상을 시작조차 못할 수도 있다. 바이어가 "그 정도라면 우리는 얘기할 게 없군요"라고 간단하게 말할 수 있다. 그러나 웬만큼 융통성이 있음을 암시하면 터무니없는 초기 제시 액수라도 넘어갈 수 있다. 이를테면 이렇게 말할 수 있을 것이다. "당신의 요구를 좀더 정확하게 알면 이 입장을 변경할 수도 있습니다. 다만 주문 수량, 포장 상태, 납품 일정 등을 상세하게 알아야 합니다. 우리가 제시할 수 있는 가장 좋은 가격은 개당 2.5달러입니다." 그때 바이어는 생각할 것이다. "그건 터무니없는 가격이다. 하지만 융통성이 있는 것 같군. 그러니까 시간을 두고 협상하면서 얼마까지 내릴 수 있는지 알아 봐야겠어."

여기에서 세일즈맨으로서 극복해야 할 문제 한 가지를 살펴보자. 현실적으로 납득 가능한 최고액은 당신 생각보다 훨씬 높을 수도 있다. 우리는 모두 '상대방이 비웃지 않을까' 지레 겁을 먹는 경향이 있다.(이에 대해서는 뒤에 강제력에 대해서 이야기할 때 좀더 자세하게 알아 볼 것이다.) 그래서 바이어가 헛웃음을 터뜨리거나 자신을 깔보게 할 소지가 있다고 생각되는 주장을 쉽게 개진하지 못한다. 그런 이유로, 당신은 바이어가 인정할 수 있는 최고액보다 낮은 수준으로 자신의 납득 가능한 최고액을 맞춰 왔을 것이다.

2 원하는 것 이상으로 좀더 부풀려서 요구해야 하는 두 번째 이유는, 당신이 적극적인 사고방식의 소유자라면 너무나 분명하다. 당신 요구대로 팔릴 수도 있기 때문이다

협상 당일의 상황이 어떻게 변할지는 아무도 모른다. 어쩌면 세일즈맨의 영적 수호신이 구름 위에서 몸을 굽혀 당신을 보면서 생각할지도 모른다. "와, ○○산업의 저 세일즈맨 좀 봐. 그는 지금까지 오랫동안 아주 열심히 일했구나. 그에게 행운을 주어야겠다!" 그래서 모든 것이 당신 요구대로 이루어질 수도 있다.

3 원하는 것 이상으로 좀더 부풀려서 요구해야 하는 세 번째 이유는 당신의 제품이나 서비스에 대한 인식 가치를 높이기 위함이다

당신이 바이어에게 가격표를 보여 줄 때, 상대의 마음에는 가격에 따라 각 제품의 잠재의식적 가치가 평가되어 새겨진다. 물론 그 효과는 베테랑 프로 세일즈맨에게보다는 경험이 적은 바이어에게 더 크다. 그러나 크든 적든 효과는 늘 있다. 잠시 아스피린의 경우를 보자.

아스피린은 아스피린일 뿐이라는 것은 누구나 알고 있다. 이름이 잘 알려진 상표의 아스피린과 동네 약국에서 팔리는, 잘 알려

지지 않은 상표의 아스피린 사이에는 아무런 차이도 없다. 그런데 잘 알려진 제품이 2달러이고 잘 알려지지 않은 제품이 1달러라면, 당신은 어떤 것을 고를 것인가? 나는 싼 아스피린을 고르는 것이 당연하다고 생각한다.

그런데 내가 잘 알려진 제품을 오늘만 할인해서 1.25달러에 판다고 하면, 당신의 선택이 흔들릴 것이다. 당신은 두 아스피린이 같다는 걸 알고 있다. 그러나 지금은 25센트 차이밖에 없으며, 특가 세일을 하는 듯하다.

여기에 하나 더 첨가해 보자. 내가 유명 상품이 더 비싼 이유를 설명해 주었다면 어떻게 될까? 내가 유명 제품이 잘 알려지지 않은 제품보다 품질 관리 기준이 더 엄격하게 적용될 것이라고 얘기했다면 어떻게 될까? 분명히 명심해야 할 것은, 내가 유명 제품은 품질 관리 기준이 엄격하게 적용되어 생산된다고 말하지 않고 그럴 것이라고 말했다는 점이다. 또한, 품질 관리 기준을 엄격하게 적용한다고 하더라도, 그렇게 하지 않는 것과 큰 차이가 있다고 말하지도 않았다. 어쩌면 그 차이가 너무나 미미해서 아무도 그 차이점을 모르거나 효과 측면에서 별 차이가 없을 수도 있다. 그러나 당신은 이제 기꺼이 25센트를 더 지불할 것이다. 그 이유라고는 내가 높은 가격을 당신 마음에 심어 주고 그에 대한 근거를 제공했다는 것뿐이다. 따라서 경쟁자가 같은 물건을 낮은 가격에 판다고 해서 당신이 값을 더 비싸게 부를 수 없다는 논리는 설득력이 없다. 큰 제약 회사가 자기네 아스피린이 더 좋다는 관념을 만들 수 있다면 당신도 당신의 제품이 더 좋다는 관념을 만들 수 있다. 이렇게 하는 가장 좋은 방법 가운데 하나는 값을 높게 부르는 것이다. 따라서 좀더 부풀려서 요구하는 세 번째 이유는 당신의 제품이나 서비스의 인정 가치를 높이려는 것이다.

4 네 번째 이유는 협상 당사자들의 자존심 싸움으로 야기되는 교착 상태를 피하기 위한 고도의 전략이기 때문이다

걸프 전쟁을 보자. (CNN으로 방영된 걸프 전쟁을 기억하는가?) 미국은 1991년 이전 상황으로 되돌리기 위해 사담 후세인에게 무엇을 요구했는가? 조지 부시 대통령은 연두 교서(아마 페기 누넌이 썼을 것이다)에서 시적 기법을 사용하면서 초기 협상 조건을 서술했다. 그는 말했다. "우리는 자랑하는 것도, 허세를 부리는 것도, 윽박지르는 것도 아닙니다. 후세인이 해야 할 일이 세 가지 있습니다. 그는 쿠웨이트에서 물러가야 합니다. 그는 쿠웨이트의 합법적인 정부를 복원해야 합니다(소련이 아프가니스탄을 침공하고 괴뢰 정부를 세웠던 일을 흉내내면 안 됩니다). 그리고 그는 쿠웨이트에 입힌 손해를 배상해야 합니다." 그것은 아주 명확하고 정확한 초기 협상 조건이었다.

문제는 이것이 우리의 최저 요구 조건이었다는 것이다. 이것은 또한 우리가 해결해야 할 최소한이기도 했다. 아무도 그 상태가 막다른 골목이라는 걸 의심하지 않았다. 그것은 분명히 막다른 골목이었다. 왜냐 하면 우리는 사담 후세인에게 자존심을 지킬 여지를 주지 않았기 때문이다.

만약 우리가 다음과 같이 말했다고 가정하자. "좋다. 우리는 후세인과 그의 추종자들이 추방되기를 원한다. 우리는 바그다드에 비아랍권 중립 정부가 서기를 원한다. 우리는 모든 군사 장비를 제거할 유엔 감시단 파견을 원한다. 덧붙여 우리는 당신이 쿠웨이트 국경 밖으로 철수하고, 합법적인 쿠웨이트 정부를 재건하고, 당신이 입힌 손해에 대해 배상하기를 원한다." 그러면 우리는 우리가 원했던 바를 얻고 사담 후세인의 자존심도 지켜줄 수 있었을 것이다.

당신은 생각할 것이다. "로저 씨, 사담 후세인은 작년에 내가 크리스마스카드를 보낼 대상 명단에 들어 있지 않았소. 나는 그의 자존심이 머리핀에 찔린 풍선처럼 오그라들더라도 상관하지 않소." 거기에 동의한다! 그러나 그건 협상에서 한 가지 문제를 일으킨다. 막다른 골목을 만든다는 것이다.

걸프 전쟁 시나리오를 통해서, 당신은 두 가지 결론 가운데 하나를 끄집어 낼 수 있을 것이다. 첫 번째 결론은 국방성 협상가들이 허튼소리나 지껄이는 완벽한 천치라는 것이다! 두 번째 결론은 무엇일까? 그렇다! 우리는 목적을 이루는 데 도움이 된다는 이유로, 스스로 교착 상태를 만들고 싶어했다는 사실이다.

우리의 의도는 조지 부시가 연두 교서에서 요구한 세 가지만 해결하는 것이 아니었다. 슈워츠코프 장군은 그의 회고록, 『영웅은 필요하지 않다(*It Doesn' t Take a Hero*)』에서 말했다. "거기에 도착하는 순간, 우리는 군사적 승리 이외에는 어떤 것도 미국의 패배라는 것을 알았습니다." 사담 후세인이 언제 또 침공할지 모르는 상태에서, 우리는 그가 60만 군대를 끌고 곱게 돌아가게 할 수는 없었다. 우리는 들어가서 그를 군사적으로 혼내줄 명분이 있어야 했다.

이렇게 보면 막다른 골목으로 모는 것이 우리의 목적에 부합되는 상황이었음을 알 수 있다. 내가 신경 쓰는 것은, 당신이 바이어에게 프리젠테이션할 때 무심코 교착 상태를 만든다는 것이다. 그것은 당신이 좀더 부풀려서 요구할 용기가 없기 때문이다.

5 원하는 것 이상으로 좀더 부풀려서 요구해야 하는 다섯 번째 이유, 그리고 파워 영업 협상가가 당신에게 그렇게 해야 한다고 말하는 이유는, 그것이 바이어 스스로 이겼다고 생각하도록 분위기를 만드는 유일한 방법이기 때문이다

당신이 처음부터 최고의 조건을 제시하며 협상에 임한다면, 바이어로서는 협상할 방법이 없다. 물론 자기가 이겼다고 생각할 방법도 없다.

미숙한 협상가들은 최고의 조건을 제시하며 시작한다. 영업 관리자에게 다음과 같이 말하는 세일즈맨이 바로 그런 사람들이다. "오늘 큰 거래가 있어서 나갑니다. 저는 이 거래가 경쟁이 심하다는 것을 알고 있습니다. 또한 전국의 온갖 사람들로부터 입찰이 들어온다는 것도 알고 있습니다. 제가 미리 가격을 깎을 수 있게 해 주십시오. 그러지 않으면 주문받기 어려울 것입니다." 파워 영업 협상가는 부풀려서 요구하는 것의 가치를 알고 있다. 부풀려서 요구하는 것은, 바이어 스스로 이겼다고 생각하도록 분위기를 만드는 중요한 관건 가운데 하나이다.

널리 알려진 협상에서, 이를테면 농구 선수들이나 비행기 조종사들이 파업을 하는 경우에, 양쪽에서 처음에 내세우는 요구는 지나친 경우가 많다. 나는 어떤 예전에 노조 협상에 참여한 적이 있다. 나는 그때 그들의 초기 요구를 듣고 거의 믿을 수 없었다. 노조의 요구는 임금을 3배나 올려 달라는 것이었다. 회사의 초기 요구는 노조를 오픈 숍으로 만들라는 것이었다. 다시 말해서 노조의 힘을 현장에서 무력화시키는 결과를 낳을 수도 있는, 자발적 노조로 만들라는 것이었다. 그러나 파워 영업 협상가들은 이런 형태의 협상에서 초기 요구들은 늘 극단적이라는 것을 알고 있다. 그래서 그런 지나친 요구 때문에 골치를 썩이지 않는다. 파워 영업 협상가들은 협상이 진행됨에 따라 양측이 꾸준히 중간쯤으로 나아가 서로 살 수 있는 해결책을 발견한다는 것을 알고 있다. 그래서 마지막에 양측을 기자 회견장으로 불러 양쪽 모두 협상에서 승리했다고 발표할 수 있다. 따라서 이기적인 바이어와 협상할 때에는 특히, 바이어 스스로 이겼다고 생각할 수 있는 여지를 늘 남겨 놓아야 한다.

파워 영업 협상가들은 늘 자신이 원하는 것 이상으로 부풀려서 요구한다.

좀더 부풀려서 원하는 그 이상을 요구해야 하는 이유 다섯 가지를 되새겨 보자.

1. 당신에게 협상의 여지를 준다. 당신은 늘 깎아 줄 수 있으나 더 올려 받을 수는 없다.
2. 당신의 요구대로 결정될 수도 있다.
3. 당신의 제품이나 서비스의 인식 가치를 높여 준다.
4. 협상 당사자들의 자존심 싸움으로 야기될 수 있는 교착 상태를

피할 수 있게 해 준다.
5. 상대방이 이겼다고 생각할 수 있는 분위기를 조성해 준다.

원하는 그 이상을 좀더 부풀려서 요구하는 전략의 효과를 보여 주는 재미있는 이야기 하나

늙은 부부가 있었다. 그들은 태평양 외딴 섬의 다 쓰러져가는 초가집에서 살고 있었다. 어느 날 태풍이 마을을 덮쳐서 그들의 집이 부서져 버렸다. 집을 새로 짓기에는 너무 늙고 가난했으므로 늙은 부부는 시집 간 딸네 집으로 들어가게 되었다. 늙은 부부가 들어오면서 딸네 집에서는 여러 가지 가정 문제가 발생했다. 딸네 집은 장인, 장모는커녕, 딸과 사위, 그리고 네 명의 자녀들이 살기에도 빠듯한 크기였기 때문이다.

딸은 같은 마을에 사는 현자를 찾아가서 물었다. "어떻게 하면 좋을까요?"

현자는 천천히 파이프를 빨고 나서 대답했다. "댁에 닭이 있죠?"

"예, 열 마리 있어요." 딸이 대답했다.

"그 닭들을 집안에 들여 놓으세요."

좀 엉뚱하긴 했지만 딸은 현자의 충고에 따랐다. 당연히 문제가 더 커졌다. 깃털은 말할 것도 없고 험악한 말들이 집안에 떠돌면서 상황은 참을 수 없을 지경에 이르렀다. 딸은 다시 현자에게 찾아가서 또 한번 충고를 부탁했다.

"집에 돼지 있지요?" 현자가 물었다.

"예, 세 마리 있습니다."

"그걸 집안에 들여 놓으셔야 합니다."

어처구니없는 충고였지만 그 현자를 의심한다는 것은 상상할 수 없는 일이었으므로, 딸은 돼지를 집안에 들여 놓았다. 이젠 정말로 생활이 불가능해졌다. 사람 여덟 명과 닭 열 마리, 돼지 세 마리가 작고 시끄러운 집에서 북적거렸다. 딸의 남편은 시끄러워서 CNN 뉴스를 들을 수 없다고 불평했다.

이러다 온 식구가 미쳐버리겠다고 생각한 딸은 다음날 현자를 찾아가서 마지막으로 애절하게 간청했다. "제발." 딸이 외쳤다. "이렇게 살 수는 없어요. 어떻게 해야 할지 가르쳐 주시면 그대로 하겠어요. 그러니 제발 저희 좀 도와주세요!"

이번에는 현자의 대답이 알쏭달쏭했다. 그러나 하기는 쉬웠다. "이제 닭과 돼지들을 밖으로 내 보내세요."

딸은 즉시 동물들을 내 보냈고 온 가족은 행복하게 함께 살았다.

이 이야기가 주는 교훈은 무엇인가 던져 버린 후에 거래가 좀더 좋아 보이기 마련이라는 것이다.

당신이 원하는 것 이상으로 좀더 부풀려서 요구하라. 이것은 너무나 뻔한 원칙처럼 보이지만 협상에서 구체적으로 구사할 수 있는 방법이다. 수천 가지 워크숍 상황, 되짚어 볼 수 있는 수만 가지 실제 생활 상황을 통해서 이 방법의 효과가 증명되었다. 많이 요구할수록 얻을 것은 더 많아진다.

상대가 이 전략을 쓸 때 대처하는 법

바이어가 좀더 부풀려서 요구하는 전략을 쓸 때에는 상대의 전략을 재빨리 간파하고 그의 양식에 호소해야 한다. 그리고 상급자 핑계 전략과 '당근과 채찍' 전략을 써야 한다.(이 두 가지 전략에 대해서는 나중에 설명한다.) 이를테면 이렇게 말할 수 있을 것이다. "물론 당신은 마음대로 액수를 제시하며 협상을 시작할 수 있습니다. 그리고 나도 똑같이 지나친 제안으로 응수할 수 있습니다. 그러나 그렇게 해서는 아무에게도 도움이 안 될 것입니다. 당신이 받아들일 수 있는 최고 가격을 말씀해 주십시오. 나는 당신의 제안을 우리 회사에 보고하고 사람들과 의논하여 제가 할 수 있는 한 최선을 다하도록 하겠습니다. 어떻습니까?"

기억해야 할 주요 사항

1. 당신이 원하는 것 이상으로 좀더 부풀려서 요구하라. 당신 요구대로 타결될 수도 있고, 그렇지 않더라도 당신은 어느 정도 협상의 여지를 갖게 된다. 가장 중요한 것은, 상대방 스스로 이겼다고 생각할 수 있는 분위기가 만들어진다는 것이다.
2. 당신의 목표는 납득 가능한 최고액을 제시하는 것이다.
3. 초기에 극단적인 제안을 했다면, 융통성을 발휘할 수 있음을 암시하라. 그러면 바이어는 당신과 협상하겠다는 생각을 갖게 될 것이다.
4. 상대에 대해 잘 모를수록 더 많이 요구하라. 낯선 사람은 의외의 결과를 안겨줄 가능성이 더 많다. 좀더 큰 양보를 함으로써 친선을 쌓을 수도 있다.
5. 바이어가 이 전략을 쓸 때에는 상대의 양식에 호소하고 상급자 핑계, 당근과 채찍 전략을 써서 대응하라.

5 협상의 한계 정하기 (등거리 전략)

4장에서는 원하는 것 이상으로 좀더 부풀려서 요구해야 하는 이유에 대해서 알아 보았다. 다음 문제는 '좀더 풀려서 요구해야 한다면, 얼마나 더 부풀려서 요구해야 하는가?' 이다. 대답은 당신이 원하는 목표 액수에서 상대가 제안한 액수 차이의 등거리만큼 더 요구해야 한다는 것이다. 다시 말해서, 최초에 제안한 당신의 목표액과 상대가 제시한 액수의 차이만큼 더 요구해야 한다는 것이다.

예를 들어보자. 바이어는 당신의 제품에 대하여 1.60달러를 제시한다. 당신은 적어도 1.70달러는 받아야 한다. 등거리 전략에 따른다면 당신은 1.80달러에서 시작해야 한다. 그러면 중간에서 타협이 이루어져도 당신은 목적을 달성하게 된다.

물론 늘 중간에서 타협되지는 않는다. 그러나 피차 이렇다 할 이견이나 불만이 없다면 중간에서 타협된다고 예상하는 것이 무난하다. 협상 초기에 양측에서 제시한 액수의 중간쯤에서 타협이 이루어진다고 가정하라.

잘 살펴보면 큰 거래건, 작은 거래건, 중간쯤에서 타협되는 일이 얼마나 자주 일어나는지 놀랄 정도이다.

작은 거래에서 당신의 아들이 이번 주말에 낚시 여행을 갈 거라면서 20달러가 필요하다고 말했다. 당신이 말한다. "안 돼! 20달러라니 어림없다. 내가 너만 했을 때 난 일주일 용돈으로 50센트 받았다. 부족한 것은 스스로 일해서 벌어야 했어. 넌 그걸 아니? 10달러 주마. 그 이상은 한 푼도 안 돼."

아들의 눈이 휘둥그레진다. "10달러로는 여행을 갈 수 없어요."

지금 당신은 협상 범위를 정했다. 아들은 20달러가 필요하다고 했고 당신은 10달러를 줄 용의가 있다. 얼마나 자주 15달러에 합의했는지 기억을 더듬어 보라. 우리 문화에서 서로 똑같이 양보하는 것은 늘 공평해 보인다.

큰 거래에서 1982년, 미국의 재무부 장관 도널드 리건과 연방준비 제도 이사회 의장 폴 볼커는 멕시코 정부와 거액의 국제 대부금 청산 문제를 협상하고 있었다. 멕시코는 820억 달러에 달하는 대부금에 대한 채무 불이행을 선언하기 직전이었다. 멕시코의 수석 협상가는 재무 장관 헤수스 헤르조그였다.

그들은 절묘한 타협안을 마련하여 멕시코가 미국의 전략비축유로 막대한 양의 석유를 제공하기로 합의했다. 그러나 그것으로 모든 문제가 해결된 것은 아니었다. 미국은 멕시코에게 협상 비용으로 1,000만 달러를 달라고 요구했다. 미국에 대한 멕시코의 이자 지불 방식으로서는 정치적으로 충분히 받아들일 수 있는 요구였다. 그러나 멕시코의 대통령 로페즈 포틸로는 미국의 제안을 듣고 화를 발칵 냈다. 그가 화를 내며 말한 요지는 이랬다. "로널드 레이건한테 가서 뒈져 버리라고 그래. 우리는 미국에게 협상 비용이란 걸 지불하지 않는다. 단 한 푼도! 어림없어!"

그래서 협상 범위가 정해졌다. 미국은 1,000만 달러를 요구했고 멕시코는 한 푼도 안 주겠다고 했다. 멕시코가 미국에 얼마를 주기로 타협했는지 짐작이 되는가? 그렇다. 500만 달러였다.

크고 작은 거래에서 우리는 흔히 양쪽에서 똑같이 양보하는 것으로 합의한다. 등거리 전략으로 무장한 파워 영업 협상가는 그렇게 합의되더라도 자기들은 원하는 걸 얻는다고 확신한다.

등거리 전략을 이용하는 데에는 한 가지 전제가 필요하다. 상대가 먼저 자기 조건을 이야기해야 한다는 것이다. 만약 바이어가 당신 입장을 먼저 밝히게 만든다면, 그가 등거리 전략을 쓸 수 있다. 그런 경우에 흔히 그렇듯이, 당신이 똑같이 양보하자고 하더라도 바이어는 자기의 목적을 달성하게 된다. 이것은 기본적인 협상의 원칙이다. 상대로 하여금 먼저 말하게 하라. 이것은 꼭 필요하다. 그래야 그 제안에 대하여 등거리 전략을 쓸 수 있다.

당신이 먼저 말하도록 유도하는 상대의 전략에 넘어가지 않도록 하라. 여건이 좋고 당신이 먼저 움직여야 할 이유가 없다면, 상대에게 대담하게 말해 보라. "당신은 제게 협상을 요청했습니다. 그 태도가 마음에 듭니다. 거래를 요청하셨으니 먼저 입장을 밝히시지요."

능수능란한 협상가들은 자기들이 접근했으면서도 그 반대인 것처럼 만들어 버리는 놀라운 능력을 발휘하기도 한다.

영화 연출가인 샘 골드윈은 대릴 자눅으로부터 소속 배우를 빌리고 싶었다. 그러나 자눅에게 연락할 수 없었다. 그가 회의를 하고 있었기 때문이었다. 몇 번이나 연락해 본 뒤에 화가 잔뜩 난 골드윈은 마지막으로 전화를 했고, 마침내 통화가 되었다. 드디어 자눅이 전화를 들었을 때, 전화를 먼저 걸었던 골드윈이 말했다. "대릴, 도대체 오늘 내가 자네한테 뭘 해 줄 수 있겠나?"

만약 폴 매카트니와 비틀스가 먼저 제안하지 않는 방법을 배웠다면 그들은 지금보다 훨씬 더 부자가 되었을 것이다. 비틀스 초기에, 매니저 브라이언 엡스타인은 그들의 첫 번째 영화 계약 협상을 하고 있었다. 유나이티드 아티스츠는 10대들을 위한 영화를 계획하면서 예산을 겨우 30만 달러만 준비했다. 연출자는 엡스타인에게 2만 5,000달러와 수익금의 일정 비율을 제공하겠다고 제안했다. 유나이티드 아티스츠는 비틀스가 소액의 착수금만 받고 일을 시작한다면 수익의 25퍼센트까지 지불할 생각이었다. 그러나 그는 불필요한 손해를 피할 수 있을 만큼 능란한 협상가였다. 그는 자기 생각을 감춘 채 브라이언 엡스타인에게 원하는 바를 먼저 말하라고 했다. 브라이언은 아직 거액을 만져보지 못했고, 업계 사정을 깊이 알아 볼 시간도 없었다. 그는 단정적으로 말했다. 7.5퍼센트에서 단 한 푼도 깎을 수 없다고. 영화 〈고된 날의 밤(A Hard Day' s Night)〉은 국제적인 성공을 거두었다. 조건을 먼저 내건 브라이언의 잘못으로 비틀스는 수백만 달러의 손해를 본 것이다.

일단 바이어가 입장을 밝히고 나면, 당신은 목표액보다 높은 쪽으로 등거리 전략을 구사하며 입장을 개진할 수 있다. 융통성을 슬쩍 흘려 준다면 이 전략의 효과를 극대화할 수 있다. 당신이 제시한 가격이 높을 수도 있다. 그러나 협상할 용의가 있음을 내비치면 바이어는 생각하기 쉽다. “좀더 깎아 줄 수 있다는 듯이 말하는군. 조금 더 시간을 두고 지금 지불하려는 가격보다 더 깎을 수 있는지 알아 봐야겠어.” 이것은 협상을 시작하게 하는 좋은 방법이다.

상대가 이 전략을 쓸 때 대처하는 법

바이어로 하여금 먼저 입장을 밝히게 하면 그의 등거리 전략 구사를 막을 수 있다.

기억해야 할 주요 사항

1. 상대방의 제안에 대하여 등거리 전략을 쓰면 똑같이 양보하기로 하더라도 목적을 달성할 수 있다.
2. 바이어가 먼저 자기 입장을 밝히게 할 수 있을 때에만 등거리 전략을 쓸 수 있다.
3. 목표에 주의를 집중하고 양보를 하면서도 계속 등거리 전략을 구사하라.

6

상대의 첫 제안에 '예스' 라고 하지 마라

이제 또 다른 주요 원리를 살펴보자. 그것은 협상의 초기 단계에서 결정적으로 중요한 원칙이다. 첫 제의나 수정 제의에 절대로 '예스' 하지 마라. 그렇게 하면 바이어가 자동적으로 다시 한 번 생각하게 된다.

잠깐 동안 바이어의 입장이 되어 보라. 당신이 비행기 엔진 제조업체의 구매 담당자라고 가정하자. 지금 꼭 필요한 제품인 엔진 베어링을 만드는 어떤 업체의 세일즈맨을 만나려고 한다. 고정 공급 업체들은 당신을 외면하고 있어서 이 새로운 회사로부터 급히 부품을 살 필요가 있다. 기한은 30일. 그 안에 구입하지 못하면 회사의 조립 라인이 멈춘다. 그 기일 내에 부품을 공급할 수 있는 회사는 이 곳뿐이다. 엔진을 제때 공급하지 못하면 비행기 제조업체와의 계약은 무효가 될 것이다. 이 회사에 공급하는 물량은 회사 매출의 85퍼센트를 차지한다. 이런 상황에서 베어링의 가격은 그다지 큰 고려 사항이 아닐 것이다. 그러나 그 세일즈맨이 왔다고 연락을 받았을 때 당신은 생각할 것이다. "나는 협상을 잘 해낼 것이다. 우선 가격을 아주 낮게 제시해서 어떻게 나오는지 봐야겠다."

세일즈맨은 제품 소개를 하고 나서 주문 명세에 따라 제때에 납품할 수 있다고 보장한다. 그는 베어링 가격으로 개당 250달러를 제시한다.

당신은 속으로 깜짝 놀란다. 이제까지 베어링을 275달러에 샀기 때문이다. 그러나 놀란 표정을 애써 감추고 대꾸한다. "우리는 이제까지 175달러에 샀습니다." 세일즈맨이 대답한다. "좋습니다. 저희도 거기에 맞춰 드릴 수 있습니다."

내가 몇 해에 걸쳐 열었던 수천 번의 세미나에서, 나는 청중들에게 그런 상황을 제시했을 때 다음 두 가지 반응 외에는 본 기억이 없다.

1. 좀더 잘 할 수 있었는데
2. 뭔가 잘못된 것이 틀림없다

첫 번째 반응 좀더 잘 할 수 있었는데……. 재미있는 것은 이런 반응이 가격과 별 상관이 없다는 것이다. 오로지 그 제안에 대한 상대의 반응 방식과 관련이 있다. 베어링 세일즈맨이 150달러나 125달러에 동의한다면 어떻게 될까? 그래도 당신은 여전히 더 잘 할 수 있었다고 아쉽게 생각할까?

몇 년 전에 나는 워싱턴의 에이튼빌에 100에이커의 땅을 샀다. 에이튼빌은 레이니어 산 서쪽에 있는 작고 아름다운 마을이다. 판매자는 땅값으로 처음에 18만 5,000달러를 요구했다. 나는 그 땅을 잘 따져보고 나서 생각했다. "15만 달러에 살 수 있다면 아주 잘 사는 것이겠다." 나는 그 가격에 대한 등거리 전략을 구사하여 11만 5,050달러 내겠다고 중개업자를 통해 판매자에게 연락했다. (구체적인 숫자는 믿음을 준다. 구체적인 숫자를 제시하면 판매자가 그보다 높은 가격으로 수정 제안하기보다는 받아들일 가능성이 더 많다)

나는 중개업자에게 내 뜻을 전하고 나서 내가 사는 캘리포니아 라하브라 하이츠로 돌아왔다. 솔직히 말해서, 나는 이렇게 낮은 제의에 그들이 어떤 형태로든 반응만 보여도 행운이라고 생각했다. 놀랍게도 며칠 뒤에 나는 우편으로 수정 제안을 받았다. 그들은 내가 제시했던 가격과 조건을 받아들였다. 나는 그 땅을 아주 좋은 조건에 샀다는 것을 알고 있다. 1년도 지나지 않아서 나는 그 땅 가운데 60에이커를, 내가 지불한 전체 땅값보다 비싸게 팔았다. 나중에 나는 또 20에이커를 내가 지불한 전체 땅값보다도 비싸게 팔았다. 따라서 그들이 나의 제안을 받아들였을 때 나는 이렇게 생각했어야 했다. "와, 정말 꿈만 같군. 더 이상 싸게 살 수는 없었을 거야." 그렇게 생각하는 것이 정상일 것이다. 그러나 나는 그렇지 않았다. 나는 생각했다. "좀더 싸게 살 수도 있었을 텐데." 따라서 가격과는 아무런 관계도 없다. 오직 상대방이 반응하는 방식과 관계가 있는 것이다.

두 번째 반응 뭔가 잘못된 것이 틀림없어. 땅에 대한 나의 제안이 받아들여졌을 때 나의 두 번째 반응은 다음과 같았다. "뭔가 잘못된 것이 틀림없어. 예비 권리증 보고서가 오면 잘 살펴봐야지. 땅에 무슨 문제가 있는 게 분명해. 도저히 받아들일 것 같지 않은 제안을 덥석 받아들인다는 게 도저히 이해가 안 돼."

베어링 바이어가 가질 수 있는 두 번째 생각은 이럴 것이다. "뭔가 문제가 있는 게 분명해. 어쩌면 내가 지난 번에 베어링 계약을 한 뒤에 시장 상황이 바뀌었는지도 몰라. 계약 전에 위원회와 상의해야 한다고 세일즈맨에게 말해야지. 다른 공급 업체들에게도 알아 보고."

당신이 첫 제안을 덥석 받아들인다면 누구나 이런 두 가지 생각을 할 것이다. 당신 아들이 와서 "오늘 밤에 차 좀 쓸 수 있어요?"라고 물었고, 당신은 "그래 써라. 재미있게 놀다 오너라"라고 말했다고 하자. 아들은 자동적으로 생각하지 않을까? '좀더 잘 할 수 있었는데. 이것 말고도 극장 구경 갈 돈 10달러는 더 받을 수 있었을 거야.' 이어서 자동적으로 생각하지 않을까? '엄마가 웬일이지? 오히려 내가 밖에 나가는 것을 바라는 눈치잖아! 내가 알지 못하는 무슨 일이 있는 것은 아닌가?'

이것은 매우 이해하기 쉬운 협상 원칙이다. 그러나 치열하게 협상이 진행되는 동안에 이것을 기억해내기는 쉽지 않다. 당신은 상대가 어떻게 반응할지 마음속에 그려 놓을 수도 있다. 그러나 그것은 위험한 짓이다. 나폴레옹이 일찍이 말한 적이 있다. "지휘관으로서 용서받지 못할 죄 가운데 하나가 바로 '상황을 설정'하는 것이다. 즉 적이 전혀 다르게 대응할 수도 있을 때, 적이 주어진 상황에서 특정한 방식으로 행동할 것이라고 가정하는 것이다." 마찬가지로 바이어가 지나치게 낮은 가격으로 응수할 줄 알았는데 뜻밖에도 당신 예상보다 훨씬 더 좋은 가격으로 제안할 수도 있다.

파워 영업 협상가들은 너무 빨리 수용하는 함정에 빠지지 않기 위해 주의한다. 빨리 수용하면 바이어의 마음속에는 다음의 두 가지 생각이 자동적으로 떠오른다.

1. 좀더 잘 할 수 있었는데

다음에는 꼭 잘 해야지! 노련한 바이어라면 협상에서 느낀 패배감을 나타내지 않는다. 그러나 마음 깊은 곳에 숨길 것이다. 그리고 생각할 것이다. '다음에 이 세일즈맨과 거래할 때에는 좀더 과감하게 나아가야지. 마지막 한 푼까지 깎아내고 말테다.'

2. 뭔가 잘못된 것이 틀림없어

첫 제의를 거절하기 힘들 수도 있다. 특히 몇 달 동안 전화 걸면서 공을 들이다가 포기하려는 순간에, 바이어가 한 가지 제안을 하면서 접근해 올 때에는 더욱 거절하기 힘들 것이다. 이럴 때에는 지푸라기라도 잡고 싶은 유혹을 느낄 것이다. 바로 그때 파워 영업 협상가가 되어야 한다. 너무 빨리 수용하지 말아야 한다는 것을 명심하는 것이다.

수년 전 나는 사무실이 28개이고 영업 회원이 540명인 남부캘리포니아 소재 부동산 회사의 회장직을 맡고 있었다. 어느 날 잡지사 영업 사원이 나에게 광고 지면을 팔려고 왔다. 나는 그 잡지를 잘 알고 있었고 좋은 기회라는 것을 알고 있었다. 나는 우리 회사를 거기에 광고하고 싶었다. 그는 2,000달러를 제시했다. 아주 합리적인 제안이었다. 나는 흥정하기를 좋아하기 때문에 그에게 몇 가지 수를 쓰기 시작했고, 결국은 믿을 수 없이 낮은 가격인

800달러까지 끌어내렸다. 그때 내가 무슨 생각을 했는지 짐작할 수 있을 것이다. 그렇다. 나는 생각했다. "이런! 단 몇 분 동안에 2,000달러에서 800달러까지 깎았는데, 좀더 흥정을 계속한다면 도대체 얼마까지 깎을 수 있을까?" 그래서 나는 상급자 핑계대기라는 중반 전략을 썼다. 나는 말했다. "이 정도면 좋습니다. 이사회에 상정하기만 하면 됩니다. 다행히 오늘 저녁에 이사회가 열립니다. 내가 이사회에 상정한 다음 최종 승낙을 하겠습니다."

다음날 나는 그에게 전화해서 말했다. "이거 매우 곤란하게 되었습니다. 800달러라면 이사들을 충분히 설득할 수 있다고 확신했는데, 이사들이 지금 그것을 받아들이기는 어렵다고 합니다. 최근에 예산 문제로 모두 골치를 앓고 있거든요. 그들이 수정 제안을 하기는 했지만 너무 낮아서 말하기가 내키지 않습니다."

오랫동안 침묵이 흘렀다. 마침내 그가 말했다. "그들이 동의한 것은 얼마였습니까?"

"500달러."

"좋습니다. 그 가격에 하지요." 그가 말했다. 나는 좀 속았다는 느낌이 들었다. 그와 흥정해서 2,000달러에서 500달러까지 깎았는데도 나는 여전히 좀더 깎을 수 있지 않았을까 하는 생각이 들었다!

이 이야기에는 덧붙일 사연이 있다. 나는 세미나에서 이런 얘기하기가 늘 망설여진다. 내가 협상했던 당사자들 귀에 들어갈 수도 있다는 걱정 때문이다. 그 이듬해에 샌디에이고에서 캘리포니아 공인중개사 협회의 대규모 총회가 열렸는데 내가 거기에서 연설을 했다. 나는 그 잡지 영업 사원이 회의실 뒤편에 서 있을 것이라고는 상상하지도 못한 채 그 이야기를 했다. 나의 발표가 끝났을 때, 나는 그가 사람들을 헤치고 오는 것을 보았다. 나는 한바탕 험한 소리 들을 것을 각오하고 있었다.

그러나 그는 나와 악수를 하면서 미소 띤 얼굴로 말했다. "그렇게 설명해 주시니 얼마나 고마운지 모르겠습니다. 재빨리 받아들이는 거래 태도가 사람들에게 속았다는 느낌을 준다는 것은 정말 몰랐습니다. 이제 다시는 그렇게 하지 않을 것입니다."

나는 상대의 첫 제안을 덥석 받아들이면 안 된다는 것이 어느 경우에나 통용되는 완벽한 규칙이라고 생각했다. 그것이 로스앤젤레스에 있는 어떤 부동산 사무실 관리자의 말을 들은 뒤부터 조금 바뀌었다. "지난 밤에 나는 할리우드불러바드 거리에서 당신의 테이프를 들으면서 운전하고 있었습니다. 그러다가 화장실에 가려고 주유소에 차를 세웠습니다. 내가 차로 돌아왔을 때 누군가가 내 배에 총을 대고 말했습니다. '이봐, 조용히 네 지갑을 내놔.' 그때 조금 전까지 당신의 테이프를 듣고 있던 나는 말했죠 '여기 내가 준비했던 것이 있어요. 현금을 몽땅 드리겠소. 그런데 지갑하고 신용카드는 남겨주지 않겠소?' 그랬더니 그가 말하더군요. '이봐, 내 말 못 들었어? 지갑을 달란 말이야!'" 그렇다. 때때로 첫 번째 제안을 즉각 받아들여야 할 때도 있긴 하지만, 그렇게 하면 안 된다는 것은 거의 완벽한 규칙이다.

상대가 이 전략을 쓸 때 대처하는 법

당신이 첫 제의를 했을 때 상대방이 덥석 받아들이지 않고 수정 제의할 경우 대응 방법은 상급자 핑계 전략을 사용하는 것이다. 늘 스스로 생각하라. "바이어가 어떤 수정 제안을 하더라도, 나는 승낙하지 않겠다. 나는 위원회의 허락을 받아야 한다."

기억해야 할 주요 사항

1. 바이어의 첫 번째 제안이나 수정 제안을 절대로 수용하지 마라. 수용하면 상대는 자동적으로 두 가지 생각을 하게 된다. '좀더 잘 할 수 있었는데(그리고 다음에는 잘 해야지)', '뭔가 잘못된 것이 틀림없어.'
2. 가장 위험할 때는, 당신의 제안에 대한 바이어의 반응을 미리 그려 놓고 있었는데, 상대가 예상보다 훨씬 높은 가격으로 수정 제안해 올 때이다. 이 가능성에 대비하라. 그러면 빈틈을 파고 들어오지 못할 것이다.

7 엄살 피우기 (움찔 놀라는 듯 행동하라)

파워 영업 협상가는 항상 엄살을 부려야 한다는 것을 알고 있다. 무슨 뜻이냐 하면 바이어의 제안에 놀람과 충격으로 반응한다는 것이다.

예를 들어 유원지에 가서 목탄으로 그림 그리는 화가를 보았다고 하자. 화가는 가격표를 붙여 놓지 않았다. 그래서 그림이 얼마냐고 물었고 화가는 15달러라고 말했다. 당신이 별로 놀라는 표정을 짓지 않으면, 화가가 또 말할 것이다. "색칠하면 5달러가 추가됩니다." 그래도 변화가 없으면 또 말할 것이다. "그림을 넣어갈 상자도 있습니다. 그림을 가져가시려면 하나 필요하실 겁니다."

아마 주위에는 체면을 구기는 짓이라고 절대로 엄살을 부리지 않을 사람이 있을 것이다. 그런 사람이 가게 점원에게 묻는다. "저 윈도에 있는 코트가 얼마입니까?"

점원이 대답한다. "2,000달러입니다."

그때 그는 말할 것이다. "적당하군." 파워 영업 협상가가 그런 가격을 들었다면 아마 심장 발작을 일으킬 것이다.

나는 이 말이 우스꽝스럽게 들린다는 것을 알고 있다. 그러나 중요한 것은 바이어가 가격을 제시하면서 당신의 반응을 살핀다는 것이다. 처음에 바이어는 자기 제안이 먹힐 것이라고 생각하지 않는다. 반응을 보기 위해서 슬쩍 떠볼 뿐이다. 예를 들어 보자.

■ 당신은 컴퓨터를 팔고 있는데 바이어가 보증 기간을 연장해 달라고 요청한다.

■ 당신이 차를 팔고 있는데 바이어가 플로어매트와 기름을 가득 채워달라고 요청한다.

■ 당신이 건축 자재를 팔고 있는데 바이어가 그것을 공사장까지 무료로 배달해 달라고 요청한다.

■ 당신이 팩시밀리를 팔고 있는데 바이어가 1년 동안의 용지 공급을 요청한다.

각각의 상황에서 바이어는 자기 요구대로 될 수 있다고 생각하지 않을 것이다. 그러나 당신이 엄살을 부리지 않으면 바이어는 자동적으로 생각할 것이다. '어쩌면 내 요구대로 될 수도 있겠는데. 저쪽에서 들어줄 거라고 생각하지는 않았지만, 좀더 강하게 밀어붙여서 얼마나 얻어낼 수 있는지 알아봐야겠어.'

만약 세일즈맨과 바이어의 속내를 알 수 있다면 협상을 지켜보는 것이 매우 흥미로울 것이다. 꽤 구미가 당기지 않을까? 바이어와 협상할 때, 상대가 속으로 무슨 생각을 하고 있는지 알고 싶지 않을까?

내가 '파워 협상 비법' 세미나를 진행할 때, 우리는 몇 개 그룹으로 나누어 내가 가르친 원칙을 직접 해 보는 협상을 한다. 나는 토론회를 구성하고 참가자들이 속해 있는 업계에 맞춰 상황을 설정한다. 그들이 의료 장비 세일즈맨이면, 병원에 레이저 수술 장비를 팔기 위해 협상하는 역할을 하게 될 것이다. 그들이 인쇄업체 세일즈맨이라면 그 토론회에는 소도시의 소규모 인쇄소를 취득하는 복잡한 일이 포함될 것이다.

나는 청중들을 바이어, 판매자, 그리고 심판으로 나눈다. 심판은 퍽 흥미로운 역할이다. 심판은 바이어와 판매자 양쪽의 작전회의에 모두 들어가기 때문이다. 심판은 양쪽의 협상 범위를 알고 있다. 그들은 최초 제안이 어떻게 될지, 양쪽에서 어디까지 가격을 제시할지 알고 있다. 인쇄소 판매자는 70만 달러까지 깎아 줄 수 있지만 처음에는 200만 달러라는 높은 가격으로 시작할 것이다. 바이어는 40만 달러에서 시작하지만 사야 한다면 150만 달러까지 지불할 것이다.

우리는 양쪽 협상 범위의 높은 가격과 낮은 가격을 설정했다. 물론 바이어의 협상 범위 최고액이 파는 사람의 협상 범위 최저액보다 높은 것이 좋다. 수용 범위는 두 범위가 겹쳐지는 한계이다. 따라서 바이어와 세일즈맨의 협상 범위는 70만 달러에서 200만 달러지만, 수용 범위는 70만 달러에서 150만 달러이다.

협상은 첫 대면에서 서로 상대로 하여금 제안을 하게 하려는 것에서 시작된다. 잠시 후 누군가 돌파구를 열어야 했고, 결국 판매자가 200만 달러를 제안한다. 그것은 판매자 협상 범위의 최고액이다.

판매자로서도 200만 달러는 터무니없이 높은 액수이지만 뻔뻔하게 드러내놓고 그 가격을 부른다.

그는 그런 값을 부른다면 협상조차 시작하 수 없을지도 모른다고 생각한다. 그러나 놀랍게도, 바이어는 충격을 받지 않은 것 같다. 바이어가 그 제안에 대해서 엄살을 부리지 않았기 때문이다.

엄살은 매우 중요하다. 대부분의 사람들은 자기가 들은 것보다 본 것을 더 믿기 때문이다. 대부분의 사람에게 있어서 시각이 청각에 우선한다. 바이어들 가운데 최소한 70퍼센트는 시각적이라고 믿는 것이 안전하다. 본 것이 들은 것보다 중요하다. 여러분도 신경언어학 프로그램이라는 것을 들어 보았을 것이다. 사람은 흔히 시각적인 사람, 청각적인 사람, 운동감각적인 사람(시각이나 청각보다 느낌이 더 생생한 사람)으로 나누어진다. 만약 여러분이 시각적인지 아닌지 알고 싶다면 나는 10초 안에 알려 줄 수 있다.

눈을 감고 10살 때 살았던 집을 생각해 보라. 때때로 그것을 생각해 보라. 그러면 나는 그것이 뜻하는 바를 알려 줄 것이다.

그렇게 했을 때 반응을 판단하는 방법이 있다. 열 살 때 살았던 집을 생각했을 때 사람은 마음속에서 집을 보거나 청각적 자극을 얻거나(마음속으로 어떤 소리를 듣는다), 거기에서 살았을 때 가졌던 느낌을 다시 느낀다.

여러분은 아마 마음속에서 집을 보았을 것이다. 그러면 여러분은 시각적인 사람이다. 어쩌면 선명한 그림이 떠오르지 않았을 수도 있다. 대신 지속적인 어떤 소리, 이를테면 기차 지나가는 소리나 아이들 노는 소리 등을 들었을 것이다. 그것은 당신이 청각적인 사람이라는 것을 뜻한다. 어떤 사람들은 매우 청각적이다. 뉴멕시코 산타페에 살고 있는 나의 친구 닐 버먼은 정신 요법 의사이다. 그는 환자들과 했던 모든 대화를 기억할 수 있다. 그런데 그

환자들을 슈퍼마켓에서 만나면 전혀 기억하지 못한다. 환자가 인사말이라도 건네 오면, 그 목소리를 듣고 생각한다. "맞아, 그는 반사회적 경향을 띤 양극성 성격을 가진 사람이었어."

세 번째 가능성은 많이 보이지도, 들리지도 않는 경우이다. 대신 열 살 때 가졌던 것과 같은 느낌을 가진다. 이것은 당신이 운동감각적인 사람이라는 것을 의미한다.

달리 생각할 어떤 것이 없다면 상대가 시각적인 사람이라고 가정하라. 이것은 그 사람의 경우에, 상대방의 반응으로 나타나는 행동 가운데 엄살 부리기가 강하게 인식된다는 것을 의미한다.

엄살 부리기가 얼마만큼 효과를 낼 수 있는지 확인해 보기 전에는 그것을 유치하다거나 너무 희극적이라고 우습게 생각하지 말라. 나의 강의를 들은 사람들은 대부분 엄살 부리기를 처음 이용해 보고 놀랐다. 어떤 부인은 자기가 보스턴의 최고급 레스토랑에서 포도주 한 병 고르면서 엄살 부리기를 썼는데, 포도주 시중꾼이 즉석에서 5달러를 깎아 주었다고 말했다. 어떤 남자는 단순한 엄살 부리기만 했는데도 세일즈맨이 코벳 가격을 2,000달러나 깎아 주었다고 말했다.

강연을 하는 내 친구는 칼리포니아의 오렌지카운티에서 열린 나의 세미나에 참석하고 나서, 그 방법으로 강연료를 더 받을 수 있는지 확인해 보기로 마음먹었다. 그때 그는 막 강연 생활을 시작했으며 강연료는 1,500달러를 받고 있었다. 그는 어떤 회사에 가서 사원들 사내 연수를 해 주겠다고 제안했다. 그러자 교육 담당자는 말했다. "우리는 당신이 우리 사원들을 교육시키는 것에 관심이 있습니다. 그러나 우리가 지불할 수 있는 최고 한도는

1,500달러입니다."

과거대로라면 그가 대답했을 것이다. "그 정도라면 별 불만 없습니다." 그러나 이제 그는 깜짝 놀라며 말한다. "1,500달러요! 그것만 받고는 일하기가 어렵습니다."

교육 담당자는 인상을 찡그리며 깊이 생각한 뒤에 말했다. "좋습니다. 우리가 강사에게 지불한 최고 금액이 2,500달러입니다. 그것이 우리가 할 수 있는 최고 대우입니다." 이것은 내 친구에게 강연당 1,000달러의 추가적인 순익이 생겼다는 것을 의미한다. 그렇게 하는 데에 든 것은 15초라는 시간뿐이었다. 결코 밑지는 장사가 아니다!

상대가 이 전략을 쓸 때 대처하는 법

누군가가 선수를 쳐서 엄살 부리기 전략을 썼을 때 최선의 대응은 웃으면서 그 전략을 인정하는 것이다. “그건 정말 훌륭한 엄살 부리기였습니다. 그렇게 하는 방법을 어디서 배웠지요?” 만약 상대가 이 책에서 배웠다고 얘기한다면…….

기억해야 할 주요 사항

1. 바이어의 제안에 엄살 부리기 반응을 보여라. 그도 자기가 요구한 대로 되리라고 기대하지는 않을 것이다. 그러나 놀라는 모습을 보여 주지 않는다면, 그것이 실현가능하다고 말해 주는 셈이다.
2. 엄살 부리기 뒤에는 흔히 양보가 따라온다. 그러나 당신이 엄살 부리기를 하지 않으면 바이어가 더 강하게 나온다.
3. 다른 특별한 근거가 없다면 바이어가 시각적인 사람이라고 가정하라.
4. 비록 바이어와 얼굴을 맞대고 있지 않더라도 충격과 놀람을 나타내야 한다. 전화로 엄살 부리는 것도 매우 효과적이기 때문이다.

8

내키지 않는 척 연기하라

여기서는 판매가 내키지 않는 척 연기하는 방법, 그리고 바이어가 내키지 않는 척할 때의 대응 방법을 설명한다.

잠깐 동안 당신이 요트를 하나 갖고 있고, 그것을 팔지 못해 안달이 났다고 상상하라. 요트를 살 때에는 기분이 좋았다. 그러나 타는 일도 거의 없고 유지 및 보수 비용은 태산처럼 당신을 짓누르고 있다. 어느 일요일 아침 일찍, 당신은 친구들과 골프 칠 기회를 포기한다. 선착장에 가서 요트를 청소해야 할 필요가 있기 때문이다. 당신은 요트를 벅벅 문지르면서 경솔하고 멍청한 자신을 자책하고 있다. 심지어 '이쪽으로 걸어오는 사람이 있으면 이 쓰레기를 그냥 줘 버려야지' 라고 생각하고 있는데, 비싼 옷을 입은 은발의 남자가 젊은 애인과 팔짱을 끼고 선착장으로 내려오는 모습이 보인다. 남자는 구찌 신발을 신고, 헐렁한 흰색 바지를 입었으며, 위에는 방수용의 푸른색 스포츠용 상의를 입고 비단 목도리를 두르고 있다. 그의 젊은 애인은 하이힐을 신고, 몸에 꼭 맞는 비단 드레스를 입고 있으며, 커다란 선글라스를 끼고 큼지막한 다이아몬드 귀고리를 하고 있다.

그들이 당신 요트 앞에 서서 말한다. "젊은이, 정말 훌륭해 보이는 요트를 갖고 있군. 혹시 팔려고 내놓은 건가?"

그의 젊은 애인은 남자에게 바싹 다가붙으며 말한다. "자기, 우리 저거 사요. 정말 신나겠어요."

당신은 너무 기뻐서 심장이 쿵쿵 뛰는 것을 느낀다. 마음속으로는 벌써 쾌재를 부르고 있다. "고마워요! 정말 고마워!"

그런 기색을 겉으로 드러내면 요트 값을 최고로 쳐서 받지 못할 것이다. 안 그런가? 어떻게 하면 가장 좋은 값을 받을 수 있을까? 팔고 싶지 않은 척하는 것이다. 계속 요트를 닦으면서 말한다. "팔 생각은 없었지만 말을 꺼내셨으니 한번 타 보시지요." 그들을 태우고 한 바퀴 돌면서 기회가 있을 때마다 그 요트를 얼마나 좋아하는지, 그리고 요트 타면 얼마나 기쁜지 이야기한다. 그러다가 마침내 말을 꺼낸다. "저는 이 요트가 두 분께 얼마나 잘 어울리며, 이 요트로 두 분이 얼마나 즐거운 시간을 보낼 수 있을지 알 수 있습니다. 그러나 제가 이 보트 없이 견딜 수 있다고 생각하지 않습니다. 그러나 이왕 말이 나왔으니 말인데요, 요트 값으로 얼마나 생각하고 계십니까?"

파워 영업 협상가는 내키지 않는 척하는 기법이 협상 시작 전에 이미 협상 범위를 압박한다는 것을 알고 있다. 당신이 상대방으로 하여금 그 요트를 갖고 싶은 욕망을 잘 부추겨 놓았다면, 상대는 이미 마음속으로 협상 범위를 정해 놓았을 것이다. 아마 그는 생각할 것이다. "3만 달러까지는 낼 용의가 있다. 2만 5,000달러라면 괜찮은 거래이고, 2만 달러라면 싸게 사는 편일 것이다." 그러면 그의 협상 범위는 2만 달러에서 3만 달러까지이다. 당신은 내키지 않는 척하는 것만으로도 그 협상 범위를 훨씬 유리한 쪽으로 올려놓을 수 있을 것이다. 만약 팔려고 애쓰는 모습을 보였다면, 상대는 2만 달러를 제시할 수도 있다. 내키지 않는 척함으로써 당신은 협상이 시작되기도 전에, 그를 협상 범위의 중간 점, 심지어 높은 점까지 옮길 수도 있다.

파워 영업 협상가들은, 실제 협상이 시작되기도 전에, 늘 상대의 협상 범위를 조금씩 올리려고 한다.

나는 투자 목적으로 해변 콘도를 산 적이 있다. 소유자는 5만 9,000달러를 요구했다. 당시에는 부동산 시장이 활황이었지만, 나는 소유자가 그것을 파는 데 얼마나 열성인지, 다른 사람과 흥정을 하고 있는지 확실히 알지 못했다. 그래서 나는 제안서를 세 가지 준비했다. 하나는 4만 9,000달러, 또 하나는 5만 4,000달러, 마지막으로는 5만 9,000달러였다. 나는 판매자와 만나기로 약속했다. 그는 롱비치에 있는 콘도미니엄에서 이사해 나가서 지금은 패서디나에서 살고 있었다. 판매자와 몇 마디 얘기해 보고 나서, 나는 그가 아직 나 외의 다른 사람과 흥정을 진행하고 있지 않으며 빨리 팔고 싶어 한다고 생각했다. 판매자가 내키지 않는 척하지 않았기 때문에, 나는 세심하게 분류된 세 가지 제안서가 든 서류 가방에 손을 넣어 가장 낮은 가격을 써 넣은 서류를 꺼냈다. 판매자는 그 가격을 즉각 받아들였다. 몇 년 뒤에 나는 그 콘도미니엄을 12만 9,000달러에 팔았다.

파워 영업 협상가는 판매를 할 때에, 협상이 시작되기 전이라도, 협상 범위를 압박하기 위하여, 내키지 않는 척을 해야 한다.

이제 입장을 바꾸어서 바이어 입장에서 내키지 않는 척하는 경우를 살펴보자. 잠시 동안 당신의 입장을 반대쪽에 놓아 보자. 당신이 구매 담당자라면, 어떻게 세일즈맨으로 하여금 가장 낮은 가격을 제시하게 할 것인가? 내가 구매 담담자라면 세일즈맨을 들어오게 하고 제품 소개를 다 하게 할 것이다.

나는 생각할 수 있는 모든 질문을 하고, 더 이상 물어볼 게 없어지면 말할 것이다. "친절하게 설명해 주셔서 감사합니다. 당신은 제품 소개에서 여러 가지를 말씀해 주셨습니다. 그러나 안타깝게도 우리 의도와 맞지는 않는군요. 당신의 행운을 빌겠습니다." 세일즈맨은 실망하는 표정을 나타낼 것이다. 세일즈맨은 천천히 서류들을 챙겨서 나가려고 할 것이다. 그때 세일즈맨이 문고리를 잡고 나가려고 하는 마지막 순간에, 나는 다음의 기막힌 표현을 쓸 것이다.(협상에는 몇 가지 기막힌 표현이 있다. 그것을 적절한 때에 올바르게 사용한다면, 상대방의 반응은 놀랄 정도로 당신의 예측과 일치할 것이다.) 나는 말할 것이다. "그런데 말이오, 당신과 나눈 얘기는 무척 유익했소. 그래서 한 가지 묻고 싶은데, 제시할 수 있는 가장 낮은 가격이 얼마입니까?"

세일즈맨이 처음 제시한 가격은 진짜 최종 가격이 아니라고 장담하는 나의 의견에 동의하는가? 내 말이 거의 맞을 것이다. 세일즈맨이 처음 제시하는 가격은 소위 '희망 가격'이다. 이것은 바이어가 받아들이기 바라는 가격이다. 바이어가 그 가격이 좋다고 하면 세일즈맨은 신발에서 고무 타는 냄새가 나도록 회사로 달려가, 사무실로 들어가면서 소리칠 것이다. "여러분은 내가 무슨 일을 해냈는지 믿을 수 없을 거야. 내가 말이지, ○○ 회사의 새 사옥에 필요한 가구의 견적서를 제출했어. 내가 제품 설명을 마치고 나자 그들이 말했어. '당신의 절대적인 최종 가격이 얼마입니까?' 나는 느낌이 좋아서 말했지. '우리는 대량 주문 할인 이외에 정가에서 더 깎아 드릴 수 없습니다. 그래서 최종 가격은 22만 5,000달러입니다.' 나는 숨을 죽이고 기다렸어. 그쪽 사장이 말했지. '좀 비싼 것 같군. 하지만 당신이 제시할 수 있는 최선의 가격이라면 그렇게 합시다. 납품해 주시오.' 나는 도저히 믿을 수 없었어. 자, 사무실 문을 닫고 축하 회식이나 하러 갑시다." 그래서 나는 처음 제시된 가격을 희망 가격이라고 부른다.

어딘가에 이탈 가격이 있다. 이탈 가격이란 그 이하로는 팔지 않거나 팔 수 없는 가격을 말한다. 바이어는 이탈 가격이 얼마인지 모른다. 그래서 바이어는 정보를 구하고 점검해야 한다. 바이어는 세일즈맨의 이탈 가격을 알기 위해 적당한 협상 전략을 구사해야 한다.

구매 담당자가 내키지 않는 척한다고 해서 세일즈맨이 늘 희망 가격에서 이탈 가격으로 이동하지는 않을 것이다. 그러나 여기에 전형적으로 일어나는 일이 있다. 구매 담당자가 내키지 않는 척을 했을 때 세일즈맨은 대부분 협상 범위의 반을 포기할 것이다. 만약 그 가구 세일즈맨의 최종 가격이 정가에서 5만 달러 싼 17만 5,000달러였다면, 그는 내키지 않는 척하는 상대방에게 대답했을 것이다. "그렇다면, 솔직히 말씀드리죠. 지금이 분기 마감 시점이라 우리는 할인 판매 경쟁을 하고 있습니다. 만약 오늘 주문하시면, 믿을 수 없을 만큼 낮은 가격인 20만 달러에 공급하겠습니다." 그는 자기 협상 범위의 반을 포기할 것이다. 단지 구매 담당자가 내키지 않는 척했기 때문이다.

대처하는 법

바이어가 내키지 않는 척할 때, 다음과 같이 말하라. “가격을 좀 조절할 수 있을지 모르겠군요. 어쨌든 거래 조건을 말씀해 주시면(상대가 먼저 이야기하게 한다), 저는 그것을 우리 직원들에게 말해 본 다음에(상급자 핑계-뒤에 언급할 중반 전략) 그들과 상의하여 어떻게 할지 판단하겠습니다(당근과 채찍-마무리 협상 전략).” 파워 영업 협상가는 바이어나 세일즈맨이 내키지 않는 척하더라도 당황하지 않는다. 그들은 단지 바이어보다 훨씬 더 협상 잘 하는 방법을 배울 뿐이다.

기억해야 할 주요 사항

1. 늘 내키지 않는 척하라.
2. 내키지 않는 척하는 바이어를 조심하라.
3. 이 전략은 협상이 시작되기도 전에 상대의 협상 범위를 압박하는 훌륭한 방법이다.
4. 당신이 이 기술을 쓰면 상대방은 흔히 자기 협상 범위의 절반을 포기할 것이다.

9

현안에 집중하라

협상 초기 단계에서는 항상 현안에 집중하고 상대방의 행동에 흔들리면 안 된다는 것을 명심하는 것이 아주 중요하다.

텔레비전으로 중계되는 테니스 경기에서 존 맥캔로 같이 매우 감정적인 스타가 코트 한쪽 끝에서 펄쩍펄쩍 뛰는 것을 본 적이 있는가? 어쩌면 당신은 의아해서 중얼거렸을지도 모른다. “어떻게 저런 식으로 상대방을 자극하면서 경기를 할 수 있지? 집중력이 요구되는 게임에서 저건 신사답지 않은 행동 같은데.”

대답은 간단하다. 훌륭한 테니스 선수는 경기 결과에 영향을 미치는 것은 한 가지뿐임을 알고 있는 사람이다. 그 한 가지는 네트 건너편에 있는 공의 움직임이다. 공의 움직임을 알고 있는 한, 상대 선수의 움직임은 경기 결과에 아무런 영향을 끼치지 않는다. 테니스 선수는 그런 식으로 상대 선수가 아니라 공에 집중하는 법을 배운다.

협상할 때 공은 협상 테이블 건너편에 있는 양보 목표치의 움직임이다. 경기 결과에 영향을 미치는 것은 오직 한 가지뿐이다. 그러나 상대방의 움직임에 따라 흔들리기가 너무도 쉽다. 그렇지 않은가?

나는 캘리포니아 시그널힐에 있는 18동으로 이루어진 대규모 주택단지를 취득하는 데에 관여한 적이 있다. 나는 판매자가 요구한 180만 달러 아래로 가격을 깎아야 했다. 대규모 부동산 투자 집단이 아무 결격 사유 없이 그 주택단지를 소유하고 있었다. 그에 대해서는 어떤 부동산 중개업자가 알려 주었기 때문에 나는 그를 통해 첫 번째 제안서를 제출해야겠다고 생각했다. 만약 그가 120만 달러 제안으로 협상을 타결짓지 못하면 판매자를 직접 만나 협상하겠다고 마음먹었다.

중개업자는 판매자가 요구한 가격보다 60만 달러나 낮게 책정한 나의 제안서를 제출하려고 하지 않았지만 나는 그를 설득했고 마침내 그는 제안서를 제출하러 사무실로 향했다. 여기에서 중개업자는 전술상의 실수를 저질렀다. 그는 그들에게 가지 말았어야 했다. 그들을 오게 했어야 했다. 상대 세력권 안에서 협상하는 것보다 자기 세력권 안에서 협상할 때 좀더 유리하게 협상의 통제력을 발휘할 수 있는 법이다.

그는 몇 시간 뒤에 돌아왔다. 내가 말했다. "어떻게 됐습니까?"

"말도 마십시오. 말도 못 꺼내게 합디다. 얼마나 혼났는지 모릅니다." 그가 말했다. "커다란 회의실로 들어갔는데, 제안서를 보려고 주요 간부들이 전부 와 있었습니다. 법률 대리인, 회계사, 그들의 부동산 중개업자도 다 와 있었습니다. 나는 그들에게 침묵 종결법을 쓸 계획이었습니다." (침묵 종결법이란 제안서를 읽고 나서 입을 다물고 있다가 먼저 말한 쪽이 협상에서 패하게 하는 방법이다.) "문제는 침묵을 지킬 여지가 없었다는 것이었습니다. 제가

120만 달러를 제시하자 즉각 그들이 말했습니다. '잠깐 기다려요. 지금 60만 달러나 깎은 겁니까? 우리를 놀리는 거요?' 그렇게 말하고 나서 모두 회의실에서 나가 버렸습니다."

내가 말했다. "그 밖에 다른 일은 없었습니까?"

그가 대답했다. "흠…… 간부 두세 명이 나가려다 말고 문 앞에서 말했습니다. '150만 달러까지는 양보하겠소. 그 이하로는 단 한 푼도 깎아주지 않겠소.' 끔찍했습니다. 그렇게 낮은 가격의 제안서를 다시 제출해 달라고 하지 마십시오."

내가 말했다. "잠깐만 기다려요. 당신은 5분 만에 30만 달러나 깎았는데, 지금 협상 진행 방법이 나쁘다고 말하는 건가요?" 그는 그들의 행동에 당황했고 그 결과 눈앞까지 다가온 거래를 놓쳐 버렸다.

나의 고객 가운데 한 명은 협상에서 실질적인 현안이 흐트러지게 된 이야기를 장황하게 말해 주었다. 그의 이야기는 다음과 같았다. 수년 전에 그는 자기 회사를 크고 새로운 건물로 확장 이전했다. 그는 오래 된 창고를 팔기 위해 구매자를 찾았다. 그러나 뜻대로 되지 않았다. 그것을 시장에 330만 달러에 내놓았으나 그가 받은 제안이라고는 90만 달러를 쳐 주겠다는 것뿐이었다. 그는 어쩔 수 없이 팔기로 했다. 그러나 마지막 순간에 바이어가 발을 뺐고 일은 원점으로 돌아왔다.

몇 주일 뒤에, 그의 친구가 '창고를 구하는 회사가 있는데 그 회사에서 창고를 300만 달러에 사겠다고 했다' 고 말해 주었다. 그는 새 구매자와 함께 창고를 둘러보고 설명했다. 철제 책상과 캐비넷은 모두 주겠지만 목제 책상은, 새 사무실로 가져갈 생각이기 때문에 주지 않는다고 설명했다. 구매자도 동의했다. 그런데 나중에 구매자는 중개인이 모든 책상이 매물에 포함된다고 말했다고 우겼다.

급기야 구매자가 책상 갖고 거짓말한다고 비난하고 나서자 그는 화가 치솟았다. 다툼은 아주 격렬해져서 거래 자체가 결렬될 것처럼 보였다. 다행히 그의 형이 그 사실을 알고 나서 그를 타일렀다. "잘 들어 봐. 창고는 네 것이니까 네 맘대로 할 수 있어" 그는 찬찬히 말했다. "그렇지만 지난달에 네가 그것을 90만 달러에 팔아 치우려고 했던 것을 생각해 봐. 지금 300만 달러에 사겠다는 사람이 나섰는데, 겨우 수천 달러짜리 중고 가구 때문에 그와 다툰다는 말이야?" 형의 말을 들은 그는 생각을 고쳤고 목제 책상도 판매 품목에 포함시키기로 결정했다.

협상에서 현안에 집중하기보다는 상대의 행동에 의해 얼마나 쉽게 정신이 흩트러지는지 보았는가? 상임 프로 협상가, 이를테면 국제 협상가가 협상에 나섰다가 상대방이 신사답지 못하다고 자리를 박차고 나온다는 것은 상상할 수도 없다. 물론 나올 수도 있다. 그렇지만 그것은 특별한 협상 전술이지 절대로 화가 나서 그런 것은 아니다.

미국의 고위층 협상가가 러시아와의 협상을 깨고 나온 다음 대통령에게 "그들은 너무도 예의가 없습니다. 그들을 믿을 수가 없습니다. 아마 약속도 쉽게 져버릴 것입니다. 저는 너무 속이 터져서 그냥 나와 버렸습니다"라고 보고한다는 것을 상상이나 할 수 있겠는가? 파워 영업 협상가는 그렇게 하지 않는다. 그들은 인격이 아니라 사안에 집중한다. 당신은 늘 생각해야 한다. "지금 우리는 어디에 있는가? 한 시간 전, 또는 어제, 또는 지난주와 비교하여 지금은 어떤가?"

클린턴 정부의 국무장관 워런 크리스토퍼는 말했다. "침착성을 유지하고 있고 특별한 협상 전략상 필요하다면, 협상 도중에 화를 내도 무방하다." 만약 진짜로 화를 내고 이성을 잃는다면 협상은 늘 실패한다.

세일즈맨들에게 다음과 같은 일이 일어나는 까닭은 바로 현안에 집중하지 못하기 때문이다. 그들은 거래에 실패하고 나서 상사에게 보고한다. "죄송합니다, 이번 거래에 실패했습니다. 그것을 성사시키겠다고 더 이상 시간을 허비하지 마십시오. 저는 할 수 있는 모든 일을 다 했습니다. 만약 누군가가 이 거래를 성사시킬 수 있다면 저도 성사시켰을 것입니다."

그러면 그 상급자는 말한다. "알았네. 다만 관계 유지를 위해서 어쨌든 그쪽에 전화는 해야겠네." 상급자는 다시 거래를 성사시키기도 한다. 그것은 상급자가 반드시 그 세일즈맨보다 똑똑하다거나 재치가 있기 때문이 아니라 상사는 세일즈맨이 상대했던 사람들과 감정적으로 연관되지 않기 때문이다. 그렇게 하면 안 된다. 사안에 집중하는 방법을 배워야 한다.

상대가 이 전략을 쓸 때 대처하는 법 상대방이 감정적으로 나올 때의 대처 방법은 바이어의 입장에서, 협상 전술상의 감정 폭발인지 아닌지 꼼꼼히 살펴보는 것이다. 당신이 단골 고객에게 전화하고 있다고 하자. 상대는 소규모 소매 연쇄점을 하고 있다. 일반적으로 당신은 상대와 친하게 지내지만, 이번에는 아니다. 이번에 당신이 문을 열고 들어가자 상대가 화부터 낸다. 그는 신문지 한 장을 들고 당신의 코앞에서 마구 흔들어서 도대체 그가 무엇을 이야기하는지 알아듣기 어렵다. 마침내 그가 흥분하여 고함치는 것을 몇 분 들어보고 나서 문제점을 이해한다. 그의 경쟁사 가운데 한 군데에서 당신의 가장 잘 팔리는 상품을 특별히 낮은 가격으로 광고한 것이다. 그 결과 그는 당신이 자기에게 제공했던 것보다 낮은 가격으로 그들에게 공급해 왔다고 확신하고 있는 것이다. 이런 분노 폭발에 맞닥뜨리면 몇 가지 본능적인 반응이 나올 수 있다. 그 가운데 몇 가지를 나열하면 다음과 같다.

- 어이쿠, 실수했구나.
- 그가 나를 이렇게 몰아붙이다니 믿을 수 없어.
- 제기랄! 자기한테도 똑같은 제의를 했는데 거절해 놓고 이제 와서 난리야!
- 이 일로 거래처를 잃으면 문제가 심각해지는데.

이런 반응들은 전부 파워 영업 협상가가 나타낼 반응이 아니다. 침착하게 생각해 보아야 한다. "이것은 그가 쓰는 협상 전략이야. 그는 정말 화가 난 것이 아니야. 나한테 무엇인가 얻어 내기 위해서 이러는 거야. 그가 원하는 것은 무엇이며 나는 어떻게 대응해야 할까?" 그의 분노 표출을 감정적인 폭발이 아니라 계산된 협상 전략이라고 생각하면 당신은 감정적으로 휩쓸리지 않을 수 있다. 그 대신 당신은 현안에 집중할 것이다.

기억해야 할 주요 사항

1. 바이어가 화를 내면, 그의 태도가 아니라 현안에 초점을 맞춰라.
2. 참착하게 생각해 보라. '그가 나한테 왜 이러지? 그를 가라앉히기 위해서 무엇을 해야 하지?'
3. 현재 논의되고 있는 액수에 집중하라. 바이어가 화를 내고 있기 때문에 액수가 실제보다 더 크게 보일 수 있다.
4. 워런 크리스토퍼의 충고를 상기하라. "침착성을 유지하고 있고 특별한 협상 전략상 필요하다면, 협상 도중에 화를 내도 무방하다." 만약 진짜로 화를 내고 이성을 잃는다면 협상은 늘 실패한다.
5. 신경 쓸 것은 오직 한 가지이다. "한 시간 전, 또는 어제나 지난 주와 비교해서 지금 우리는 어디에 있는가?"

10 상대를 제압하는 묘수 (바이스 전략)

내가 '조이기' 라고 부르는 초반 영업 협상 전략의 마지막 수법을 간단히 표현하면 '당신은 그것보다 더 잘 해야 할 것이다' 이다. 파워 영업 협상가가 이 전략을 이용하는 방법은 이렇다. 바이어가 당신의 제안과 가격 구조에 대해서 들었다. 당신은 '우리는 현재 공급자에게 만족하고 있으며 당신 제품도 꽤 구미가 당긴다' 는 그의 말을 가볍게 넘겼다. 마침내 바이어가 말한다. "나는 현재 납품업자에게 퍽 만족하고 있습니다. 그러나 현재 납품업자가 방심하지 않도록 예비 납품업체를 준비해 두는 것도 나쁘지 않겠습니다. 파운드당 가격을 1.22달러까지 낮춰 준다면 화물차 한 대 분량을 주문하겠습니다."

당신은 조이기 전략으로 대꾸한다. 조용히 말한다. "죄송합니다만, 당신은 그것보다는 더 잘 해야 할 것입니다."

노련한 바이어라면 거기에 즉각 대응하여 되물을 것이다. "정확하게 그것보다 얼마나 더 잘해야 하지요?" 이런 식으로 좀더 구체적인 것을 요구한다. 그러나 미숙한 바이어일 경우에는, 당신이 그렇게 했다는 이유만으로, 자신의 협상 범위를 얼마나 자주 뭉텅뭉텅 양보하는지 놀랄 정도이다.

일단, "당신은 그보다 좀더 잘 해야 할 것입니다"라고 말했다면 그 다음에 해야 할 일은 무엇인가?

할 일은 이미 다했다. 입 다무는 것이 상책이다. 다른 말을 해서는 안 된다. 바이어가 쉽게 양보할 수도 있다. 영업 교육 담당자는 이것을 침묵 종결법이라고 부른다. 안 그런가? 나는 당신이 영업을 시작한 첫 주에 누군가에게 침묵 종결법을 배웠다고 확신한다. 제안을 하고 입을 다무는 것이다. 바이어가 쉽게 긍정할 수도 있으므로 상대가 당신의 제안을 받아들일지 아닐지 확인할 때까지 말을 하는 것은 어리석은 짓이다.

나는 서로 침묵 종결법을 시도하는 두 세일즈맨을 본 적이 있다. 우리 세 사람은 원형 탁자에 앉아 있었다. 나의 오른쪽에 앉아 있는 세일즈맨은 왼쪽에 있는 세일즈맨으로부터 부동산을 사고 싶어 했다. 오른쪽에 앉은 사람은 제안을 하고 나서, 영업 교육 과정에서 배운 대로 입을 다물었다. 왼쪽에 있는, 좀더 노련한 세일즈맨은 생각했다. "웃기는구만. 이 사실을 믿어야 하나 말아야 하나? 저 애송이가 나한테 침묵 종결법을 쓰려고 하잖아? 한 수 가르쳐 줘야지. 나도 말 안 하겠어."

그래서 나는 의지가 강철 같은 두 사람과 한 자리에 있게 되었다. 그들은 서로 '네가 먼저 얘기해 보라'는 식으로 버티고 앉아 있었다. 나는 이 일이 어떻게 매듭지어질지 몰랐다. 방 안에는 정적이 감돌았다. 뒤편에서 추시계가 똑딱거릴 뿐이었다. 두 사람은 서로 상대방의 심사를 눈치 채고 양보할 기색을 보이지 않았다. 이 상황이 어떻게 해결될지 나는 몰랐다.

반시간쯤 지난 것 같았다. 아마 5분이 좀 넘었겠지만 침묵 때문에 그렇게 길게 느껴졌을 것이다. 마침내 좀더 노련한 쪽이 돌파구를 열었다. 그는 종이쪽지에 '결증?' 이라고 휙 갈겨 써서 상대편에게 밀어 보냈다. 그러나 그는 일부러 ㅓ 대신에 ㅡ를 써서 '결정' 을 잘못 쓴 것이다. 젊은 세일즈맨은 쪽지를 보고 나서 생각 없이 말했다. "결정을 잘못 쓰셨군요." 한 번 입을 열자 그는 도저히 주체할 수가 없었다. (그런 세일즈맨을 아는가? 그들은 일단 말을 시작하면 멈출 수 없는가?) 그는 계속 말했다. "제가 제안한 것을 받아들일 수 없다면, 2,000달러 더 드릴 수 있습니다. 그러나 그 이상은 한 푼도 올려줄 수 없습니다." 젊은 쪽은 상대방의 수용 여부도 확인하기 전에 스스로 가격을 내린 것이다!

따라서 조이기 기법을 쓰기 위해 파워 영업 협상가는 상대의 제안이나 수정 제안에 대해서 간단하게 대꾸한다. "미안하지만 그것보다는 좀더 잘 해야 할 것입니다." 그리고는 입을 다물어 버린다!

어떤 고객이 파워 협상의 비법에 대한 세미나가 끝난 후에 나를 찾아왔다. 세미나는 그의 상사를 위해 내가 주관했던 것이었다. 그가 말을 했다. "로저 선생, 알려드리면 기뻐할 것 같아 말씀드립니다. 저희는 당신이 가르쳐 준 전략 가운데 한 가지를 이용하여 앉아서 1만 4,000달러를 벌었습니다. 저희는 마이애미 사무실에 새 장비를 설치하고 있습니다. 흔히 우리는 자격을 갖춘 공급업체 세 군데를 골라 입찰을 받고 그 중에서 가장 낮은 가격에 입찰한 곳을 선정합니다. 저는 여기에 앉아 입찰 서류를 검토하고 나서 한 업체를 선정했습니다. 막 선정 사실을 통고하려는 참이었습니다. 문득 선생께서 제게 가르쳐 준 조이기 전략이 생각났습니다. 그래서 저는 '밑져 봐야 본전이다' 생각하고 '당신은 이것보다 더 잘해야 할 것이다' 라고 써서 업체에 다시 편지를 보냈습니다. 그랬더니 그들은 제가 받아들이려고 했던 가격보다도 1만 4,000달러나 깎아서 수정 제안해 왔습니다."

당신은 생각할지 모르겠다. "로저 선생, 당신은 그 건이 5만 달러짜리라고 말했습니다. 그 정도 규모라면 꽤 큰 양보를 얻어냈다고 할 수 있겠지요. 그러나 수백 만 달러짜리 경우라면 큰 소득이라고 볼 수 없군요." 그러나 가격을 협상해야 할 경우에 협상 비율이라는 함정에 빠지면 안 된다. 중요한 것은 그가 입찰서에 수정 제안을 쓰는 데 2분 걸렸으며 그것으로 번 돈이 1만 4,000달러이었다는 점이다. 이것은 그가 그렇게 함으로써, 시간당 42만 달러의 순익을 발생시켰다는 것을 뜻한다. 그 정도면 매우 훌륭하지 않은가?

당신이 바이어에게 2,000달러를 양보했다면, 그것이 1만 달러짜리 계약이건 수백만 달러짜리 계약이건 문제가 아니다. 어떤 경우건 당신이 양보한 금액은 2,000달러이다. 따라서 사무실로 돌아와서 상사에게 다음과 같이 보고하는 것은 의미가 없다. "2,000달러를 양보해야 했지만 그건 10만 달러짜리 계약이었습니다." 당신이 생각해야 하는 것은 이것이다. "협상 테이블 중간에 2,000달러가 걸려 있다. 그것 가운데 어느 만큼을 얻을 수 있는지 보기 위해서 나는 어느 만큼의 시간을 소비할 용의가 있는가?"

당신의 시간이 어느 정도 가치가 있는지 생각해 보라. 10달러짜리 사안을 협상하는 데 30분이나 쓰지 마라.(그저 연습으로 해 보는 것이라면 상관없다.) 심지어 10달러 전체를 양보받았더라도,

협상에 투자한 30분을 생각한다면 시간당 고작 20달러의 비율로 돈을 버는 셈이다. 당신이 1년에 10만 달러를 번다고 했을 때, 이것을 적용시킨다면 당신은 한 시간에 50달러쯤 버는 것이다. 따라서 당신은 스스로 생각해 보아야 한다. "지금 내가 하고 있는 일이 시간당 50달러 이상을 벌어 주는가?"

여기가 중요하다. 상사를 설득할 수 있는 거래가 눈앞에 있다. 그런데 당신은 좀더 오래 시간을 끌면서 좀더 좋게 할 수 있더라도, 시간당 50달러를 벌 수 있을지 아리송하다. 천만에! 물론 아니다. 당신은 1분당 50달러, 아니 어쩌면 1초당 50달러를 벌고 있다.

그래도 충분하지 않다면, 협상에서 벌어들인 돈은 순이익이라는 것을 명심하라. 그것은 매출액이 아니다. 따라서 당신이 판매에 필요하다고 생각해서 몇 초 만에 양보할 수도 있는 2,000달러는, 매출액 2,000달러보다 몇 배의 가치가 있다. 나는 할인 판매점과 건강 센터에서 간부들을 교육시킨 적이 있다. 그 곳은 이윤율이 2퍼센트에 지나지 않았다. 그들은 1년에 수십 억 달러어치의 사업을 하지만 순수익은 2퍼센트밖에 벌어들이지 못했다. 따라서 그런 회사의 입장에서는, 협상 테이블에서의 2,000달러 양보가 순수 이익 측면에서 볼 때 10만 달러어치의 판매와 같은 효과를 갖고 있었다.

좀더 사정이 좋은 업계도 있을 수도 있다. 나는 순이익이 믿을 수 없을 만큼 높은, 총판매액의 25퍼센트인 몇몇 회사에서 사원들을 교육시킨 적이 있다. 하지만 그런 회사들은 드물다. 미국에서, 평균적인 이윤율은 총판매의 5퍼센트이다. 따라서 2,000달러 양보는 일반적으로 4만 달러의 총판매에 해당한다. 여기서 한 가지 질문해보자. 4만 달러의 매상을 올리기 위해 당신이 기꺼이 쓸 수 있는 시간은 얼마나 되는가? 한 시간? 두 시간? 하루 온 종일? 내가 아는 많은 영업 간부들은 말했다. "4만 달러짜리 판매를 위해서라면, 우리 직원들은 될 때까지 추진할 것이라고 생각한다." 그러나 일의 진척을 빠르게 하기 위해서 당신은 4만 달러짜리 판매를 위해서 몇 시간쯤은 기꺼이 쓸 것이다. 그렇다면, 당신은 협상 테이블에서 왜 그렇게 쉽게 2,000달러를 양보하는가? 당신 사업에서 일반적인 5퍼센트 순이익을 발생한다면 2,000달러 양보는 판매액 4만 달러의 순이익과 같은 효과가 있다.

협상을 통해 번 돈은 순이익이다. 당신이 남는 시간에 뇌수술을 한다고 해도 상관하지 않는다. 당신은 협상하고 있을 때보다 돈을 빨리 벌 수 없다!

파워 영업 협상가들은 제안에 대해서 늘 응답한다. "당신은 그것보다 좀더 잘해야 할 것입니다."

이제까지 초반 영업 협상 방법에 대해서 알아 보았다. 협상 초기 단계에서 하는 일은 성공적인 윈윈 전략을 위한 초석을 놓는 것이다. 다음은 중반 영업 협상 전략이다.

상대가 이 전략을 쓸 때 대처하는 법

바이어가 당신에게 조이기 기법을 쓰면, 즉각적으로 대답하라. "제가 하는 것보다 정확하게 얼마나 더 잘 해야 하지요?" 이것은 바이어를 특정 입장으로 꽁꽁 묶어 두려는 시도이다. 상대방으로부터 구체적인 수정 제안을 받기 전에는 절대로 양보해선 안 된다.

기억해야 할 주요 사항

1. 제안이나 수정 제안에 대해서 조이기 수법, '당신은 그것보다 더 잘해야 할 것이다'로 응답하라.
2. 상대가 조이기 기법을 써 오면, "그것보다 정확하게 얼마나 더 잘 해야 합니까?"로 응수하라. 그럼으로써 바이어를 특정 입장으로 묶어 둘 수 있다.
3. 협상 액수에 집중하라. 판매액에 흔들리지 마라. 그 다음에 비율을 생각하라.
4. 협상을 통해 번 액수는 순익이 되는 돈이다. 시간당 계산해서 당신이 쓰는 시간의 가치가 얼마인지 인식하라.
5. 파워 영업 협상을 하면서 버는 것보다 더 빨리 돈을 벌 수 있는 방법은 없다.

3부
협상에 들어가서
(중반 영업 협상 전략)

11. 최종 결정권이 없다고 얘기하라(상급자 핑계대기)

12. 정면 대치하는 대결적인 협상은 피하라

13. 서비스의 가치 하락

14. 결코 중간 협상을 제안하지 마라
(반반씩 양보하자고 제의하지 마라)

15. 뜨거운 감자
(상대편 사정에 신경 쓸 필요 없다)

16.맞바꾸기(상대의 제안을 들어줄 때는
반드시 그 대가를 요구하라)

11
최종 결정권이 없다고 얘기하라(상급자 핑계대기)

바이어가 최종 결정전에 상급자에게 보고해야 한다고 하면 당신은 아마 무척 허탈해질 것이다. 그것이 당신에게 구사되는 협상 전략임을 깨닫지 못하는 한, 당신은 '나는 그렇게 시시콜콜 보고하면서 일하지 않겠다' 고 생각할 것이다.

캘리포니아에 있는 부동산 회사 대표로 있을 때, 나는 광고, 복사기, 컴퓨터 장비를 파는 세일즈맨들이 언제라도 와서 영업 활동을 하도록 허용했다. 그들이 오면 나는 여러 가지 전략을 써서 가능한 가장 낮은 가격으로 협상했다. 가격에 합의하고 나서 나는 으레 말했다. "아주 좋아요. 이사회에 상정하기만 하면 됩니다. 내일 최종 승낙을 하겠어요."

그렇게 정지 작업을 해 둠으로써 나는 다음날 다시 협상할 수 있었다. "휴, 지금은 이사들이 무척 까탈스럽게 나옵니다. 설득할 수 있다고 확신했는데, 잘 안 됐습니다. 200달러 더 깎지 않으면 승인할 수 없다는군요." 그런 식으로 나는 원하는 가격에 사곤 했다. 사실 나는 이사회의 허락을 받을 필요가 없었지만, 이런 '속임수' 가 치사한 방법이라고 생각하지 않는다. 나는 물론이거니와 당신과 거래하는 바이어들도 그런 '속임수'는 협상이라는 게임을 이루는 규칙 가운데 하나라고 생각한다.

다시 말해 바이어가 위원회의 승인을 받아야 한다고 하는 것은, 비록 진실이 아닐지라도, 그들이 사용하는 효과적인 협상 전략임에는 틀림없다. 지금부터 이 전략을 왜 써야 하는지 알아 보고, 상대가 이 수법을 쓸 때 대처 방법을 알아 보자.

당신은 협상하기 위해 나갈 때, 결정권을 갖고 있으면 좋겠다고 생각할 것이다. 언뜻 생각하면 바이어에게 "이번 거래를 최종 결정할 수 있는 권한은 내게 있습니다"라고 이야기하면 좀더 많은 힘을 발휘할 것처럼 보인다.

그런 착각에 근거해서 흔히 세일즈맨들은 영업 관리자에게 말한다. "제게 맡겨 주십시오. 가능한 가장 좋은 거래를 성사시키기 위해 제게 권한을 주십시오."

파워 영업 협상가들은 그것이 오히려 협상력을 약화시킨다는 것을 알고 있다. 제안을 바꾸거나 결정을 내릴 때에는 언제나 상급자 핑계를 써서 점검해야 한다. 자기가 결정권자라고 밝히면 협상 과정에서 심각하게 불리한 상황으로 몰린다. 그저 이런 일이나 하는 중요하지 않은 인물로 비치는 것이 좋다. 직접 협상에 들어가면 그것이 얼마나 큰 효과를 발휘하는지 금방 알게 된다.

이 전략이 매우 효과적인 이유는 간단하다. 당신이 최종 결정권자라는 것은 곧 당신만 설득하면 된다는 뜻이다. 당신이 최종 결정권자라면, 바이어는 자기 제안이 얼마나 좋은지 당신에게 확신을 심어 주기 위해 애쓰지 않아도 된다. 일단 당신이 승낙하면 거래가 성사된다는 것을 알기 때문이다.

그러나 상급자에게 허락받아야 한다면 사정이 달라진다. 당신이 지사나 본사, 또는 경영진, 동료, 이사회로부터 승인을 받아야 한다면, 바이어는 당신을 설득하기 위해 몇 배 더 노력해야 한다. 제시할 조건도 당신이 상급자에게 보고하여 승인받을 수 있는 수준이 되어야 한다. 또한 당신을 완벽하게 설득해야 한다. 그래야 당신이 자신감을 갖고 기꺼이 결재를 요청할 마음이 생길 것이기 때문이다.

상급자가 위원회나 이사회같이 모호한 존재라면 더욱 효과적이다. 예를 들어 보자. 은행에서 실제로 대출 심의 위원회를 본 적이 있는가? 나는 없다. 나의 세미나에 참석했던 은행가들은 50만 달러 이하 대출은 은행 담당 직원이 대출 심의 위원회에 보고하지 않고도 결정할 수 있다고 지속적으로 말해 왔다. 그러나 대출 담당자는 자기가 "그 건은 지점장님께서 검토하고 계십니다"라고 말하면 신청자가 즉각 "그럼 지금 지점장님께 같이 가서 빨리 처리해 달라고 합시다"라고 말한다는 것을 알고 있다. 그러나 위원회와 같이 실체가 모호하면 그럴 수 없다.

따라서 상급자 전략을 쓸 때에는 마케팅 위원회 같은 모호한 실체나 멀리 본사에 있는 사람을 끌어 대야 한다. 만약 결정권자가 우리 부서의 부장이라고 말한다면, 상대방은 제일 먼저 무슨 생각을 할까? 그렇다. "그럼 내가 왜 당신과 이야기하면서 시간을 허비해야 합니까? 부장님이 결정할 수 있는 유일한 사람이라면, 부장님을 이리로 오시라고 하죠." 그러나 당신의 상급자가 모호하고 집단적인 존재라면 만나겠다고 하기가 어렵다. 내가 세일즈맨들에게 '이사회에 상정해야 한다' 고 말해 온 수년 동안, 딱 한 사람만 나에게 질문했다. "이사회는 언제 열리죠? 내가 이사님들에게 상품을 소개할 수 있는 때가 언제죠?"

이쯤에서 당신은 생각할지 모른다. "로저 씨, 나한테는 이 전략이 소용없습니다. 나는 전기 제품을 배급하는 작은 회사를 갖고 있는데, 내가 회사 주인이라는 건 모두 알고 있습니다. 내게는 핑계 댈 상급자가 없고, 그걸 사람들도 다 알고 있습니다."

그래도 당신은 이 기법을 쓸 수 있다. 나도 회사를 갖고 있다. 그러나 내가 지역 책임자로 임명한 사람들과 상의해 보지 않는 한, 내릴 수 없는 결정도 있다.

누군가 나에게 자기 회사를 위해 세미나를 개최해 달라고 요청한다면 나는 말할 것이다. "좋습니다. 다만 나의 마케팅 담당자들과 상의해야 합니다. 괜찮습니까?" 회사를 소유하고 있다면, 당신의 상급자는 당신이 권한을 위임한, 당신 조직 속의 사람들이 된다.

상급자 핑계 전략을 사용하면 얼마나 큰 힘을 갖는지 알았으므로, 이제 바이어가 당신에게 그 전략을 쓸 경우에 얻을 수 있는 이점이 무엇인지 살펴보자.

1. "그렇게 비싼 가격으로 위원회에 승인을 요청한다는 것은 시간 낭비에 불과합니다." 이 한 마디로 바이어는 당신을 자극하지 않으면서 압박할 수 있다.

2. 협상 상대자인 당신의 균형 감각을 흔들어 놓을 수 있다. 결정권자를 볼 수 없다는 것은 정말 분통 터지는 일이기 때문이다.

3. 상급자를 만듦으로써 바이어는 결정해야 하는 부담에서 벗어날 수 있다.

부동산 중개업을 하고 있을 때, 나는 직원들에게 가르쳤다. 구매자를 차에 태워 실물을 보여 주기 전에, "제가 확실히 알아야 할 듯해서 묻습니다만, 혹시 집을 보시고 마음에 들어도 오늘 결정할 수 없는 이유가 있습니까?"라고 물으라는 것이었다.

바이어는 이것을 빨리 결정하라고 가하는 압력으로 해석할 수 있다. 그러나 이것은 상급자 핑계를 대서 결정을 늦출 여지를 없애 버리는 것뿐이다. 그렇게 하지 않으면 "당장 결정하기는 어렵습니다. 저희 아저씨께서 계약금을 빌려 주기로 했기 때문에 그에게 부탁해야 하거든요"라고 말하면서 결정을 자꾸자꾸 미룰 수도 있다.

4. 이 전략을 통해 바이어는 조이기 수법을 쓸 수 있다. "위원회에서 빨리 통과되기를 원하면 그것보다 더 잘해야 할 것입니다."

5. 위원회의 승인을 받기 위해서, 당신은 바이어를 당신 편으로 만들어야 하는 지경에 이른다.

6. 바이어는 뒷날의 책임 문제를 피하면서 당신을 압박할 수 있다. "10퍼센트만 더 깎으면, 위원회가 승인할 수도 있을 텐데요."

7. 바이어는 당신을 입찰 전쟁으로 몰아 넣을 수 있다. "위원회는 다섯 군데에서 입찰을 받으라고 했습니다. 가장 낮게 입찰한 곳을 선택하려는 것 같습니다."

8. 바이어는 당신 사정은 짐짓 모른 체하면서 당신을 몰아붙일 수 있다. "내일 위원회가 열려 최종 결정을 합니다. 나는 거기에 정말 낮은 가격을 써 넣은 입찰서가 몇 개 들어와 있다는 것을 알고 있습니

다. 당신의 제안서는 검토조차 되지 않을 수도 있습니다. 그러나 당신이 훨씬 낮은 가격을 제안한다면 문은 언제나 열려 있습니다."

9. 이 기법을 통해 바이어는 당근과 채찍 기법을 쓸 수 있다. "할 수 있다면 나는 당신과 계속 거래하고 싶습니다. 그러나 위원회에는 제일 싼 가격에만 관심을 쏟는 사람이 있거든요."

이제 바이어가 상급자 전략을 쓰는 까닭을 알았다. 다행히 파워 영업 협상가들은 바이어의 그런 수법에 부드럽고 효과적으로 대응하는 방법을 알고 있다. 상급자 전략에 대한 대응 방법은 다음과 같다.

선수를 친다. 제일 먼저 시도해야 할 방법은 그럴 여지를 미리 없애 버리는 것이다. 협상 시작 전이라도 특별한 문제가 없으면 당장이라도 구매 결정을 할 수 있다는 언질을 바이어에게 받는다. 내가 우리 부동산 중개인들에게 가르친 것이 바로 이것이다. 나는 구매자를 차에 태우기 전에 다음과 같이 물어 보라고 가르쳤다. "제가 확실히 알아야 할 듯해서 묻습니다만, 혹시 물건이 마음에 들어도 오늘 결정할 수 없는 이유가 있습니까?"

자동차 세일즈맨이 시승을 허락하기 전에 고객에게 묻는 것도 마찬가지 경우이다. "확실히 하기 위해서 묻습니다만, 제 짐작대로 이 차가 손님 마음에 드실 경우에, 오늘 결정하지 못할 어떤 이유라도 있습니까?" 상급자 핑계를 댈 여지를 미리 없애지 않으면, 고객이 결정하라는 압력을 상급자 핑계로 피해 간다는 것을 알고 있는 것이다.

따라서 바이어에게 제안하기에 앞서, 심지어 제안서를 서류 봉투에서 꺼내기도 전에, 불쑥 말해야 한다. "부담을 드리려는 것은 아닙니다만……."(이런 말은 숨은 의미를 갖고 있다. 다음에 할 말에 대한 사전 예고로서 일종의 복선이다. 즉 상대에게 부담 느낄 준비를 하라는 뜻이다. 이 말을 함으로써 당신은 상대에게 부담을 주어도 된다고 스스로 허락하는 것이다.) "부담을 드리려는 것은 아닙니다만, 만약 우리가 원만하게 합의를 이룬다면 빨리 일을 추진할 필요가 있겠지요. 그래서 한 가지 묻고 싶습니다. 이 제안이 당신의 요구와 맞아떨어진다면……."(어떤 말보다도 광범위하다.) "이 제안이 당신의 모든 요구와 맞아떨어졌을 경우에, 혹시 오늘 확답을 줄 수 없는 이유가 있습니까?"

상대방이 이에 동의하는 데에는 거리낄 것이 없다. 이렇게 생각할 것이기 때문이다. "나의 모든 요구와 맞아 떨어져? 그러면 문제없지. 애써 밀고 당길 필요가 없지." 하지만 어떻게 보면 당연한 대답인 "좋습니다. 모든 요구를 충족시킨다면 당장 구매하겠습니다"라는 대답을 바이어로부터 얻어냈을 때 어떤 성과가 나타나는지 살펴보자.

1. 바이어가 다시 한번 생각해 보겠다고 할 여지를 없애 버렸다. 바이어가 그렇게 말하면 이렇게 응답할 수 있다. "흠, 잠깐만 시간을 주십시오. 제가 충분히 설명하지 못한 부분이 틀림없이 있습니다. 왜냐하면 당신은 아까 얼마든지 오늘 결정할 수 있다고 애기했으니까요."

2. 바이어가 상급자 핑계 댈 여지를 없애 버렸다. 상대방은 "우리 해당 부서(또는 구매 위원회)에 상정하여 검토하도록 하겠습니다"라고 말할 수 없게 되었다.

포기하지 마라. 상급자 핑계 댈 여지를 없애기 어려울 때에는 어떻게 해야 할까? 분명히 여러 가지 상황이 있을 수 있다. 당신이 선수를 쳐서 얘기했을 때 상대가 "미안합니다, 이런 규모의 거래는 모든 사항을 해당 위원회로부터 승인받아야 합니다. 최종 결정을 내리기 위해서는 위원회의 허가가 있어야 합니다"라고 말할 수 있다.

그럴 때 파워 영업 협상가는 세 단계를 밟아가며 상대를 공략한다.

제1단계: 자존심을 건드린다 얼굴에 미소를 띠면서 이야기한다. "그러나 그들은 늘 당신 의견을 따르는 편이 아닙니까?" 성격에 따라서는 이런 말이 상대의 자존심을 꽤 자극하여 다음과 같은 말이 나올 수도 있다. "음, 그건 그렇지요. 내가 좋다고 하면 결정된 것이나 다름없어요." 그러나 대부분의 응답은 "그렇죠. 위원회는 대개 제 의견을 따르지요. 그렇더라도 위원회의 승인이 나기 전에 내가 결정할 수는 없습니다" 정도가 될 것이다.

상대가 자존심 강한 사람이라고 생각되면, 상품 소개 초기에, 먼저 상대의 상급자를 언급하라. 이를테면 이렇게 말하는 것이다. "이것을 당신 상급자에게 가져가면 승인할 것이라고 생각하십니까?" 자존심이 강한 사람이라면 이런 경우에 자기는 누구의 승인도 받을 필요가 없다고 말해 버리는 잘못을 저지를 것이다.

제2단계: 당신의 제안을 위원회에 올릴 때 적극 추천하겠다는 언질을 받아 놓아라 당신이 말한다. "당신은 이것을 위원회에 적극 추천하겠지요? 안 그런가요?" 일이 잘 되면 상대가 응답할 것이다. "그렇습니다. 제가 보기엔 좋은 제안인 것 같습니다. 당신을 적극 밀어 보겠습니다."

제2단계에서, 파워 영업 협상가들은 상급자에게 보고할 때 적극 추천하겠다는 언질을 바이어로부터 받아 놓는다. 이때에 일어날 수 있는 상황은 단 두 가지뿐이다. 당신 말을 받아들여서 추천하는 경우와 그 반대의 경우이다. 당신은 두 가지 가운데 하나를 얻게 된다. 물론 바이어의 지지가 더 바람직하지만, 반대하더라도 늘 '옳다구나!' 하고 생각해야 한다. 반대는 구매 신호이기 때문이다. 바이어들은 구매할 의사가 없으면 이의를 제기하려고 하지 않는다. 구매할 생각이 없으면 얼마를 부르든 신경 쓰지 않는다.

나는 취미가 실내 장식인 여자와 사귄 적이 있다. 하루는 그녀가 매우 흥분해서 나를 오렌지카운티 디자인센터로 데리고 가서 염소 가죽으로 덮인 소파를 보여 주었다. 그 가죽은 아주 부드러웠고 일찍이 느껴보지 못했을 만큼 나긋나긋했다. 내가 거기에 앉자, 그녀가 말했다. "정말 멋진 소파 아니에요?"

내가 말했다. "정말 그래요. 이건 정말 멋진 소파군요."

그녀가 말했다. "값이 1만 2,000달러밖에 안 돼요."

내가 말했다. "그거 놀랍지 않아요? 어떻게 1만 2,000달러밖에 안 받을 수 있지요?"

그녀가 말했다. "가격에 아무런 문제를 느끼지 않으세요?"

내가 그녀에게 말했다. "전혀 못 느끼는데요."

내가 왜 가격에 아무 문제를 느끼지 않았는가? 그렇다! 나는 소파 값으로 1만 2,000달러를 지불할 뜻이 전혀 없었기 때문이다. 소파에 무엇을 씌웠든 상관없었다. 한 가지 질문이 있다. 만약 내가 소파 구입에 관심이 있었다면, 그 가격에 문제를 느꼈을까? 물론 그랬을 것이다.

반대는 구매 신호다. 나는 부동산 회사 일을 하면서 깨달았다. 매물을 보여 줄 때 사람들이 가는 곳마다 '그래요?', '그렇군요' 하거나, 매물에 대해서 모두 좋다고 하는 사람은 사지 않을 사람들이다. 구입을 심각하게 고려하는 사람들은 불만을 나타낸다. "부엌이 원하는 만큼 넓지 않군요. 저 벽지는 너무 엉망입니다. 우리는 결국 저 벽을 부숴 버릴지도 모르겠어요." 이렇게 말하는 사람들은 살 가능성이 많다.

생각해 보라. 대규모 거래 치고 이제까지 바이어가 가격 문제를 제기하지 않은 것이 있었는가? 물론 없을 것이다. 구매를 심각하게 고려하는 사람들은 늘 가격에 대해서 불만을 표시한다.

문제는 반대가 아니다. 무관심이다. 바이어가 "나는 10년 동안 한 회사 제품을 써 왔습니다. 저는 그 회사 제품에 만족합니다. 그걸 바꾸기 위해 시간을 허비하고 싶지 않습니다"라고 말하는 경우보다 "세상에 당신네 회사만 남더라도 당신 회사 제품은 쓰지 않겠소. 왜냐하면……"라고 말하는 경우가 당신에게는 더 희망적이다. 당신이 신경 써야 할 문제는 무관심이다. 반대가 아니다.

조금 더 살펴보면 확실해질 것이다. 한 단어의 반대말을 생각해 보자. '낮'의 반대는 '밤'이다. '검정'의 반대는 '하양'이다. 이해가 되었는가? 그렇다면 한 가지 질문이 있다. 사랑의 반대는 무엇일까? 당신 대답이 '미움'이라면, 한번 더 생각해 보라. 상대가 당신에게 침이라도 뱉는 한, 당신에게는 그와 공유할 수 있는 무엇인가가 있다. 사랑의 반대는 바로 무관심이다. 상대가 당신에게, 마치 〈바람과 함께 사라지다〉의 레트 버틀러처럼, "솔직히, 나는 상관 안 해!"라고 말할 때, 그 순간이 바로 끝을 암시하는 때이다. 당신의 문제는 무관심이다. 반대가 아니다. 반대는 구매 표시이다.

"이것을 위원회에 추천하시겠지요?"라고 했을 때 상대는 그렇게 하겠다고 하거나 그렇게 하지 않겠다고 할 수 있다. 어느 쪽이든 성공한 것이다. 그러면 제3단계로 넘어갈 수 있다.

제3단계: 조건부 마무리 조건부 마무리는 뒤에서 다룰 마무리 전략 가운데 하나이다. 이것은 큰 결정을 작은 결정으로 바꾸는 아주 위력적인 전략이다. 이 경우에 조건부 마무리는 '명확하기만 하면 어떤 이유로든 24시간 이내에 제안을 거부할 수 있는 권리가 당신의 특정 위원회에 있음을 전제로 하여 문서를 작성합시다', 아니면 '정당하다면 어떤 이유로든 24시간 이내에 제안을 거부할 수 있는 권리가 당신의 정식 담당 부서에 있음을 전제로 문서를 작성합시다' 정도가 될 것이다.

여기서 명심해야 할 것은 그들의 승낙을 전제로 하지 않는다는 점이다. 그렇게 하면 너무 속이 들여다보인다. 구체적인 이유로 당신의 제안을 거절할 수 있는 권리가 상대에게 있음을 전제로 하는 것이다. 만약 바이어 측이 당신의 제안을 변호사에게 문의하려고 한다면 그것은 법률적인 이유이다. 바이어 측이 회계사에게 문의하려고 한다면 그것은 세금과 관련 이유가 될 것이다. 꼭 구체적인 이유가 있어야 한다는 점을 명시해야 한다.

상급자 핑계를 대지 못하게 할 수 없을 때 대처 방법을 다시 한 번 확인해 보자.

1. 자존심을 건드려라
2. 상급자에게 적극 추천하겠다는 약속을 받아라
3. 조건부 마무리

입장이 바뀌었을 때, 누군가 상급자 전략을 쓰지 못하도록 수를 꾸밀 때에는 어떻게 해야 하는가? 바이어가 가격과 납품 날짜에 대해 당신의 입장을 당장 밝히라고 압력을 가하고 있다. "해리, 나는 당신을 친형제처럼 생각하고 있습니다. 그러나 나는 자선 사업을 하는 게 아니라 사업을 하고 있습니다. 바로 지금, 이 문제를 내가 원하는 대로 결정해 주십시오. 그렇지 않으면 다른 업체를 알아 볼 수밖에 없습니다."

어떻게 대처할 것인가? 아주 간단하다. 이렇게 말하는 것이다. "제인, 이번 결정이 어떻게 나건 나는 당신과 거래하는 것을 기쁘게 생각합니다. 원한다면 물론 당장 대답할 수 있습니다. 그러나 한 번 더 생각해 보십시오. 꼭 지금 대답해야 한다면 대답은 '노'일 수밖에 없습니다. 그러나 내일 제가 우리 직원들과 이야기하고 난 뒤에는, '예스'가 될 수 있습니다. 그러니 내일까지만 기다렸다가 결정해 주십시오."

다단계 상급자 수법을 주의하라. 상대가 단계를 올려가면서 상급자를 끌어댈 수도 있다. 가격을 깎아 주었더니 바이어의 담당 부서장이 승인하지 않는다. 거래 조건을 좀더 완화했더니 이번에는 부사장이 승인하지 않는다. 단계를 높여가며 상급자를 끌어대는 것은, 내 생각에 분명히 비양심적이지만, 그런 상황은 언제든지 나타날 수 있다. 아마 차를 사면서 그런 경험을 한 번쯤 해 보았을 것이다. 몇 가지 예비 협상 후에, 가격을 후려쳐서 싸게 불렀는데, 예상 외로 세일즈맨이 선선히 받아들인다. 그는 당신으로 하여금 가격을 말하게 한 뒤에(그러면 당신은 심리적으로 그 차를 사겠다는 생각으로 기운다) 말을 한다. "좋습니다. 그 정도면 괜찮군요. 이제 내가 우리 부장님께 말씀드려서 허락을 받으면 이 차는 당신 것입니다."

이쯤 되면 차 열쇠와 차량등록증이 이미 손에 들어온 기분이 들 수도 있다. 당신은 그렇게 싸게 산 것을 스스로 대견해 하며 의자에 앉아 기다린다. 이윽고 세일즈맨이 부장이라는 사람과 함께 돌아온다. 부장은 자리에 앉아서 당신과 함께 가격을 점검한다. 그가 말한다. "보시다시피, 프레드가 잘못 알고 있었습니다." 프레드가 무척 당황하는 빛을 보인다. "이 가격은 공장도 가격보다 거의 500달러나 낮습니다." 그는 공식 서류처럼 보이는 청구서를 보여 준다. "물론, 손님께서는 저희에게 밑지고 팔라고 하지는 않으시겠지요, 안 그렇습니까?"

갑자기 현기증이 느껴진다. 어떻게 대응해야 할지 갈피를 못 잡겠다. 당신은 거래를 끝냈다고 생각했는데, 부장이라는 사람이 깨

버렸다. 대리점에서는, 공장 인센티브가 있기 때문에, 공장도 가격의 5퍼센트 이하로 팔아도 이익이 남는다는 것을 알지 못하는 당신은 양심에 호소하는 영업 부장의 말에 넘어가서 오히려 200달러를 더 낼 테니 팔라고 애걸한다. 잘만 하면 그 가격에 차를 사겠거니 생각하지만 부장은 '그렇게 낮은 가격에 팔려면 상급자의 허락을 받아야 한다' 고 설명한다. 그런 식으로 계속된다. 마치 한 단계씩 높아지는 상급자들의 계단을 한발 한발 올라가면서 조금 가격을 높여가는 것 같다.

세일즈맨으로서, 파워 영업 협상을 하려면 상급자 전략을 구사할 수 있을 뿐만 아니라 상대가 그 전략을 쓸 때 적절히 대응할 수 있어야 한다. 늘 당신만의 상급자 전략을 간직하라. 바이어가 상급자 전략 쓸 여지를 늘 제거하라.

상대가 이 전략을 쓸 때 대처하는 법

바이어가 다단계 상급자 전략을 쓸 때 사용할 수 있는 대응 방법은 다음과 같다.

1. 이에는 이, 눈에는 눈. 당신도 다단계 상급자 전략을 쓴다. 금방 당신의 의도를 알아채고 휴전을 요청할 것이다.
2. 상대가 상급자를 한 단계 높일 때마다 당신은 협상 초기 입장으로 돌아가야 한다. 상급자로 한 단계씩 올라갈 때마다 조금씩 떼어 주다가는 그 거래가 빛 좋은 개살구가 될 수 있다.
3. 최종 승인을 받고 계약서의 잉크가 마르기 전까지는 끝났다고 생각하지 마라. 판매 수당부터 계산하기 시작한다면, 감정적으로 그 거래에 너무 매몰되어 제대로 끝마치지 못할 것이다.
4. 무엇보다도, 상대의 전략에 분개하여 이성을 잃은 나머지 모두에게 이익이 될 수 있는 거래를 차 버리는 우를 범해서는 안 된다. 틀림없이 이 전략은 비신사적이고 비도덕적이다. 그러나 이것은 사업이다. 종교 행위가 아니지 않는가? 당신은 거래라는 수레바퀴에 기름을 치기 위해서 거기에 있는 것이지 죄인을 참회시키기 위해 있는 것이 아니다.

기억해야 할 주요 사항

1. 당신이 결정권자임을 바이어가 알지 못하게 하라.
2. 당신의 상급자는 개인이 아니라 모호한 실체여야 한다.
3. 회사의 소유자도 하부 조직을 끌어대어 상급자 전략을 쓸 수 있다.
4. 협상할 때에는 자존심일랑 접어 두어라. 바이어의 꾐에 넘어가 결정권이 있다고 인정하지 마라.
5. 모든 조건이 충족되면 즉각 결정하겠다는 언질을 바이어로부터 받아두어라. 그것에 실패하면, 3단계 대응 방법 구사하라.
   ① 그들의 자존심에 호소한다.

② 당신의 제안을 상급자에게 추천하겠다는 약속을 받아내라.

③ 조건부 마무리를 시도하라.

6. 준비되지 않았는데 상대가 결정 내리기를 요구하면, 결정은 하겠지만 상급자와 상의할 시간을 주지 않으면 대답은 '노'가 될 것이라고 말하라.
7. 상대가 다단계 상급자 수법을 쓰면, 각 단계마다 협상 초기 입장으로 돌아가고 당신도 똑같이 다단계 상급자 전략을 구사하라.

12 정면 대치하는 대결적인 협상은 피하라

협상의 중간 단계로 나아가고 사안이 좀더 명확해지면 충돌을 피하는 것이 아주 중요한 문제로 떠오른다. 이때쯤 바이어는 당신이 윈윈 협상 전략을 추구하는지, 동전 한 닢까지 훑어가려는 무자비한 협상가인지 감을 잡게 된다.

충돌은 일부 변호사, 도발적인 협상가로서 소질이 다분한 변호사와 협상할 때 내가 부닥치는 문제 가운데 하나이다.

우편으로 하얀 봉투가 날아온다. 봉투 상단 왼쪽 구석에는 위압적인 검은 글자가 박혀 있다. 당신은 생각한다. '맙소사! 이번엔 무슨 일이지?' 봉투를 연다. 상대방의 첫 번째 메시지가 무엇인가? 협박이다! 상대가 원하는 것을 주지 않으면, 당신을 어떻게 주물러 주겠다는 것이다. 그러나 그들이 비싼 소송비용을 들이지 않고 해결하고 싶다면(그럴 때 나는 때때로 그들의 동기가 의심스럽다) 협상의 초기 단계에서는 절대로 도발적으로 나오지 않을 것이다.

마찬가지로 당신도 협상 초반에는 특히 말에 조심해야 한다. 바이어가 전반적으로 동의하기 어려운 입장을 보이더라도 절대로 논쟁하지 말라! 논쟁이란 늘 자기가 옳음을 증명하려는 욕구에 불을 지르기 마련이다. 처음에는 바이어에게 동감을 표시한 다음에 '느끼고, 느꼈고, 알았다' 형식으로 슬쩍 피해가는 것이 좋다. 이를테면 이렇게 응수한다. "그에 대해서 당신이 어떻게 느끼는지 잘 이해하고 있습니다. 다른 많은 바이어들도 지금의 당신과 똑같이 느꼈습니다.(이제 당신은 그 경쟁심을 완화시켰다. 당신은 지금 상대와 논쟁하는 것이 아니다. 상대의 말에 동의하고 있다.) 그런데 우리가 늘 무엇을 알게 되는지 아십니까? 우리가 바이어들과 자세히 살펴보았을 때, 바이어들은 늘 알아차렸습니다. 뭐냐하면……."

몇 가지 예를 보자.

■ 바이어가 말한다. "당신 제품은 너무 비쌉니다." 만약 당신이 반박한다면, 바이어는 자기가 옳고 당신이 그름을 증명하는 데 목숨을 걸다시피 한다. 이렇게 말하면 된다. "그것을 당신이 어떻게 느끼고 있는지 잘 알고 있습니다. 다른 많은 바이어들도 우리 프로그램을 처음 보았을 때 당신과 똑같이 느꼈습니다. 그러나 우리의 제의를 좀더 면밀히 살펴보고 나서 그들은 한결같이 우리 프로그램이 시장에서 최고라는 것을 알았습니다."

■ 바이어가 "내가 듣기로, 당신네 회사 물류 부서에 문제가 있다고 합니다"라고 했다고 하자. 여기에 대뜸 반박하면 객관성을 의심받을 수 있다. 반박하는 대신에 "예, 나도 그런 소리를 듣고 있었기 때문에 당신이 어떻게 그런 소리를 듣게 되었는지 압니다. 나는 그 소문이 몇 년 전 저희 창고를 이전할 때 퍼지기 시작했다

고 생각합니다. 그러나 지금은 제너럴모터스나 제너럴일렉트릭 같은 대기업도 납품 기일에 관한 한 저희를 믿고 있고, 저희가 문제를 일으킨 적은 없습니다."

■ 바이어가 "나는 외국 공급자로부터 구매하는 것은 마음이 놓이지 않습니다. 나는 이 나라 안에서 작업이 이루어져야 한다고 생각합니다"라고 말했다고 하자. 마찬가지로 당신이 반박하면 할수록 상대는 더욱 더 자기 입장을 고집하게 된다. 그 대신에 "나는 당신이 그 점에 대해서 어떻게 느끼는지 잘 알고 있습니다. 사실 요즘 다른 사람들도 당신과 똑같이 생각합니다. 그러나 당신은 우리가 밝혀낸 것을 알고 있습니까? 우리가 초기 조립을 태국에서 한 이래, 우리나라에서 42퍼센트 이상의 고용 상승효과를 낼 수 있었습니다. 이것을 보시면……."

정면으로 반박하여 충돌을 야기시키기보다는, 맞장구치고 우회하는 습관을 들여라. 윈스턴 처칠은 이것을 알고 있었다. 처칠은 기품 있는 노인이었지만 한 가지 커다란 약점을 갖고 있었다. 술을 좋아한다는 것이었다. 처칠은 주류 판매 금지를 지지하는 에스터 여사와 늘 다퉜다. 어느 날 에스터 여사가 그에게 다가와서 말했다. "당신은 딱 질색이에요. 당신은 지금 취했어요!" 처칠은 반박해서는 안 된다는 것을 알고 있는 아주 훌륭한 협상 전문가였다. 상대의 말을 인정하고 우회해야 한다. 처칠은 말했다. "에스터 여사, 당신은 절대적으로 옳소. 나는 취했소. 그러나 당신은 못생겼소. 그래도 나는 아침이 되면 멀쩡해지지만……."

당신이 반박하면, 상대는 재반박한다. 그것은 본능이다. 나는 세미나에서 가끔 줄 맨 앞에 앉아 있는 사람에게 일어서 달라고 부탁한다. 나는 손바닥을 그 사람에게 향하게 하고 두 팔을 뻗은 다음, 그와 손바닥을 마주 닿게 했다. 그러고 나서, 아무 말도 없이, 상대방을 살짝 손바닥으로 밀어 본다. 자동적으로, 상대방도 내 쪽으로 민다. 당신이 상대를 밀면 상대방도 당신을 민다. 마찬가지로 당신이 상대방의 말에 반박하면, 그것이 상대방으로 하여금 자동적으로 재반박하고 싶게 만든다.

느끼고, 느꼈고, 알았다 수법의 또 다른 좋은 점은, 생각할 시간을 준다는 것이다. 어떤 여자와 술집에 있는데 그 여자가 "이 세상에 단 한 사람의 남자가 당신이라도 나는 당신이 사는 술은 마시지 않겠어요"라고 말했다고 하자. 당신은 이렇게 심한 말을 들어본 적이 없다. 충격적이다, 어안이 벙벙하고 도대체 어떻게 반박해야 할지 모르겠다. 그러나 느끼고, 느꼈고, 알았다 수법을 마음 속에 새겨 두고 있으면 일단 대꾸할 수 있다. "나는 당신이 그 일을 어떻게 느끼는지 잘 알고 있습니다. 다른 많은 사람들이 똑같이 느꼈습니다. 그러나 나는 알았습니다. 뭐냐 하면……."

여기까지 이야기할 때쯤이면 당신 머릿속에 적당한 이야깃거리가 떠올라 있을 것이다. 비슷한 경우로 하필 좋지 않은 때에 바이어를 만나는 일도 가끔 있다. 전화를 해서 만날 약속을 하고 갔더니, 바이어가 대뜸 "나는 거짓말이나 하는 애송이 세일즈맨과 이야기하면서 허비할 시간이 없소"라고 내뱉을 때도 있다. 그럴 때 일단 말한다. "당신이 그 일을 어떻게 느끼는지 잘 알고 있습니다. 다른 많은 사람들도 당신과 똑같이 느꼈습니다. 그러나……." 그때쯤 당신은 침착성을 회복하고 그 상황에 대처할 말을 준비하고 있을 것이다.

상대가 이 전략을 쓸 때 대처하는 법

바이어가 당신에게 느끼고, 느꼈고, 알았다 수법을 사용할 때에는 반대를 인정하고 조이기 전략을 구사한다. "잘 들었습니다. 그러나 당신이 제시하는 가격으로는 저희가 전혀 이익을 남길 수 없습니다. 당신은 그것보다 좀더 잘해야 할 것입니다."

기억해야 할 주요 사항

1. 바이어가 이의를 제기하더라도 반박하지 말라. 충돌을 야기시키기 때문이다.
2. 느끼고, 느꼈고, 알았다 기법으로 상대의 적대감을 슬쩍 돌려놓아라.
3. 마음속에 '느끼고, 느꼈고, 알았다'를 간직하고 있으면, 바이어가 예기치 못한 적대감을 표출했을 때 생각할 시간을 벌 수 있다.

13 서비스의 가치 하락

이 장에서는 서비스의 가치 하락 원칙에 대해서 알아 본다. 이 원칙들은 바이어와 거래할 때 그들을 다루는 기술에 대한 어떤 방법들을 가르쳐 준다. 당신이 바이어에게 베푸는 어떤 양보도 그 가치는 빠르게 사라진다. 당신이 구입한 어떤 상품의 가치는 세월이 흐르면서 그 가치가 상승할 수도 있지만, 서비스의 가치는, 당신이 그 서비스를 수행하고 난 후에는, 급격하게 하락하는 것처럼 보인다.

이런 까닭으로 파워 영업 협상가는 협상테이블에서 바이어에게 양보할 때에는 항상, 그리고 당장 그에 상응하는 양보를 요구해야 한다고 생각한다. 왜냐하면 지금 바이어에게 베푼 호의는 매우 빠르게 그 효용 가치가 사라질 수 있기 때문이다. 지금부터 두 시간만 지나도 그 가치는 현저하게 떨어진다.

부동산 중개업자들은 서비스 가치 하락의 원칙을 아주 잘 알고 있다. 부동산을 처분하는 데 골머리를 썩던 어떤 소유주가 중개인으로부터 그 문제를 해결해 주는 대신 6퍼센트의 수수료를 달라는 제의를 받았다. 그는 그때에는 6퍼센트의 수수료가 많다고 생각되지 않아 흔쾌히 승낙했다. 그러나 중개인이 매입자를 찾아서 매매가 진행되자 갑자기 6퍼센트의 수수료가 어마어마한 돈으로 보이기 시작했다. "6퍼센트라니! 그럼 1만 2,000달러 아닌가?" 소유주는 혼자 생각한다. "아니, 자기가 뭘 했다고? 몇 군데 시장에 매물 등록한 것밖에 더 있어?" 하지만 중개인은 매물을 시장에 내놓고 계약 협상을 하기 위해 소유주 눈에 보이지 않는 많은 일을 했다. 이처럼 서비스의 가치는, 그 서비스가 일단 이루어진 뒤에는 급속하게 하락하는 법이다. 이 원칙을 항상 기억하라.

당신도 비슷한 경험을 했을 것이다. 당신과 거래량이 많지 않은 거래처의 바이어가 전화를 걸어왔다. 그는 지금 미칠 지경이다. 대규모 거래를 하던 공급자가 납품 기일을 맞추지 못하고 있기 때문이다. 당신이 기적을 일으켜 내일 아침 첫차로 물건을 보내 주지 않으면 그의 공장 생산 라인 전체가 멈출 판이다. 언젠가 겪어본 일 같지 않은가?

당신은 밤을 새워서 작업을 하고 여러 군데의 납품 일정을 조정한다. 온갖 어려움을 무릅쓰고 바이어의 생산 라인이 멈추지 않게 시간에 맞춰 납품할 수 있었다. 심지어 그의 공장에 직접 가서 물건 내리는 일까지 스스로 감독했다. 물론 바이어는 당신의 그런 모습을 보고 무척 기뻐한다. 바이어는 당신이 의기양양하게 손에 묻은 먼지를 털고 있는 공장의 하역장으로 와서 말한다. "당신이 나에게 이렇게 해 줄 수 있다는 게 믿어지지 않습니다. 꿈만 같은 서비스입니다. 정말 대단해요. 고맙습니다. 고맙습니다. 정말 고맙습니다."

그래서 당신이 말한다. "도움이 되었다니 저도 기쁩니다. 이런 일은 저희가 해야 한다면 언제라도 해 드릴 수 있습니다. 이번 기회에 저희와 본격적으로 거래하지 않으시겠습니까?"

그가 대답한다. "좋습니다. 그러나 지금은 조립 라인을 바로잡고 잘 작동되는지 확인하러 가야 하기 때문에 그 문제에 대해서 이야기할 시간이 없군요. 월요일 아침 10시에 저희 사무실에 들러주십시오. 그때 의논하도록 하지요. 아니, 12시까지 오시면 더 좋겠군요. 제가 점심을 사겠습니다. 이번 일, 정말 감사합니다. 최고였어요. 다시 한번 감사드립니다. 정말 고맙습니다. 고맙습니다."

당신은 일주일 내내 생각한다. '이것 봐! 나는 해냈어! 그는 나한테 신세를 졌어!' 월요일은 돌아왔지만 바이어와의 협상은 여전히 힘들다. 무엇이 잘못 되었을까? 서비스의 가치 하락 현상이 나타나는 것이다. 서비스의 가치는 일단 그 서비스가 끝나고 나면, 그 효용이 빠르게 사라지는 것이다.

이것은 바로, 협상할 때 양보를 했으면, 그 자리에서 그에 상응하는 양보를 얻어내야 한다는 것을 의미한다. 기다리면 안 된다. 가만히 자리에 앉아서, 호의를 베풀었으니까 상대방은 신세를 졌고, 따라서 나중에 보답할 것이라고 멋대로 생각하고 있으면 안 된다. 상대에게 아무리 뼈에 사무칠 만한 은혜를 베풀었다 하더라도 시간이 지나가면 그 효용 가치는 빠르게 사라져 버린다.

14

중간 협상을 제안하지 마라 (반반씩 양보하자고 제의하지 마라)

다음 법칙은 협상할 때 차액에 대해서 반반씩 양보하자고 제안하지 말아야 한다는 것이다. 우리는 흔히 '공평하게 하자' 고 하면 아무 이의 없이 받아들인다. 그리고 양쪽에 똑같이 주거나 빼면 공평하다고 생각한다. 프레드가 집을 팔려고 20만 달러에 내놓았는데 수잔이 19만 달러를 제안했다고 하자. 두 사람 모두 타협할 생각이 있다면, 이렇게 생각하기 쉽다. "우리가 19만 5,000달러에 합의하면 공평할 것이다. 그렇게 되면 서로 똑같이 양보하는 셈이니까." 하지만 그것은 공평할 수도 있고 그렇지 않을 수도 있다. 그것은 프레드와 수잔의 초반 협상 입장에 따라 달라진다. 그 집의 실제 가치가 19만 달러인데, 수잔이 그 집에 특별히 애착을 보이는 점을 이용하여 프레드가 부풀린 가격을 고집한다면, 그것은 공평하지 않다. 반면에 그 집의 가치가 20만 달러인데, 프레드의 경제적 어려움을 이용하여 수잔이 19만 5,000달러를 지불한다면 그것도 공평하지 않다. 따라서 바이어와 가격에 대해 의견을 좁힐 수 없을 때, 그 차액에 대한 반반씩의 양보가 공평하다고 생각하는 함정에 빠지지 말아야 한다.

그런 그릇된 오해와 관련하여 나는 한 가지 지적하고자 한다. 파워 영업 협상가는 반반씩의 양보가 차액을 정확하게 둘로 나누는 것이 아님을 알고 있다. 차이를 둘로 나누는 일을 두 번 해 보라. 그러면 각각의 조각은 75퍼센트와 25퍼센트가 된다. 게다가 그 차이를 세 번, 또는 그 이상 나누게 할 수도 있다.

이와 관련하여 내가 겪은 일을 소개하겠다. 나는 내 소유의 몇 가지 재산에 포괄적 저당권을 갖고 있는 은행과 협상을 한 적이 있다. 나는 소유 재산 가운데 하나를 포괄적 저당권을 해소하지 않은 채 팔았고, 계약에 따르면 나는 대출금 가운데 3만 2,000달러를 갚아야 했다. 나는 은행에 2만 8,000달러를 제의했고, 협상을 통해 '서로 양보하여 3만 달러에서 합의보자'는 제의를 받아냈다. 내가 판매를 마칠 때까지 일주일이 넘게, 나는 다시 협상에 협상을 거듭하여 2만 9,000달러, 2만 8,500달러로 낮출 수 있었다. 결국 우리는 2만 8,250달러에서 합의를 보았다.

결국 이 수법을 이용하는 방법은 다음과 같다.

제일 먼저 기억할 것은 당신이 차액에 대하여 반반씩 양보하자고 제의해서는 안 된다는 것이다. 상대방이 반반씩 양보하자고 제의하도록 유도해야 한다.

당신이 건축업자로서 견적 협상을 하고 있다고 하자. 당신은 8만 6,000달러의 견적을 넣은 건물 재건축 작업을 맡으려고 노력하고 있다. 상대방은 7만 5,000달러를 제시했다. 당신은 얼마 동안 협상을 하여 건물의 소유자로 하여금 8만 달러 낼 수 있다는 언질을 받았다. 반면에 당신은 8만 4,000달러까지 견적을 내렸다. 여기에서 어떻게 할 것인가? 차액에 대해서 서로 똑같이 양보하자고 제안하면 상대방도 동의할 것이라는 느낌이 강하게 든다. 그렇다면 8만 2,000달러로 정해지는 것이다.

서로 똑같이 양보하자고 제안하지 않으려면, 여기에서 어떻게 해야 할까? 이렇게 말하는 것이다. "흠, 이 문제는 쉽게 타협되지 않을 것 같군요. 창피한 일이지만, 우리는 비용 조정에 많은 시간을 썼습니다."(사람들은 흔히 오랫동안 협상해 왔다는 사실을 상기하면 상당히 유연해진다.) "우리는 공사비 문제에 대해 많이 이야기했고 서로 인정할 만한 수준에 매우 접근한 것도 사실입니다. 우리가 겨우 4,000달러 때문에 작업을 진행하지 못하다면 창피한 노릇 아니겠습니까?"

당신이 그동안 공들인 시간을 계속 강조하면, 그리고 의견 차이를 보이는 가격 차이가 크지 않다면, 결국 상대방은 말할 것이다. "이봐요. 우리 서로 똑같이 양보하면 되지 않겠소?"

당신은 잠시 뜸을 들이고 나서 천천히 입을 연다. "봅시다. 똑같이 양보하자고요? 그러면 어떻게 될까요? 저는 8만 4,000달러를 요구하고 있고 당신은 8만 달러를 요구하고 있습니다. 당신이 말씀하시는 것은 8만 2,000달러까지 올리겠다는 건가요? 그런 말씀인가요?"

"예, 그렇습니다." 상대방이 말한다. "당신이 8만 2,000달러로 양보한다면 이야기가 잘 풀리겠군요." 이렇게 됨으로써 당신의 협상 범위는 순식간에 8만 달러에서 8만 2,000달러로 높아졌다. 협상 범위는 이제 8만 2,000달러부터 8만 4,000달러까지이고, 이제 당신 쪽에서도 좀더 양보해야 한다.

그때 당신이 말한다. "8만 2,000달러라고 하시니 기운이 좀 납니다. 좋습니다. 제가 동료들과 (동료가 아니면 당신이 설정한 다른 어떤 상급자라도 좋다) 의논해 보겠습니다. 당신이 8만 2,000달러까지 양보한 점을 말하고 우리가 일할 수 있는지 알아 보겠습니다. 저는 내일 찾아뵙겠습니다."

다음날, 당신이 다시 와서 말한다. "지금으로서는 내 동료들을 설득하기 어렵습니다. 나는 8만 2,000달러 정도면 동료들을 설득할 수 있다고 확신했습니다. 그러나 동료들이 지난 밤에 두 시간에 걸쳐서 계산을 다시 한 번 뽑아본 결과 8만 4,000달러 아래로 공사를 진행하면 우리가 손해라는 결론이 났습니다. 그래도 다행인 것은 공사비에 대한 의견 차이가 2,000달러에 불과하다는 것입니다. 분명한 것은 2,000달러 때문에 일이 어긋나지는 않을 것이라는 점입니다."

계속 그렇게 밀고 나간다면 상대방은 결국 다시 한 번 똑같이 양보하자고 제의할 것이다.

만약 그들이 다시 한 번 똑같이 양보하자고 한다면 당신은 이 수법으로 1,000달러의 순수익을 올리는 것이다. 그렇게 되지 못하고 8만 2,000달러에 합의하더라도, 당신이 서로 양보하자고 제의하여 같은 8만 2,000달러에 합의하는 것과는 커다란 차이가 있다. 어떤 차이가 있을까?

그렇다! 상대방은 자기가 이겼다고 생각한다. 당신이 상대로 하여금 반반씩 양보하여 8만 2,000달러에 하자고 제의하도록 유도했기 때문이다. 그 제의에 대하여 당신은 동료들을 설득하여 마지못해 수용하는 모양이 될 것이다. 만약 그 제안을 당신이 했다면, 당신은 상대방을 압박하여 당신이 제시한 새 타협안에 합의하도록 했을 것이다.

그것이 사소하게 보일 수도 있다. 그러나 그것은 누가 승리했다고 느끼고 누가 졌다고 느끼느냐 하는 문제에 큰 영향을 미친다. 파워 영업 협상의 핵심은 언제나 상대로 하여금 자기가 이겼다고 생각하게 하는 것임을 잊지 마라.

명심해야 할 것은 절대로 반반씩 양보하자고 먼저 제안하지 않아야 한다는 점이다. 그러면서 언제나 상대방이 반반씩 양보하자고 하도록 유도해야 한다.

상대가 이 전략을 쓸 때 대처하는 법

바이어가 당신에게 똑같이 양보하자고 말하도록 유도할 때에는 상급자 핑계 전법이나 당근과 채찍 전법을 사용하라. "그것 참 괜찮은 것 같습니다. 그러나 제게는 결정권이 없습니다. 당신이 제안하시면 저는 그것을 저희 직원들에게 이야기하여 받아들이도록 설득해 보겠습니다."

기억해야 할 주요 사항

1. 서로 반반씩 양보하는 것이 공평하다고 생각하는 함정에 빠지지 마라.
2. 서로 반반씩 양보하는 것이 반드시 같은 액수를 양보하는 것으로 이어지지 않는다. 당신은 그것을 한 번 이상 더 할 수 있기 때문이다.
3. 절대로 똑같이 양보하자고 제의하지 마라. 그러나 끊임없이 상대방이 똑같이 양보하자고 제의하도록 유도하라.
4. 상대방이 똑같이 양보하자고 제의하게 함으로써, 상대방은 자기가 타협안을 제시했다고 생각한다. 그때 당신은 상대의 제의를 마지못해 받아들인다. 그러면 상대방은 자기가 협상에서 승리했다고 생각하게 된다.

15 뜨거운 감자 (상대편 사정에 신경 쓸 필요 없다)

뜨거운 감자란 바이어가 자기 문제를 당신에게 넘겨서 당신 문제로 만들려는 시도이다. 마치 석쇠에 있는 뜨거운 감자를 당신에게 던지는 것과 같다.

바이어는 어떤 뜨거운 감자를 던지는가?

들어본 적이 있는가? "그것에 대해서는 우리 예산에 편성되어 있지 않습니다." 당신의 훌륭한 제품이나 서비스를 구입할 적절한 예산을 편성해 놓지 않은 것이 누구의 문제인가? 그들 문제이다. 그렇지 않은가? 당신 문제가 아니다. 그러나 그들은 그 문제를 당신에게 던져 당신 문제로 만들기를 좋아한다.

"이 건에 대해서는 결재가 떨어지지 않아요." 이것은 어떤가? 보고해야 할 사람에게 신뢰를 쌓아 놓지 못한 것이 누구의 문제인가? 그것은 그의 문제이다. 그렇지 않은가? 당신 문제가 아니다. 그러나 그는 그것을 당신에게 던져버리고 당신 문제로 만들기를 원한다.

당신에게 전화해서 이렇게 말하는 고객도 있을 것이다. "물건을 급히 보내 주세요. 아침 일찍 오지 않으면 전체 조립 라인이 그대로 멈춥니다." 그것은 누구의 일정 문제인가? 그의 문제이다. 그렇지 않은가? 당신 문제가 아니다. 그러나 그가 지금 하고 싶은 것은 자기 문제를 당신에게 넘겨서 당신 문제로 만드는 것이다.

나는 국제 협상에 대한 연구를 하면서 똑같은 원리가 적용된다는 것을 알았다. 제네바 핵 감축 협상이 진행되는 동안에 협상가에게 적용되는 똑같은 규칙이, 상대방이 당신에게 압력을 가할 때, 당신에게도 그대로 적용된다. 국제 협상가들이 말하는 뜨거운 감자 대응 방법이 여기에 있다. '즉석에서 그 진의를 파악하라.' 이것이 바로 상대가 자기 문제를 떠넘기려고 할 때 국제 협상가들이 대응하는 방법이다. 당신은 상대방의 의도가 거래를 그만두자는 것인지, 단순히 반응을 떠보는 것인지 재빨리 파악해야 한다. 즉시 그 진의를 파악해야 한다. 조금만 지체해도 이미 늦다. 계속 상대방 문제에 얽매이면, 상대방은 곧 자신의 문제를 당신의 문제이라고 믿어버리고, 그때에는 진의를 파악하기에는 이미 늦어버린다.

나는 오랫동안 부동산 업계에 몸담아 왔다. 내가 남부캘리포니아에 28개 사무소가 있는 회사의 사장으로 일하고 있을 때다. 부동산 업계에서 우리는 늘 뜨거운 감자를 받곤 했는데, 바이어들은 우리 사무실에 와서 "우리는 계약금으로 내놓을 돈이 1만 달러밖에 없습니다"라고 말을 하였다. 아무리 땅값이 싼 곳이라고 해도 그 돈의 액수는 계약금으로 너무 터무니없는 금액이었다. 우리 직원들이 그 금액으로 일을 진행시킬 수도 있겠지만 아무래도 만만치 않았다.

나는 직원들에게 그 말의 진의를 당장 파악해 보라고 가르쳤다.

바이어에게 말하는 것이다. “1만 달러로 일을 진행시킬 수도 있습니다. 그러나 한 가지 묻겠습니다. 만약 제가 선생께 아주 어울리는 매물을 보여 주었다고 합시다. 주거 환경도 좋고, 가격과 조건도 훌륭합니다. 선생 가족들도 좋아할 것이고 자녀들에게는 같이 놀 친구들이 생길 것입니다. 그러나 계약금이 1만 5,000달러라면, 그것을 선생께 보여 드릴 특별한 요인이 있나요? 아니면 그냥 다른 바이어들에게 보여 주어야 할까요?”

아주 가끔, “못 들었어요? 내 말을 잘 들어요. 1만 달러란 말입니다. 한푼도 더 많지 않아요. 매물이 얼마나 좋으냐는 상관없어요”라고 대답하는 사람이 있다. 그러나 열에 아홉은 “흠, 우리는 정말 양도성 정기 예금 증서에 손대기 싫지만 매물이 정말 좋다면 어쩔 수 없지요. 아니면 누구한테라도 빌리든지.” 직원은 구매자가 자기에게 넘긴 공이 겉으로 보이는 것처럼 거래에 관심이 없다는 뜻이 아니라는 것을 알아차렸다.

만약 당신이 가정 비품을 판다면, 이렇게 말하는 고객도 있을 것이다. “사방 1미터 정도 카펫을 까는 데 20달러를 생각하고 있습니다. 그게 전부입니다.” 당신이 뜨거운 감자를 다시 넘기지 않고 잡는다면, 당장 에누리를 생각할 것이다. 상대방의 말이 최종 입장이라고 가정하기 때문이다.

그러나 그러는 대신 진의를 파악해 말해 보라. “제가 당신에게 내구성이 두 배나 되고 5년을 써도 보기 좋으면서 가격은 10퍼센트밖에 더 비싸지 않은 카펫을 보여 드릴 수 있다면, 한번 보고 싶으시겠지요? 안 그렇습니까?” 열에 아홉은 말할 것이다. “좋아요. 한번 보겠어요.” 그러면 당신은 그 자리에서 가격 문제는 보이는 것처럼 거래의 장애 요소가 아님을 알게 된다.

"우리 예산에는 그것이 반영되어 있지 않다"라는 뜨거운 감자를 되받아치는 또 다른 방법은 간단하다. 다음과 같이 말하는 것이다. "그렇다면 예산을 초과하여 지출할 수 있는 권한을 가진 분은 누구죠?" 때로는 다음 단계로 훌쩍 넘어갈 수도 있는 것이다. 그들은 말할 것이다. "부사장님 정도면 가능할 것입니다." 그러면 당신은 말한다. "당신은 이것을 구입하고 싶죠? 그렇다면 부사장님께 전화해서 예산 초과 지출을 승인받는 것이 어떨까요?" 그는 부사장에게 전화해서 구입과 관련된 논의를 한다. 때때로 그렇게 간단하기도 하다. 어쨌든 당신은 즉시 진의를 파악해야 한다.

나는 알래스카 도급인 협회를 위해서 세미나를 한 적이 있다. 그들은 앵커리지 힐튼호텔에 숙소를 잡아 주었는데, 떠나는 날 늦게 체크아웃할 필요가 있었다. 접수대 뒤에는 두 명의 점원이 나란히 서 있었다. 나는 그 중 한 명에게 말했다. "내 방 체크아웃을 여섯 시에 해 주시오."

그녀가 말했다. "도슨 씨, 그렇게 해 드릴 수 있습니다. 다만 반나절치 요금을 더 계산하셔야 합니다."

내가 말했다. "그 요금을 빼 줄 수 있는 권한을 가진 사람이 누군가요?"

그녀는 자기 다음에 서 있는 사람을 가리키며 말했다. "저 사람이면 될 거예요." 바로 그녀 다음 오른쪽에 있는 사람이었다!

나는 그 사람에게 몸을 굽히며 말했다. "그 문제에 대해서 어떻게 생각하세요?"

그녀가 말했다. "좋습니다. 그렇게 해 드리죠."

'우리 예산에는 그것이 반영되어 있지 않다' 라는 뜨거운 감자를 다루는 또 다른 방법은 회계연도가 끝나는 때를 묻는 것이다. 나는 캘리포니아에 있는 어느 종합 건강관리 기관에서 80여 명의 직원을 교육시킨 적이 있다. 교육 시작 몇 주 전에 그쪽 교육 담당 부장이 전화를 했다. 함께 저녁이나 하면서 회사 운영 방침에 대해 말을 해 주겠다는 것이었다. 나는 상대가 저녁을 산다고 생각했기 때문에 오렌지카운티에서 고급으로 꼽히는 프랑스 식당으로 정했고 우리는 저녁을 근사하게 먹었다. 디저트가 나오는 동안에 내가 말했다. "당신이 할 일이 하나 있습니다. 영업 사원들에게 제 강의가 담긴 카세트테이프를 사 주는 것입니다. 그래야 지속적인 교육 효과를 얻을 수 있습니다." 그렇게 말하면서 나는 속으로 80명 직원에게 65달러짜리 테이프 전집을 팔면 얼마가 남는지 계산했다. 이미 받기로 한 강연료 외에 5,200달러의 수입이 더해질 수 있었다.

그는 잠깐 생각하고 나서 말했다. "로저 씨, 좋은 생각이긴 한데 우리 예산에 그것이 책정되어 있지 않군요."

나는 여기에서 고백할 것이 있다. 그 말을 듣고 나는 부끄러운 생각을 했다. 그러나 이야기하고 싶다. 만약 당신이 똑같이 부끄러운 생각을 한 적이 있다면, 도움이 될 수도 있기 때문이다. 나는 생각했다. '가격을 깎아 주면 사지 않을까?' 부끄러운 생각 아닌가? 상대는 테이프 가격이 너무 비싸다고 한마디도 한 적이 없다. 값을 깎아 주면 고려해 보겠다고 말하지도 않았다. 단지 이번 예산에 그것이 반영되어 있지 않다고 말했을 뿐이다.

다행스럽게도 나는 때맞춰 말을 멈추고 대신에 내가 가르쳤던 것, 즉 진의를 파악해 보았다. 나는 물었다. "당신네 회계연도는 언제 끝납니까?" 그때는 8월이었고 나는 12월 31일에 끝날 것이라고 짐작했다.

놀랍게도 상대의 대답은 "9월 말일에 끝납니다"였다.

"그렇다면, 10월 1일 예산에 제 테이프 구입 예산을 책정하시겠습니까?"

"예, 아마 그렇게 될 것입니다."

"그렇다면 문제없습니다. 제가 테이프를 발송하고 10월 1일자로 대금 청구서를 보내겠습니다. 괜찮겠지요?"

"그거 좋군요." 그가 말했다. 30초도 안 되는 시간에 나는 5,200달러를 벌었다. 그것은 상대가 본질적으로 자기 문제를 내게 던졌을 때 그에 대한 진의를 점검해 본 덕분이었다.

일이 잘 되어 기분이 좋아진 나는 웨이터가 계산서를 가져왔을 때 신용카드를 계산서 케이스에 슬쩍 밀어 넣었다. 웨이터가 그것을 들고 가자 상대가 말했다. "로저 씨, 제가 저녁을 대접하려고 생각했는데요." 그래서 나는 생각했다. '이봐, 뭐 하나 제대로 되지 않는 날도 있잖아. 너는 그런 일을 많이 겪었고! 오늘은 아주 운 좋은 날이야. 그런 날이 흔한가? 그냥 즐기는 거야!' 나는 웨이터를 불러서 다른 신용카드로 계산하겠다고 말해 주었다!

이와 같이 자신의 문제를 당신에게 넘기는 사람을 주의하라. 당신 문제만 해도 복잡하다. 그렇지 않은가?

다른 사람이 당신에게 자기 문제를 주지 않게 하라.

상대가 이 전략을 쓸 때 대처하는 법

누군가 당신에게 뜨거운 감자를 넘기면 다음과 같은 질문을 하여 즉시 진의를 파악하라. "예산을 초과하여 지출할 권한이 누구에게 있습니까?" 또는 "그 요금을 철회시킬 수 있는 권한을 가진 사람이 누구입니까?" 아니면 "당신 회사의 회계연도는 언제 끝이 납니까?" 상대방이 당신에게 던지려는 문제의 그 장벽을 뚫을 수 있다면, 그것이 만들어낸 것이라도, 당신은 뜨거운 감자를 제거하는 것이다.

기억해야 할 주요 사항

1. 다른 사람이 자신 문제를 당신에게 넘기게 하지 마라.
2. 상대방이 그랬을 경우, 즉시 진의를 파악하라. 정말 거래할 수 없다는 것인지 반응을 알아보기 위해 떠보는 것인지 알아 내야 한다.
3. 상대방의 절차상의 문제를 떠안지 마라. 절차라는 것은 누군가 한 번 기록하는 것에 불과하다. 따라서 상대 조직 안에 있는 누군가는 그 절차를 변화시키거나 무시해 버릴 수 있는 힘을 갖고 있다.
4. 가격을 깎아 주는 것으로 문제를 해결하려고 하지 마라. 가격은 전혀 문제가 안 될 수도 있다. 스스로 생각해 보라. '바이어에게 좀더 좋은 조건을 제시하지 않고도 이 문제를 해결할 수 없을까?'

16 맞바꾸기(상대의 제안을 들어줄 때는 반드시 그 대가를 요구하라)

이제 중반 영업 협상의 마지막인 맞바꾸기에 대해서 알아 보자. 맞바꾸기 전략이란 바이어가 양보를 요구할 때, 자동적으로 그에 상응하는 대가를 요구하는 것이다. 이 수법을 처음 사용할 때 당신은 이 책에 투자한 돈의 몇 배를 회수할 수 있을 것이다. 그리고 그 시점부터 매년 수천 달러씩 벌 것이다.

당신이 지게차를 팔고 있고 어떤 대형 상점(편의상 전자 제품 가게라고 하자)에 대량 공급한다고 하자. 바이어는 개업식 30일 전인 8월 15일에 배달해 달라고 요청해 놓고 있다. 그러다가 체인점 관리 부장이 전화를 걸어서 "상점 건축이 예정보다 빠르게 진행되고 있습니다. 우리는 노동절 주말 대목을 이용하기 위해 개점을 앞당기려고 합니다. 그런데 지게차들을 다음 주 수요일까지 앞당겨서 배달해 줄 수 있겠습니까?" 당신은 생각할 것이다. '물론 할 수 있지! 그들은 우리 지역에 대형 매장을 열 준비를 하고 있어, 그러니까 납품을 서둘러서 좀더 빨리 대금을 받아야지. 그들이 원한다면 내일이라도 배달해야지.'

대뜸 "물론 가능합니다" 하고 싶겠지만, 잠깐 멈추고 맞바꾸기 전략을 사용해 보라.

다음과 같이 말해 보라. "솔직히 말해서 그렇게 빨리 납품할 수 있을지 모르겠습니다. 사람들과 일정을 점검해 보아야 하겠습니다."(모호한 상급자 전략을 구사하라.) "그들 말을 들어봐야 확실히 대답할 수 있겠습니다. 그런데 한 가지 물어보겠습니다. 좀더 빨리 납품하면, 당신은 무엇을 해 주시겠습니까?"

다음 중에서 하나 또는 세 가지 일이 모두 일어날 것이다.

1 그저 무엇인가를 얻을 것이다

상대방은 생각할 것이다. "이런! 일이 쉽게 넘어가지 않는군. 빨리 납품해 주는 대가로 무엇을 줄 수 있을까?" 따라서 상대는 무엇인가 양보할 수도 있다. 이렇게 말할 수도 있다. "내가 경리과에 말해서 오늘 수표를 끊어 주겠소." 또는 "이번에 사정 좀 봐 주시오. 그러면 12월에 시카고에서 또 하나 지점을 여는데, 그때에도 당신에게 주문하겠소."

2 대가를 요구함으로써, 당신은 양보의 가치를 높일 것이다

협상할 때, 무엇이 되었든 왜 양보하는가? 그것을 이용하여 언제라도 큰 거래를 얻어내라. 나중에 그것이 필요할 수도 있다. 나중에 당신은 그들에게 가서 말할 수도 있을 것이다. "지난 8월에 당신이 납품을 앞당겨서 해 달라고 한 일 기억하십니까? 그때 저는 우리의 모든 납품 일정을 재조정하라고 사람들을 설득하느라고 얼마나 힘들었는지 모릅니다. 우리는 그렇게 성심성의껏 했습니다. 그러니 결재를 빨리 해 주시기 바랍니다. 오늘 수표를 끊어 주실 수 있겠죠?" 양보의 가치를 높여 놓으면 나중에 맞바꾸기를 할 수 있는 근거가 된다.

3 상대가 야금야금 계속 요구하지 못하게 한다

이것이 맞바꾸기 전법을 늘 써야 하는 중요한 이유이다. 상대방이 무엇인가 부탁할 때마다 대가를 요구하면 그는 더 이상 부탁하기가 어려워진다. 세미나 끝난 뒤에 찾아오거나 우리 사무실에 전화를 걸어서 그런 문제를 상담하는 세일즈맨이 얼마나 많은지 모른다. "로저 씨, 이 문제에 대해 좀 도와주십시오. 우리는 그 바이어가 거래하기 아주 좋은 사람이라고 생각했습니다. 이번 거래에 문제가 생기리라고는 상상도 못했습니다. 그런데 거래 초기 단계에서, 그는 아주 사소한 양보를 요구했습니다. 우리는 도움을 줄 수 있다는 것이 너무 기뻐서 말했습니다. '알았습니다. 그렇게 해 드리지요.' 그런데 일주일 뒤에 전화를 해서 또 조금만 양보해 달라고 요구했습니다. 우리는 또 이야기했습니다. '좋습니다. 그것도 해 드릴 수 있을 것입니다.' 그 이후로 그 빌어먹을 짓이 계속되는 것입니다. 이제 아무래도 거래 자체가 깨질 것 같습니다." 그는 상대방이 처음 아주 사소한 양보를 요구했을 때 무엇인가 대가를 요구해야 한다는 사실을 미리 알았어야 했다. "저희가 그것을 해주면 당신은 무엇을 해 주실 수 있습니까?"

나는 사무용 장비를 생산하는 무척 큰 업체에서 최고 세일즈맨 50여 명을 교육시킨 적이 있다. 그 회사에는 큰 고객과 대규모 거래를 협상하는 특별 담당 부서가 있었다. 이들은 대량 거래를 성사시키는 사람들이다. 세미나에 온 사람 중에는 항공기 제작자에

4,300만 달러어치나 판매한 사람도 있었다.(그것이 최고 기록은 아니다. 내가 대규모 컴퓨터 제조업체 교육 본부에서 사람들을 가르친 적이 있는데, 듣는 사람 가운데에는 30억 달러짜리 계약을 체결한 사람도 있었다. 게다가 그는 내 세미나에 노트를 들고 왔다!)

이 특별 부서에는 자체 부사장이 있었는데, 그 부사장이 나중에 와서 말했다. "로저 씨, 당신이 말한 맞바꾸기는 내가 이제까지 어떤 세미나에서 들었던 것보다 가치가 있었습니다. 나는 수년 동안 이런 세미나에 여러 번 참석해서 전부 들었지만, 대가를 요구하지 않고 양보하는 것이 얼마나 큰 잘못인지 가르쳐 주는 경우는 없었습니다. 이 가르침 덕분에 우리는 앞으로 수십만 달러를 절약할 수 있을 것 같습니다."

나의 교육 비디오테이프를 몇 편 제작한 잭 윌슨은 이 전략을 배운 직후에, 이 방법으로 수천 달러를 절약했다고 말했다. 어떤 텔레비전 스튜디오에서 전화를 걸어 자기네 카메라 기사 가운데 한 명이 아프다고 하면서 잭이 계약하고 있는 카메라 기사 가운데 대신 일해 줄 수 있는 사람을 구할 수 있겠냐고 말했다. 그것은 아주 정중한 요청이었다. 옛날 같으면 잭은 "걱정 마십시오"라고 말했을 것이다. 그러나 이번에 그는, "내가 그렇게 해 주면 당신은 무엇을 해 주겠소?"라고 물었다. 상대의 반응은 놀라웠다. 그들은 "흠…… 당신이 다음에 우리 스튜디오를 쓸 때, 약속 시간을 넘겨 써도 초과 시간에 대한 비용을 청구하지 않겠습니다." 그들은 잭에게 수천 달러나 양보한 것이다. 과거의 잭이라면 절대로 요구할 수 없는 것이었다.

주의할 것은 이 방법을 쓰되, 내가 가르쳐 준 말 그대로 쓰라는 것이다. 단어 하나만 바꾸더라도 결과가 극적으로 바뀔 수 있다. 예를 들어 "우리가 당신을 위해 이것을 해 줄 수 있다면, 당신은 우리에게 무엇을 해 줄 수 있습니까?"라든지 "우리가 당신을 위해 그것을 해 주면 당신은 우리를 위해 이것을 해야 할 것입니다" 이렇게 이야기를 하면, 일에 쫓겨서 당신에게 부탁해야 할 때와 같이 신경이 날카로워져 있을 때에는 매우 도발적으로 들릴 수 있다. 물론 당신은 이런 상황을 이용하여 그 대가로 어떤 특정한 일을 요구하고 싶은 충동이 들 것이다. 그렇게 하면 안 된다. 협상이 눈앞에서 날아가 버릴 수도 있는 상황을 야기할 수도 있다.

상대에게 대가를 요구할 때, 상대가 "어떤 것도 해 줄 수 없다"거나 "우리와 계속 거래할 수 있을 거요. 그게 우리가 해 줄 수 있는 겁니다"라고 말할 수도 있다. 그것만으로도 좋다. 왜냐하면 당신은 요구함으로써 얻을 수 있는 모든 것을 이미 얻었고 아무것도 잃지 않기 때문이다.

필요하다면, "납품 재촉에 따른 추가 비용을 지불하거나 결제 날짜를 앞당겨 주지 않으면, 직원들을 설득할 수 있다고 장담하기 어려운데요"라고 말함으로써 바꾸기를 고집하는 입장으로 언제든지 돌아갈 수 있다.

지금까지 중반 영업 협상 전략에 대해서 알아 보았다. 이 기법들은 협상의 기세를 계속 유지하는 데 유용하다. 다음 4부에서는 마무리 협상 전략을 다룬다. 이것은 바이어의 언질을 받기 위한 준비를 할 때 쓰는 전략들이다.

상대가 이 전략을 쓸 때 대처하는 법

만약에 바이어가 당신에게 이 수법을 쓰면 어떻게 해야 하는가? 당신이 바이어에게 무리하지 않은 부탁을 했다고 하자. 이를테면 물건이 달려서 바이어에게 지금 반만 보내 주고 일주일 뒤에 나머지 반을 보내 주면 안 되겠냐고 부탁한다. 그렇게 해도 상대방에게는 별 지장이 없다는 것을 당신은 이미 알고 있지만, 상대는 기회를 놓치지 않고 대가를 요구한다. 그에 대응할 수 있는 방법이 세 가지가 아래에 있다.

1. 무엇을 원하는지 들어 보고 합리적인 것이면 들어 준다. 내가 9장에서 말한 것을 명심하라. 즉 현안에 집중하라. 사소한 문제를 큰 문제로 키우지 마라. 당신이 울화통을 터뜨리면 바이어가 당신과 협상하지 않을 수도 있기 때문이다.
2. 상대에게 이미 세상에서 가장 좋은 거래를 주었다고 말하는 것이다. 상급자 핑계를 대라.
3. 상대의 요청을 거절하고 대신에 허울만 좋은 양보를 제안하여 바이어가 쉽게 받아들이도록 하라. 그래야 상대는 무엇인가 얻었다고 생각한다.

기억해야 할 주요 사항

1. 상대방으로부터 조그만 양보라도 요청받으면 늘 그에 대한 대가를 요구하라.
2. "우리가 그 일을 해 주면, 당신은 우리를 위해 무엇을 해 줄 수 있습니까?"라고 말하라.
3. 당신은 대가로 단순히 무엇인가를 얻을 수도 있다.
4. 그렇게 함으로써 당신이 한 양보의 가치를 높이고 나중에 그것을 이용하여 바꾸기를 할 수 있다.
5. 가장 중요한 것은 상대가 야금야금 부탁해 오는 것을 막을 수

있다.

6. 표현을 함부로 바꾸지 말고, 대가로 특정한 것을 요구하지 마라. 그것은 너무 도발적이기 때문이다.

4부
협상의 마무리

17. 강함과 부드러움의 전략을 조화롭게 구사하라(일명 당근과 채찍 전략)

18. 잠식 전략(거절할 수 없을 때 조금씩 더 이익을 챙겨라)

19. 양보하는 방법

20. 제안의 철회(협상이 무산될 수도 있음을 내비쳐라)

21. 쉽게 받아들일 수 있는 명분을 만들어라

22.계약서 작성하기 (협상 내용을 기록할 때 유의할 점)

17
강함과 부드러움의 전략을 조화롭게 구사하라(일명 당근과 채찍 전략)

당근과 채찍은 가장 잘 알려진 협상 기법 가운데 하나이다. 찰스 디킨스의 『위대한 유산(*Great Expectations*)』에도 이 기법이 서술되어 있다. 이 책 첫 장면에, 어린 주인공 핍이 묘지에 있다. 묘지에는 불길한 안개가 자욱하다. 그때 안개 속에서 키가 커다랗고 어딘가 모르게 불안한 표정을 한 남자가 나타났다. 죄수였다. 다리에는 쇠사슬이 감겨 있다. 그는 핍에게 마을에 가서 먹을 것과 철사를 갖다 달라고 부탁한다. 철사만 있으면 쇠사슬을 풀어 버릴 수 있다. 그러나 죄수는 딜레마에 빠져 있다. 소년을 위협하여 제 뜻대로 움직이게 하고 싶지만 너무 겁을 주면 무서워서 꼼짝 못하거나 마을로 달려가 경찰이 신고할 위험이 있기 때문이다.

죄수의 딜레마를 해결할 수 있는 방법은 당근과 채찍 전략을 이용하는 것이다. 원작을 약간 변형시켰지만 그 장면에서 죄수가 말한 요지는 다음과 같다. "잘 들어라, 핍. 나는 너를 좋아한단다. 너를 조금이라도 해치지 않을 거야. 그러나 저기 안개 속에 있는 내 친구는 화가 나면 무척 무섭단다. 다행히 그는 내 말을 잘 들어. 만약 내가 이 쇠사슬을 풀지 못하면, 다시 말해서 네가 이 사슬을 풀도록 도와주지 않으면 저기 있는 내 친구가 너한테 달려갈 거야. 그러니까 너는 나를 도와주어야 해. 알겠니?" 당근과 채찍은 상대의 반감을 유발하지 않으면서 사람을 압박하는 아주 효과적인 수단이다.

아마 여러분은 옛날 경찰 영화에서 당근과 채찍 수법이 쓰이는 것을 보았을 것이다. 경찰이 피의자를 연행하여 취조하는데, 피의자를 처음 심문하는 사람은 거칠고 난폭하며 심술궂게 생겼다. 그는 미리 생각해 둔 온갖 방법으로 피의자를 협박한다. 그러다가 이상하게도 꼭 그는 전화를 받으러 나가고, 그 동안 피의자를 감시하기 위해 두 번째 형사가 들어온다. 그는 이 세상에서 가장 온화하고 멋진 사람이다. 그는 피의자 옆에 앉아서 친절하게 대해준다. 그러다가 피의자에게 담배를 주면서 말한다. "잘 들어. 상황이 그렇게까지 나쁜 건 아니야. 왠지 너한테 호감이 가서 하는 말인데, 나는 몇 가지 요령을 알고 있거든. 내 말대로 한 번 해 볼래?" 마음씨 좋은 형사가 자기편을 들어준다고 생각하기 딱 좋은 상황이다. 물론 그 형사가 진짜 그렇게 생각하는 것은 아니다.

그 좋은 사람은 계속 이야기를 끌어 가다가 피의자가 정말로 사소한 문제라고 생각할 만한 것으로 접근하기 시작한다. "내 생각에, 아까 그 형사가 정말 알고 싶은 것은 네가 그 총을 어디에서 샀냐는 것뿐이야." 형사들이 진짜 묻고 싶은 것은 "너 시체를 어디에다 숨겼니?"이다.

이런 사소한 질문에서부터 시작되어 그 이후에는 상황이 술술 풀려나간다. 그렇지 않은가? 자동차 세일즈맨이 당신에게 이렇게 말을 시작한다. "선생께서 이 차를 사신다면 파란색으로 하시겠습니까, 회색으로 하시겠습니까?", "시트커버는 비닐이 좋으십니까, 가죽이 좋으십니까?" 작은 결정이 큰 결정으로 이어진다.

부동산 중개업자들은 흔히 이렇게 말문을 연다. "손님께서 이 집을 사신다면 거실에 가구를 어떻게 배치하시겠어요?" 또는 "어떤 방이 새로 태어난 아기의 방으로 좋을까요?" 당근 역할을 하는 사람이 사소한 문제를 결정하도록 유도한다. 사소한 결정이 중요한 결정으로 발전한다는 것을 알고 있는 것이다.

바이어들은 생각보다 당근과 채찍 전략을 훨씬 더 많이 구사한다. 두 사람과 거래할 때에는 언제나 그 점을 조심해야 한다. 기회란 이런 저런 형태로 구사되는 각종 수법을 꿰뚫어 볼 때 오는 것이다.

예를 들어 당신이 종합 건강관리 기관을 대상으로 단체 건강 보험 상품을 팔고 있다고 하자. 어느 날 당신은 잔디깎기 생산 업체의 인사 담당 부사장을 만나기로 약속했다. 비서의 안내로 인사 담당 부사장을 만나러 갔더니, 놀랍게도 그 회사 사장도 참석하여 설명을 듣고 싶어 한다.

한 가지 사안으로 두 사람과 협상하는 셈이다. 좋은 상황은 아니지만 당신은 최선을 다해 설명했고 모든 것이 잘 되어 가는 듯했다. 잘 되면 계약이 성사될 수도 있다고 기대에 부풀어 있는데, 갑자기 사장이 속을 태우기 시작한다. 마침내 사장이 부사장에게 말한다. "이것 봐, 나는 이 사람이 우리에게 진지하게 제안하고 있다고 생각하지 않아. 미안하지만 나는 일이 있어서 가 봐야겠네." 그리고 사장은 휙 방을 나가 버린다.

협상에 익숙하지 않은 사람이라면 이런 상황에서 몹시 당황할 것이다. 그때 부사장이 말한다. "어휴, 저 양반은 가끔 저런단 말이야. 그러나 나는 당신의 계획이 정말 맘에 듭니다. 내 생각에 잘만 하면 이 일을 성사시킬 수 있어요. 가격에 조금만 더 신축성을 보인다면 같이 일을 만들어 볼 수 있을 것 같은데, 어때요? 한 번 해 보지 않겠어요?"

상대방의 속내를 깨닫지 못한다면, 당신은 자기도 모르게 대뜸 말할 것이다. "그럼 가격을 어느 정도로 하면 사장님이 동의하실까요?" 그 다음에는 마치 부사장이 당신편이 되어 협상하는 것 같은 모양이 되어 버린다. 물론 부사장은 절대로 당신편이 아니다.

내가 과장하고 있다고 생각되면 한번 기억을 더듬어 보라. 혹시 자동차 세일즈맨에게, 마치 그가 회사편이 아니라 자기편이라도 되는 듯이, "어느 정도면 당신 영업 부장이 허락할 것 같습니까?"라고 물어 본 적이 없는가? 부동산을 살 때, 사고 싶은 매물을 발견했다고 하자. 우리는 매물을 소개한 업자에게 "얼마면 판매자가 팔 것 같습니까?"라고 묻지 않는가? 여기서 질문이 하나 있다. 그 중개업자는 누구를 위해 일하는가? 누가 그에게 돈을 지불하는가? 당신은 아니다. 그렇지 않은가? 그는 판매자를 위해서 일하고 있고, 당근과 채찍 전략을 효과적으로 구사하고 있는 것이다. 그 점을 조심해야 한다. 조금만 방심하면 그 전략에 깊이 빠져든다.

내가 캘리포니아에 있는 대규모 부동산 회사의 대표로 재직하고 있을 때, 한 지점이 계속 적자를 기록하고 있었다. 그 지점은 개점한 지 1년 정도 되었는데 우리는 그 사무실을 3년 동안 임대계약했다. 계약대로 하자면 2년 더 그 사무실을 써야 했다. 하지만 아무리 노력해도 수입을 늘리거나 지출을 줄일 수 없었다. 가장 큰 문제는 임대료였다. 우리는 임대료로 매달 1,700달러를 지불하고 있었는데 그 한 항목의 지출이 수익을 상쇄하고 있었다.

나는 건물주에게 전화 걸어서 우리 문제를 설명하고 임대료를 한 달에 1,400달러로 내려 달라고 요청했다. 그 정도만 되어도 우리는 겨우겨우 버틸 수 있었다. 그러나 건물주는 "계약 기간이 아직 2년 남아 있습니다. 2년 뒤에 얘기합시다"라며 꿈쩍도 하지 않았다. 내가 알고 있는 다른 모든 협상 기법을 동원했으나 전혀 먹히지 않았다. 어쩔 수 없이 받아들여야 하는 상황인 것처럼 보였다.

마침내 나는 당근과 채찍 전략을 강력한 시간 압박 작전과 결합시켜 구사해 보기로 했다. 몇 주 후 나는 오후 다섯 시 오십 분에 건물주에게 전화해서 말했다. "임대료 문제입니다. 한 가지 문제가 코앞에 닥쳤습니다. 먼저 나는 당신 입장을 전적으로 이해한다는 점을 알아 주셨으면 합니다. 나는 3년 계약에 서명했고 아직 임대 기간이 2년 더 남아 있으므로, 현재 조건대로 2년 더 사무실을 써야 한다는 데 아무 이견이 없습니다. 그런데 문제가 하나 있습니다. 나는 30분 후에 이사회에 참석해야 합니다. 이사회에서 이사들은 나한테 임대료를 1,400달러로 줄일 수 있는지 질문할 것입니다. 내가 그럴 수 없다고 대답하면 이사들은 그 사무실을 폐쇄하라고 할 것입니다."

"그러면 나는 소송을 걸겠소!" 건물주가 흥분하여 말했다.

"알고 있습니다. 나는 당신 입장을 이해합니다." 내가 말했다. "나는 전적으로 당신 편입니다. 그러나 문제는 내가 만나야 하는 이사들입니다. 당신이 소송하겠다고 위협하면, 그들은 말할 것입니다. '소송하라고 그래요. 여기는 로스엔젤레스카운티입니다. 아마 본격적인 소송에 들어가는 데만 2년이 걸릴걸요.'"

그의 반응은 당근과 채찍 전략이 얼마나 효과적일 수 있는지 다시 한 번 확인시켜 주었다. 그가 말했다. "이사회에 가서 나를 위해 얘기 좀 해줄 수 없겠소? 양쪽이 똑같이 양보해서 임대료를 1,550달러로 하는 것은 어떻겠소? 거기에도 만족하지 않으면 1,500달러까지 내릴 용의가 있소." 전략은 멋지게 맞아떨어졌다. 건물주는 '우리 이사회'에서 자신을 위해 협상해 달라고 '나에게' 부탁한 것이다!

이 전략이 충돌을 유발하지 않으면서도 얼마나 효과적으로 상대를 압박할 수 있는지 알았는가? 만약 내가 건물주에게 "맘대로 하세요. 소송하세요. 아마 소송 준비에만 2년이 걸릴걸요?"라고 말했다면 어떻게 되었을까? 그 말에 건물주는 속이 뒤집어졌을 것이며 우리는 이후 2년 동안 변호사를 중간에 두고 그와 입씨름하면서 보냈을 것이다. 나는 실체가 모호한 상급자를 채찍으로 활용함으로써, 그를 자극하지 않으면서도 엄청난 압력을 가할 수 있었다.

이 전략은 설사 모든 사람들이 그 내용을 알고 있더라도, 여전히 매우 효과적이다. 이 전략은 카터 대통령과 레이건 대통령이 이란으로부터 인질을 구출하는 데에도 쓰였다. 기억하는가? 카터 대통령은 대통령 선거에서 졌다. 카터는 백악관을 떠나기 전에 이란에 억류된 인질 문제를 해결하기 위해 무척 노력했고 그 결과 레이건은 거의 손도 안 대고 인질 석방이란 공적을 차지할 수 있었다. 선거에서 진 카터는 호메이니에게 당근과 채찍 전략을 쓰기 시작했다. 그가 호메이니에게 말했다. "내가 당신이라면 이 문제를 나와 해결하겠소. 1월에 새로 들어오는 팀과 어떻게 해결해 보겠다는 생각은 아예 안 하는 게 좋소. 백악관에 들어올 사람들을 봤소? 대통령은 전직 카우보이 배우요. 부통령은 전직 CIA 국장이고, 국무장관은 알렉산더 헤이그요. 이들은 세상 누구보다 훨씬 과격하오. 그들이 어떻게 할지는 더 말할 필요가 없을 거요."

레이건도 한몫 거들었다. 그는 말했다. "이봐요. 내가 당신이라면 이 사건을 카터와 해결하겠소. 카터는 점잖은 양반이오. 내가 백악관에 들어간 뒤에 이 사건을 해결하는 방식을 당신은 틀림없이 좋아하지 않을 거요." 그것으로 충분했다. 인질은 레이건 대통령이 취임하는 날 아침에 석방되었다. 물론 이란 사람들도 당근과 채찍 전략을 알고 있었다. 그러나 그들은 레이건이, 제 위협대로, 마구 주먹 휘두르는 모습을 보고 싶지 않았던 것이다. 이 사건의 해결 과정은 상대가 속셈을 알고 있을 때에조차 이 전략이 먹혀들어간다는 사실을 명백하게 보여 준다.

사실 이 전략을 낱낱이 알고 있는 사람과 고단수 협상을 하면 협상이 훨씬 더 흥미진진해진다. 마치 수가 훨씬 떨어지는 상대와 두는 체스보다 수가 엇비슷한 상대와 두는 체스가 훨씬 재미있는 것과 같은 이치이다.

상대가 이 전략을 쓸 때 대처하는 법

누군가 당신에게 당근과 채찍 전략을 쓰면 다음과 같은 대응 방법을 시도해 보라.

1. 첫 번째 방법은 그 전략을 노출시키는 것이다. 당근과 채찍 전략에 대한 대처 방법은 여러 가지가 있지만, 이 방법이 꽤 효과적이어서 다른 방법은 알 필요조차 없을 수도 있다. 당근과 채찍 전략은 아주 널리 알려져 있기 때문에 그 전략을 간파당하면 사람들은 당황한다. 상대방의 전략을 알아차렸을 때에는 미소를 지으면서 천천히 말한다. "아, 좋아요. 지금 나한테 당근과 채찍 전략을 쓰고 있나요? 좋습니다. 앉으세요. 계속 이야기합시다." 대부분의 사람들은 당황하면서 그 전략을 거둬들인다.
2. 당신 쪽의 채찍을 만들어 낸다. 당신은 상대의 제안도 괜찮다고 생각하는데, 본부에 있는 사람들이 현재 프로그램을 고집하고 있다고 말해 준다. 필요하다면 이미 등장시킨 채찍보다 더 강경한 채찍을 언제라도 만들어 낼 수 있다.
3. 협상 당사자를 건너뛰어 그의 상급자와 이야기한다. 예를 들어 어떤 회사의 구매 담당자와 그의 부장, 이렇게 두 사람과 협상하고 있다면, 그 회사 소유주에게 전화를 걸어 "사장님, 지금 직원들이 나한테 당근과 채찍 전략을 쓰고 있습니다. 사장님께서 이번 거래를 승인하지 않는다고 하는데, 사실입니까?"라고 말한다.(이 방법은 주의해서 써야 한다. 이 방법을 썼을 때 상대방이 느끼는 기분 나쁜 감정이 심각한 문제를 유발할 수도 있기 때문이다.)
4. 때로는 채찍 역할을 맡은 사람이 마음껏 말하도록 방치하기만 해도 문제가 해결된다. 특히 상대가 미움받는 사람일 때에 쓸 만한 방법이다. 결국은 같은 편 사람들이 그의 이야기에 짜증을 내며 이제 그만하라고 말할 것이다.

5. 상대방 중에서 당근 역할을 맡은 사람에게 말한다. "보세요. 당신들 두 사람이 나한테 하는 행동의 속셈을 알고 있습니다. 이제부터 저 사람이 어떻게 말하든, 당신도 같은 생각이라고 간주하겠소." 그러면 당신은 채찍만 둘 상대하는 셈이 되어 그 전략의 기본을 흔들어 놓을 수 있다. 때때로 마음 속으로 상대를 모두 싸잡아 채찍으로 생각하면, 상대방의 속내를 까발리거나 비난하지 않고도, 그 전략에 대처할 수 있다.
6. 상대방이 채찍 역할을 할 사람으로 변호사나 상급자를 데리고 나올 경우에는 선제공격을 가하여 기선을 제압한다. 이를테면 이렇게 말한다. "당신은 채찍 역할을 하러 나왔군요. 우리 그렇게 복잡하게 하지 맙시다. 나도 당신들만큼이나 이 상황을 해결하는 데 골몰하고 있습니다. 서로 좋은 방향으로 생각해 봅시다. 괜찮죠?" 이것이야말로 일격에 기선을 제압하는 방법이다.

기억해야 할 주요 사항

1. 바이어는 당근과 채찍 전략을 생각보다 훨씬 더 많이 사용한다. 두 사람 이상의 바이어와 협상할 때에는 언제나 그 전략을 조심하라.
2. 이 전략은 상대방의 반발을 야기하지 않으면서 압박할 수 있는 아주 효과적인 방법이다.
3. 노출시키는 방법으로 그 전략에 대처하라. 당근과 채찍은 아주 잘 알려진 전략이어서 일단 발각되면 상대는 당황하면서 스스로 거둬들인다.

18 잠식 전략(거절할 수 없을 때 조금씩 더 이익을 챙겨라)

이 장에서는 잠식에 대해서 알아 본다. 잠식은 중요한 마무리 전략이다. 이 전략으로 두 가지 일을 할 수 있기 때문이다. 하나는 바이어와의 거래를 부드럽게 만드는 일이고 또 하나는 바이어가 이전에 수용하지 않았던 사안을 수용하게 하는 일이다.

자동차 판매원들은 이 전략을 잘 알고 있다. 그렇지 않은가? 물건을 본 고객의 마음속에는 일단 심리적 저항감이 생기지만, 그것이 결국 구매로 이어진다. 세일즈맨들은 이러한 고객의 심리 변화를 잘 읽고 있다. 세일즈맨들은 우선 고객이 다음과 같이 생각하도록 유도한다. "그래, 자동차를 사야겠어. 이왕 온 거 여기에서 사야지." 고객이 어떤 회사 제품의 어떤 모델, 심지어 이윤이 거의 없는 기본형 모델을 선택하더라도 일단 사겠다는 마음을 굳히게 한다. 그리고 계약서 작성 단계에 들어가면, 자기들에게 실제 이익을 안겨주는 온갖 선택 사양들을 덧붙이기 시작한다.

여기에서 확인할 수 있는 잠식 전략의 원칙은 '잠식 전략을 이용하면 협상 후반에 무엇인가를 좀더 쉽게 이룰 수 있다' 는 것이다. 아이들은 잠식 전략의 명수이다. 만약 십대 자녀가 있다면, 당신은 그 아이들이 파워 영업 협상 기술을 따로 배울 필요가 없다는 것을 알 것이다. 그러나 당신은 배워야 한다. 하다못해 아이들과의 협상에서 효과적으로 대처하기 위해서라도 배워야 한다. 아이들은 선천적으로 협상의 명수이기 때문이다. 학교에서 배워서가 아니라, 어렸을 때에는 그들이 갖는 것은 모두 협상 기술로 얻기 때문이다. 내 딸 줄리아는 고등학교를 졸업할 때 커다란 졸업 선물을 원했다. 줄리아는 비밀 메모장에 세 가지를 적었다.

1. 5주 일정의 유럽 여행
2. 용돈 1,200달러
3. 새 여행용품 세트

줄리아는 이 세 가지를 한꺼번에 요구하는 미련한 짓을 하지 않았다.

줄리아는 효과적인 협상 전략을 구사할 줄 알았다. 그 아이는 제일 먼저 여행 건에 대한 협상을 타결지었다. 그리고 몇 주 뒤에 다시 와서 소요 경비가 1,200달러임을 적은 쪽지를 나에게 보여주고(사람들은 활자화된 것을 더 잘 믿는 경향이 있다), 그에 대한 약속을 받아 갔다. 그리고 마지막 순간에 나에게 와서 말했다. "아빠! 제가 저 낡고 후줄근한 여행용품 세트를 들고 유럽에 가는 걸 원하시지는 않죠? 친구들은 전부 새 것을 들고 간단 말이에요!" 줄리아는 그것마저 얻어냈다! 만약 줄리아가 처음부터 모든 것을 얻어내려고 했다면 나는 협상하여 여행용품 세트는 빼 버리고 용돈은 깎았을 것이다.

잠식 전략과 관련하여 알아 둘 것은, 바이어의 마음은 이미 내린 결정을 강화하는 쪽으로 움직인다는 사실이다. 파워 영업 협상가는 이 사실이 어떻게 효력을 발휘하는지 간파하고 추가 수입을 올리는 데 이용한다. 그 약간의 추가 수입에 따라 흑자와 적자가 엇갈릴 수도 있다.

잠식 전략이 왜 그렇게 효과적인 기법인가? 이 기법이 그렇게 효과적인 까닭을 알아내기 위해서 두세 명의 심리학자가 캐나다에 있는 경마장에서 연구를 했다. 심리학자들은 사람들이 돈을 걸기 직전과 직후의 태도를 살펴보았다.

사람들은, 돈을 걸기 전에는, 자기가 하려는 일에 대해서 매우 걱정하고 안절부절했다.(거래해 본 적이 없는 회사의 바이어와 연관시켜 이 현상을 생각해 보라, 당신은 지금까지 그 바이어에게 상품과 서비스를 잘 공급해 왔을 수도 있다. 그러나 그가 당신과 거래하겠다고 마음먹기까지는 틀림없이 불안하고 걱정스러운 시간을 보냈을 것이다.) 경마장에서 심리학자들은, 사람들이 돈을 걸기 전에는 심리적으로 초조함을 보이다가 실제로 돈을 건 뒤에는 자신의 행위에 대해 긍정적으로 평가하고, 경마가 시작되기도 전에 두 배의 배당금을 타고 싶어 한다는 것을 발견했다. 본질적으로 사람의 마음은 일단 결정을 내리면 완전히 달라진다. 결정하기 전에는 대상과 다투지만 결정 내리고 난 뒤에는 대상을 옹호하고 지원한다.

도박을 해 본 적이 있다면 그런 감정을 느낀적이 있을 것이다. 그렇지 않은가? 애틀랜틱시티나 라스베가스에서 룰렛 탁자에 있는 사람들을 보라. 도박꾼들이 돈을 걸고 진행 보조원이 원판을 돌린다. 마지막 순간에 사람들이 돈을 더 건다. 마음은 늘 이전에 했던 결정을 더 굳히는 방향으로 움직인다.

나는 필라델피아 회의에서 연설을 한 적이 있다. 그때 펜실베이니아 복권 당첨금이 5,000만 달러였는데, 청중 가운데 많은 사람들이 복권을 가지고 있었다. 나는 사람들의 마음이 자기가 한 결정을 어떻게 강화하는 방향으로 움직이는지 예를 들어 설명하기 위해, 청중 가운데 한 사람에게 복권을 한 장 사려고 했다. 그들이 복권을 팔 것이라고 생각하는가? 아니다. 그들은 팔려고 하지 않았다. 복권 구입 가격의 50배에도 팔려고 하지 않았다. 그 사람들이 복권을 사기 전에는 1억 분의 1밖에 안 되는 확률에 돈을 거는 행위를 미심쩍어했을 것이다. 나는 그렇다고 확신한다. 그러나 일단 복권을 사고 난 뒤에는 마음을 바꾸려고 하지 않았다. 마음은 전에 한 결정을 굳히는 쪽으로 움직인다.

따라서 파워 영업 협상가의 규칙 가운데 하나는, 모든 것을 꼭 미리 요구할 필요가 없다는 것이다. 협상 과정에서 결정을 조금만 늦추고 한발 물러섰다가 상대가 거절할 수 없을 때 조금씩 다시 잠식해 가면서 추가 이익을 챙겨라.

파워 영업 협상 과정은 사람보다 큰 고무공을 언덕 위로 밀어 올리는 행위와 비슷하다고 할 수 있다. 있는 힘을 다해 공을 언덕 꼭대기에 올려놓는다. 언덕 꼭대기는 첫 번째 합의가 이루어지는 순간이다. 일단 그 지점에 닿으면 공은 쉽게 반대쪽 경사면으로 굴러 내려간다. 사람들이 최초 합의를 이룬 뒤에는 기분이 좋아지기 때문이다. 긴장과 스트레스가 끝났다고 생각하고 안도감을 느낀다. 그들의 마음은 막 내린 결정을 굳히는 방향으로 움직이고, 따라서 당신이 제시하는 어떤 추가 제안에 대해서도 거부감 없이 수용하게 된다.

마지막에는 늘 한 걸음 물러섰다가 다시 한번 시도해 보라. 당신이 포장 장비를 판매하고 있는데, 고객에게 최고급 모델을 사도록 설득하고 있다고 가정하자. 안타깝게도 상대방은 그렇게 비싼 제품을 선뜻 사겠다고 결정하지 못하고 있다. 그럴 때는 일단 뒤로 물러서라. 그러나 포기하기 전에 잠식 전략을 다시 한 번 시도하라. 다른 모든 항목을 합의한 뒤에 슬쩍 말하는 것이다. "최고급 모델을 한 번 보시지 않겠습니까? 이건 아무에게나 권하는 제품이 아닙니다. 그러나 손님의 사업 규모와 성장 가능성을 고려한다면 이 제품이 제격이라고 생각합니다. 한 달에 500달러만 더 투자하시면 됩니다." 그러면 다음과 같은 대답을 들을 수도 있다. "좋아요. 그것이 그렇게 중요하다면, 한번 써 봅시다."

당신이 사무용 설비를 팔고 있다고 하자. 당신은 추가로 돈을 더 받고 서비스를 연장해 주는 상품을 기획했다. 그러나 당신의 설명을 들은 고객들의 반응은 시큰둥하다. "보증 서비스에 관심 없어요. 그렇게 했을 때 당신이 얼마나 챙기는지 알고 있습니다. 우리는 현금 유동성이 좋습니다. 서비스가 필요하면, 그때마다 비용을 치르겠습니다." 이쯤 되면 서비스 보증 상품 판매는 틀렸다고 생각하고 물러설지도 모르겠다. 하지만 포기하기 전에 용기를 내어 말해 보라. "그렇다면 또 다른 서비스 상품을 보시지 않겠습니까? 사장님께서 생각하셔야 할 것은 예방 유지입니다. 계약에 출장비가 포함되어 있다는 것을 직원들이 알고 있으면 저희를 좀 더 빨리 부를 것이고, 그러면 우리 기사들이 일이 터지기 전에 문제점을 알아 낼 수 있습니다. 사장님께서 여기에 투자하시면 사무 장비들을 훨씬 더 오랫동안 쓰실 수 있습니다. 이건 정말 권해드리고 싶은 상품입니다. 한 달에 45달러만 투자하시면 됩니다." 그러면 다음과 같은 대답을 들을 수도 있다. "좋아요. 그것이 그렇게 중요하다면, 한번 해 봅시다."

이제 잠식 전략이라는 훌륭한 기법을 배웠으므로, 협상하러 갈 때에는 늘 아래 사항들을 염두에 두어라.

1. 최초 합의에 도달한 뒤에, 잠식 전략을 써서 좀더 이익을 올릴 만한 요소는 없는가?
2. 처음 한두 번 설득했지만 승낙을 얻지 못한 일에 대해 다시 한 번 시도해 볼 만한 방법은 있는가?
3. 마지막 순간에 상대가 잠식 전략을 구사할 가능성에 대한 대비책은 세워 놓았는가?

상대가 이 전략을 쓸 때 대처하는 법

상대의 잠식 전략을 조심하라! 협상 과정에는 분위기에 휩쓸리기 쉬운 때가 있다. 바로 협상이 끝났다고 생각하는 시점이다.

당신도 잠식 전략에 당한 적이 한두 번 있을 것이다. 당신이 자동차나 트럭을 팔고 있다고 하자. 드디어 기분이 좋아졌다. 돈 받는 일만 남았기 때문이다. 협상의 긴박감과 스트레스는 스르르 빠져나갔다. 바이어는 당신 사무실에 앉아 수표를 쓰고 있다. 그가 막 서명하려다 말고 올려다보며 말한다. "연료 탱크에 기름은 가득 채워 주는 거죠?"

당신은 지금 두 가지 이유로 분위기에 휩쓸리기 쉽다.

1. 막 판매를 성사시켜서 기분이 좋다. 사람이란 기분 좋을 때 선심을 쓰기가 쉽다. 물론 평소라면 절대로 그렇게 하지 않을 것이다.
2. 당신은 생각한다. "이런! 모두 끝났다고 생각했는데! 결과가 어떻게 될지 모르는데 처음으로 돌아가서 모든 것을 다시 협상하고 싶지는 않아. 다시 협상하다가 거래 자체가 깨질 수도 있어. 이 정도 사소한 것쯤 양보하지 뭐."

바이어가 다 좋다고 결정한 직후가 가장 분위기에 휩쓸리기 쉬운 때다. 바이어가 잠식 전략을 쓰지 않는지 경계를 늦추지 마라. 더욱이, 꽤 큰 규모의 거래를 성사시키고 나면 너무나 흥분되어 경과 상황을 상급자에게 전화 보고할 여유를 갖지 못한다. 이윽고 바이어가 전화를 한다. 본사에 구매 요청을 하고 주문 번호를 받아야 한다는 것이다. 전화를 걸던 그가 문득 생각났다는 듯 손으로 송화기를 막고 말을 툭 던진다. "그런데, 60일 뒤에 결제해도 되겠죠? 당신의 경쟁업체들도 다 그렇게 할 것입니다." 막 대규모 거래를 성사시켰는데,

그것이 깨질까 봐 다시 협상하기가 두렵다. 이때 선뜻 양보하려는 마음을 억제해야 한다.

1. 추가 요구 사항에 대해서는 비용이 추가된다는 점을 서면으로 확인시켜 준다. 상대가 추가할 수 있는 항목을 보여 주되, 그럴 경우에는 비용이 추가된다는 것을 보여 준다. 교육, 설치, 보증 기간 연장, 그 밖에 잠식 전략의 대상이 될 만한 모든 사항에 대한 비용 목록을 정리해 둔다.
2. 어떠한 양보 사항도 스스로 결정하면 안 된다. 상급자 핑계, 그리고 당근과 채찍 전략을 이용하여 상대방의 잠식 전략을 차단하라.

바이어가 잠식 전략을 시도할 때에는 그것이 치사한 행동임을 은연중에 인식시켜라. 그러나 주의해야 한다. 이때가 협상 과정 가운데 민감한 순간이기 때문이다. 이를테면 부드럽게 미소 지으면서 말하는 것이다. "아이 참 왜 이러십니까. 손님께선 이제까지 가격 협상을 아주 잘 하셨습니다. 그러니 돈 문제도 깨끗하게 처리합시다. 그게 좋지 않겠습니까?" 물론 얼굴에 웃음을 가득 머금고 말해야 한다. 그래야 상대가 너무 심각하게 받아들이지 않는다!

협상이 완전히 끝난 뒤에 이루어지는 잠식 전략에 대한 대응 방법도 알아 둘 필요가 있다. 협상하는 동안에 잠식 전략을 쓰지 못했다고 아쉬워하는 바이어도 있다. 그런 아쉬움은 협상이 끝난 뒤에 잠식 전략을 쓰겠다는 마음으로 이어지기도 한다.

1. 구매자는 대금을 30일 후에 지급하기로 합의했으나 고의적으로 60일 또는 그 이후에 지급한다.
2. 30일 후 결제인데도 15퍼센트를 빼 달라고 한다.
3. 추가적인 무상 수리를 요구한다. 때로는 결제를 늦추기 위해 그

런 요구를 하기도 한다.

4. 설치비에 대해서는 따로 이야기가 없었다면서 설치비 청구에 항의한다.
5. 당신의 경쟁 업체는 그런 비용을 청구하지 않는다면서 대금 지불을 거절한다.
6. 운송비까지 지불하기로 계약하고 나서 마지막 순간에 운송비를 빼고 물품 대금만 지불하겠다고 한다.
7. 협상할 때에는 이런 부수적인 것은 중요하지 않다고 해 놓고는, 진행 비용에 대한 대금 지급을 거절하거나 깎는다.
8. 추가 보증을 요구하면서 그에 대한 대금을 지불하려고 하지 않는다.

이런 불쾌한 일은 대부분 다음과 같은 방법으로 피해갈 수 있다.

1. 협상할 때 사소한 부분까지 모두 협의하여 문서로 작성해 놓는다. 아무리 사소한 것에 대해서도 '그건 다음에 얘기합시다'라는 식으로 어물쩡 넘기게 하면 안 된다.
2. 구매자가 이겼다고 느끼도록 분위기를 조성한다. 자기가 이겼다고 생각하면, 협상하는 동안이나 그 이후에 잠식 전략을 훨씬 덜 쓰게 된다.

파워 영업 협상가들은 언제나 잠식 전략의 가능성을 생각한다. 타이밍이 매우 중요하다. 협상이 모두 끝났다고 생각해서 긴장이 풀어지고 기분이 좋아지는 순간에 상대방을 낚아채는 것이다.

마찬가지로 마지막 순간, 즉 기분 좋을 때, 바이어가 구사하는 잠식 전략에 당하지 않도록 주의하라. 기분이 좋을 때, 그때가 바로 기분에 휩쓸리기 가장 쉬우며, 따라서 한 시간도 지나지 않아서, '내가 도대체 왜 그런 짓을 했지? 그렇게 하지 말았어야 했어. 우리는 이미 모든 것에 합의했었는데'라고 후회할 짓, 즉 양보를 하기도 가장 쉬운 순간이다.

기억해야 할 주요 사항

1. 잠식 전략을 적절한 시기에 이용하면 협상을 끝낼 즈음에, 그 전이라면 상대가 동의하지 않았을 것을 얻어 낼 수 있다.
2. 잠식 전략은 결정 직후에 바이어의 마음이 반대로 변하기 때문에 효과를 발휘한다. 협상 초기에는 바이어가 당신으로부터 물건을 구입해야 할지 말아야 할지 갈등을 일으킬 것이다. 그러나 일단 구매 결정이 내려진 뒤에는 잠식 전략으로 좀더 큰 주문, 좀더 고급 제품 또는 서비스 추가 등을 따 낼 수 있다.
3. 그런 추가적인 노력을 하느냐 마느냐에 따라 그저 잘 하는 세일즈맨과 뛰어난 세일즈맨이 구분된다.
4. 사은품, 서비스, 또는 결제 기간 연장 등의 어떠한 추가 사항에 대해서도 비용이 청구된다는 것을 서면으로 보여 줌으로써 바이어의 잠식 전략을 사전에 차단하라. 또한 상대방이 양보를 요구하면 당신에게는 그걸 허락할 권한이 없다고 말하라.
5. 바이어가 잠식 전략을 쓰면, 아주 온화한 방법으로, 그것이 치사한 짓이라고 스스로 느끼게 만들어라.
6. 모든 사항을 자세하게 다루어 확실하게 못 박아 둠으로써, 그리고 상대가 스스로 이겼다고 느끼게 함으로써, 협상 이후의 잠식 전략을 차단하라.

19

양보하는 방법

이 장에서는 양보하는 방법에 대하여 다룬다. 가격에 대한 전반적인 협상이 진행되고 있다면, 양보 방법에도 특별히 신경 써야 한다. 당신이 장비를 팔고 있는데 1만 5,000달러라는 가격으로 협상에 들어간다고 하자. 주문을 받기 위해 1만 4,000달러까지는 합의할 용의가 있다. 그렇다면 협상 범위는 1,000달러이다.

그 1,000달러를 양보하는 방법이 아주 중요하다. 양보할 때 하더라도 절대 저지르면 안 되는 잘못이 네 가지 있다.

잘못 1: 균등 양보 1,000달러의 협상 범위를 250달러씩 4번에 걸쳐 양보하는 것이다.

250달러 250달러 250달러 250달러

이런 식으로 양보한다면 바이어가 어떻게 생각할지 상상해 보라. 바이어는 얼마까지 깎을 수 있을지 예측을 할 수 없다. 그가 아는 것이라고는 밀어붙일 때마다 250달러씩 떨어진다는 것이다. 당연히 그는 계속해서 밀어붙일 것이다. 똑같은 액수를 두 번에 걸쳐 양보하는 것은 잘못이다. 바이어의 입장이 되어 생각해 보

라. 세일즈맨이 250달러 양보하고 또 한번 밀어붙이니까 다시 250달러를 양보한다면, 다음번에도 또 250달러의 양보를 얻어 낼 수 있다고 확신하지 않겠는가?

잘못 2: 한 번 크게 양보하고 만다 이를테면 600달러를 양보했다가 또 한번 400달러를 양보하는 것이다.

600달러 400달러 0달러 0달러

그런 다음에 말할 것이다. "이것이 정말 마지막입니다. 이 이상 한 푼도 양보할 수 없습니다." 바이어는 당신이 처음에 600달러 양보하고 다시 400달러 양보한 것을 염두에 두고 있다. 그러면 그는 최소한 100달러쯤 더 깎을 수 있다고 확신한다. 그가 말한다. "협상이 다 된 거나 마찬가지군요. 마지막으로 100달러만 더 깎아 주십시오. 그러면 얘기가 잘 될 것 같은데." 당신은 더 이상 10달러도 깎아 줄 수 없다고 거절한다. 이미 바닥까지 양보했기 때문이다. 그렇게 되면 바이어는 정말로 화가 치민다. "아니! 조금 전에 400달러 깎아 줬으면서 치사하게 10달러도 양보 못해? 왜 이렇게 까다로운 거야!"라고 생각하기 때문이다. 따라서 마지막으로 크게 한 번 양보하는 일은 피해야 한다. 본의 아니게 상대방을 자극할 수 있다.

잘못 3: 미리 다 양보해 버린다 앞의 형태에서 조금 변형된 방식이다. 단번에 1,000달러의 협상 범위를 몽땅 양보하는 것이다.

1,000달러 0달러 0달러 0달러

이런 양보 방법에 대해 공감하지 못하는 사람이 많을 것이다.

"바이어가 무슨 수단을 쓰든, 세일즈맨이 미리, 그것도 몽땅 양보한다는 것이 가당키나 한 일인가?" 그렇게 되기는 어렵지 않다! 예를 들어 바이어가 전화해서 말한다. "당신 회사는 우리가 납품받을 업체로 고려 중인 세 군데 가운데 하나입니다. 우리는 지금 당신 회사에 비중을 두고 있지만, 세 군데에서 모두 '최종적인' 제안을 받는 것이 가장 좋은 방법이라고 생각했습니다." 노련한 협상가가 아니라면, 상대방이 나중에 또 입찰받지 않겠다고 확실하게 이야기하지 않았는데도 허겁지겁 최대한 가격을 깎아서 제시할 것이다.

바이어가 당신 스스로 미리 밑천을 몽땅 드러내게 하는 또 다른 방법은 '신경전 따위는 딱 질색이다' 라는 식의 전략을 구사하는 것이다. 바이어는 아주 진지한 표정으로 말한다. "저희 회사의 거래 방식을 말씀드리겠습니다. 1926년 회사를 세우실 때 저희 창업자께서 말씀하셨습니다. '납품 업자들에게 잘 해 줍시다. 그들과 신경전을 벌이지 맙시다. 가능한 가장 낮은 가격을 제시하게 하고 우린 그것을 받아들일 것인지 말 것인지 정도만 말해 줍시다.' 그 말씀에 따라 우리는 지금까지 그렇게 해 오고 있습니다. 그러니까 가능한 가장 낮은 가격을 말씀해 주십시오. 우리는 '예스' 나 '노' 로 대답하겠습니다. 여기서 신경전 벌이고 싶지 않으니까요." 바이어는 지금 거짓말을 하고 있다! 그는 협상하기를 좋아한다. 그의 행동 자체가 협상이다. 그는 협상을 시작하기도 전에 당신이 할 수 있는 모든 양보를 단번에 끌어낼 수 있는지 보고 있는 것이다.

잘못 4: 상황을 파악하기 위해 미리 조금 양보한다 처음에 조금 양보해 주고 돌아가는 상황을 살펴보고 싶은 것은 누구나 느끼는 유혹이다. 그래서 초기에 바이어에게 말한다. "좋습니다. 100달러 깎아드리죠. 더 이상은 안 됩니다." 상대가 받아들이지 않으면 당신은 생각할 것이다. "이번 일은 생각처럼 쉽게 되지 않는군." 그리고 또 200달러를 깎아 준다. 그래도 주문을 받지 못하면 다시 300달러를 양보한다. 이젠 협상 범위에서 400달러 남았지만 그런 식으로 나머지도 다 양보한다.

100달러　200달러　300달러　400달러

이제 돌아가는 상황이 보이는가? 당신은 조금 양보하기 시작하여 점점 크게 양보해 나갔다. 그런 식으로는 절대로 합의에 도달하지 못할 것이다. 양보를 요구할 때마다 양보 액수가 점점 커지고 그만큼 상대에게는 좋은 일이기 때문이다.

위에서 언급한 방법들은 모두 좋지 않다. 상대방으로 하여금 다음 단계를 예상할 수 있게 해 주기 때문이다.

가장 좋은 양보 방법은, 주문을 반쯤 손에 넣을 수 있다고 생각되는 만큼의 액수를 먼저 양보하는 것이다. 여기에서는 500달러쯤의 양보라면 무난할 것이다. 당신이 가진 협상 재량권의 반에 해당하는 액수이다. 그 다음에, 좀더 양보해야 한다면 액수를 점점 줄여야 나가야 한다. 다음에는 200달러, 그 다음에는 100달러, 또 그 다음은 50달러, 이런 식이 되는 것이다.

500달러　200달러　100달러　50달러

이렇게 액수를 줄여 나가면 상대방은 밀어붙일 수 있는 한계까지 밀어붙였다고 생각할 것이다.

다음에는 가격을 좀더 깎기 위해 진을 빼는 바이어로부터 결론을 이끌어 내는 아주 효과적인 방법에 대해서 서술한다.

20 제안의 철회(협상이 무산될 수도 있음을 내비쳐라)

마무리 영업 협상 전략 중에서 이번에 다루는 제안의 철회는 협상을 끝내기 위한 아주 효과적인 기법이다. 바이어와 우호적인 신뢰 관계에 바탕을 두고 협상한다면 이 전략을 쓸 필요가 없다. 바이어가 마지막 피 한 방울이라도 짜 내겠다는 듯 마구 당신의 진을 빼고 있다고 생각될 때에만 이 전략을 사용하라. 또한 바이어가 당신과 거래하고 싶어 하기는 하지만, '조금 더 시간을 끌면서 이 세일즈맨과 협상하면 시간당 얼마나 벌 수 있을까' 라고 생각하는 눈치가 보일 때에도 사정없이 이 전략을 사용하라.

당신이 어떤 소품을 파는 세일즈맨이라고 하자. 당신은 1.80달러를 제시했고 바이어는 1.60달러에 해달라고 한다. 밀고 당기는 협상 끝에 바이어가 1.72달러 선에서 받아들이는 듯했다. 그러나 바이어의 생각은 다르다. "지금까지 1.80달러에서 1.72달러로 깎았다. 더 내릴 수 있어. 틀림없이 1.71달러까지는 깎을 수 있을 거야."

바이어가 말한다. "이봐요, 사업이란 냉정한 겁니다. 1.71달러에 해주지 않으면 당신과 거래할 수 없습니다."

그는 단지 가격을 더 깎을 수 있는지 떠 보기 위해 그런 식으로 당신을 괴롭히고 있는지도 모른다. 당황하거나 이 게임에서 살아남기 위해서 양보할 수밖에 없다고 생각하지 마라. 이렇게 진 빠지는 과정을 중지시키는 방법이 있다. 다음과 같이 말하는 것이다. "그 가격에 할 수 있을지 없을지 확실히 말씀드릴 수는 없습니다. 하지만 분명히 말씀드리건대, 어떻게든지 할 수 있다면 그렇게 하겠습니다." 그리고 앞에서 서술한 강함과 부드러움을 구사하는 양동작전 일명 당근과 채찍 전략을 적절하게 쓴다. "저는 돌아가서 다시 계산해 봐서 그렇게 해 드릴 수 있는지 알아보겠습니다. 내일 다시 찾아뵙겠습니다."

그리고 다음날에 와서 전 날에 했던 양보를 철회하는 척하라. 이를테면 이렇게 말할 수 있을 것이다. "정말로 어이가 없습니다, 저희가 밤새워 물건 가격을 다시 계산해 보았습니다. 그런데 중요한 실수가 발견되었습니다. 원자재 비용이 상승했는데, 견적 내는 사람이 그것을 계산에 넣지 않았습니다. 어제 저희가 1.72달러를 얘기했지만, 다시 계산해 보니 그 가격에도 팔 수 없습니다. 저희가 그 물건에 대해서 낼 수 있는 최저 가격은 1.73달러였습니다."

바이어가 어떻게 반응할까? 그는 화를 냈다가 어쩔 수 없이 말할 것이다. "이봐요, 잠깐만 기다려요. 우리가 어제 얘기한 것이 1.72달러였지 않소. 그냥 1.72달러로 합시다." 바이어는 어제 이야기한 1.71달러를 그 자리에서 잊어버린다. 제안 철회는 당신의 진을 빼려는 바이어를 저지하는 데 효과적이다.

앞의 경우처럼 가격을 올리지 않고, 당신이 제시한 제안 속의 여러 가지 항목 가운데 중요한 항목 한 가지를 철회하는 방법으로

이 전략을 이용할 수도 있다. 다음은 그러한 예 네 가지이다.

1. 설치비 면제에 대해서 말씀 드렸다는 것을 알고 있지만, 저희 회사 담당자는 그 가격에는 불가능하다고 말합니다.
2. 저희가 운송비 포함 가격이라고 말씀 드렸지만, 견적 담당자가 그렇게 낮은 가격에 운송비까지 포함시키는 것은 정신 나간 짓이라고 합니다.
3. 당신이 60일 후 결제를 요청했다는 것을 알지만, 이렇게 낮은 가격으로는 30일 뒤에 결제해 주셔야 합니다.
4. 나는 당신 직원들 교육비를 받지 않겠다고 말했습니다. 그러나 저희 회사 담당자는 그 가격으로 한다면 교육비를 청구해야 한다고 말합니다.

큰 건일 때에 이렇게 하면 안 된다. 자칫 바이어의 반감을 살 수 있기 때문이다. 제안 철회 전략은 일종의 도박이다. 하지만 이 방법은 결정을 강요하여 거래를 성사시키든 결렬시키든 빨리 결론 나게 한다.

상대가 이 전략을 쓸 때 대처하는 법

다음과 같이 말하는 가전제품 판매원이나 자동차 세일즈맨을 한번쯤 보았을 것이다. “저희 영업 부장과 상의해서 어떻게 해 드릴 수 있는지 알아 보겠습니다.” 그는 잠시 후에 돌아와서 말한다. “이런 착각을 하다니! 광고에 나간 특별 판매에 대해서 이야기했죠? 나는 그 특별 판매가 계속되고 있다고 생각했는데, 사실은 지난 토요일에 끝났습니다. 아까 말씀드린 가격으로는 도저히 팔 수 없습니다.” 당신은 좀더 깎겠다고 한 것은 어느새 잊어버리고 아까 세일즈맨이 제시했던 가격으로라도 사는 데 급급해진다. 이런 일을 당하지 않도록 대비하라.

누군가 당신에게 이 수법을 쓰면 그에게 ‘먼저 당신들 내부 문제를 해결하라’고 당당하게 이야기하라. 그렇게 이야기한 다음에 세일즈맨이 결정권자를 말해 주면, 그때 진짜 협상을 다시 시작하는 것이다.

기억해야 할 주요 사항

1. 제안 철회는 도박과 같다. 따라서 당신의 진을 빼려는 바이어에게만 사용하라.
2. 마지막으로 제시한 가격을 철회하는 방법도 있고, 운송료, 설치비, 교육, 기간 연장 등이 포함된 제안을 철회하는 방법도 있다.
3. 채찍이나 모호한 상급자를 만들어 직접적인 충돌을 피하라. 당신은 계속 바이어의 입장을 옹호하라.

21 쉽게 받아들일 수 있는 명분을 만들어라

상대방이 쉽게 받아들일 수 있는 명분을 제공하는 전략은 아주 중요하다. 특히 협상 기법을 익힌 바이어와 거래할 때에 중요하다. 상대가 협상 능력에 자신감을 갖고 있을 때에는, 거의 합의했다가도 협상 전체가 결렬되는 어처구니없는 일이 벌어질 수도 있다. 그런 일은 가격이나 조건보다는, 협상가로서 바이어의 자존심 때문에 일어나는 경우가 많다.

이를테면 당신으로서는 알 수 없는 노릇이지만, 이런 경우가 있을 수 있다. 당신이 구매자의 사무실로 들어가기 전에, 당신의 협상 상대가 부하 직원에게 말한다. "내가 그 세일즈맨과 협상하는 것을 잘 봐 둬. 내가 협상에는 일가견이 있거든. 가격을 확 깎을 테니 두고 보라고."

막상 실제 협상에 들어가니 그의 생각대로 잘 풀리지 않는다. 그가 특별한 이유도 없이 당신의 제안을 받아들이려고 하지 않는다. 협상가 대 협상가로서 당신에게 졌다고 생각하고 싶지 않기 때문이다. 그럴 때 어처구니없이 협상이 결렬되기도 한다. 상대가, 당신의 제안이 훌륭하고 모든 면에서 자기 요구를 만족시킨다는 것을 아는 경우라도, 협상이 제대로 이루어지지 않을 수 있는 것이다.

이런 경우에 대비하여, 바이어가 흔쾌히 당신 뜻에 따르게 하는 방법을 알아 두어야 한다. 이른바 쉽게 받아들일 수 있는 명분을 제공하는 것이다. 명분 제공의 가장 좋은 방법은 마지막 순간에 약간 양보하는 것이다. 그 양보의 규모가 아무리 작더라도 아주 큰 효과를 발휘할 수 있다. 중요한 것은 양보의 질적인 혹은 양적인 규모가 아니라 시기이기 때문이다.

이를테면 이렇게 말할 수 있을 것이다. "가격에 대해서는 더 어떻게 해 드릴 수 없습니다. 하지만 설치하고 시험 가동하는 것까지 제가 개인적으로 봐 드리겠습니다."

당신은 그것을 대충 넘길 생각일지 몰라도, 중요한 것은 바이어의 위신을 충분히 세워 주었다는 점이다. 그 결과 바이어는 "좋습니다. 저를 위해 그렇게 해 주신다면 그 가격대로 합시다"라고 대답할 수 있다. 바이어는 협상에서 졌다고 생각하지 않고 한 가지씩 서로 교환했다고 생각할 것이다.

명분 제공이라는 측면을 고려한다면, 협상 초기에 최상의 조건을 제시하면 안 된다는 원칙도 쉽게 이해될 것이다. 협상이 마무리되기 전에 이미 할 수 있는 양보를 다 해 버리면 나중에 바이어를 배려하여 내놓을 수 있는 것이 아무것도 없기 때문이다.

상대의 체면을 세워 주기 위해 쓸 수 있는 작은 양보들의 예로는 다음과 같은 것이 있다.

1. 장비 사용법을 가르쳐 주는 무료 교육 프로그램
2. 사무기기를 팔 경우에는 소모품 수시 재고 조사 및 자동 기록 시스템
3. 3달 이내에 같은 주문을 할 경우에는 같은 가격 적용
4. 지급을 30일 후에서 45일 후로 연장
5. 2년 보증 서비스 가격으로 3년 보증 서비스

중요한 것은 양보의 규모가 아니라 양보 시기임을 잊지 마라. 때를 잘 맞추면 양보 내용이 아무리 하찮것없어도 충분히 효과를 발휘할 수 있다. 파워 영업 협상가는 이 수법으로 바이어의 환심을 살 수 있다.

상대가 이 전략을 쓸 때 대처하는 법

바이어가 당신을 어를 속셈으로 명색뿐인 양보를 한다면 노출시키는 것이 효과적인 대응 방법이다. 대충 넘어가게 해서는 안 된다. 이를테면 이렇게 대응할 수 있을 것이다. "기꺼이 양보해 주신 데 대해 감사드립니다만, 그런 명색뿐인 양보로는 해결되지 않을 것 같군요. 아시다시피 나는 이 내용으로 회사 사람들을 설득해야 합니다. 그들이 납득할 수 있는 좀더 합리적인 양보를 해 주시면 좋겠습니다."

기억해야 할 주요 사항

1. 상대가 협상 능력에 대한 자부심이 강한 사람이면, 협상에서 승리해야 한다는 그의 자존심 때문에 합의를 이루기 어려울 수도 있다.
2. 마지막 순간에 조그만 양보를 하여 바이어가 당신 뜻에 따르면서도 뿌듯한 기분을 느낄 수 있도록 배려하라.
3. 양보의 규모보다는 때를 맞추는 것이 중요하기 때문에, 양보가 아무리 보잘것없더라도 효과를 발휘할 수 있다.

22 계약서 작성하기 (협상 내용을 기록할 때 유의할 점)

이제 구두 협상이 끝나고 계약서를 작성할 때이다. 일반적으로 협상할 때에는 말로 세부 사항을 정하고 계약서를 작성한 다음 양측이 검토하고 서명하는 순서를 취한다. 나는 구두 협상에서 모든 세부 사항을 빠짐없이 완벽하게 다룬 경우를 아직 보지 못했다. 계약서에 써야 하는 세부 사항을 몇 가지씩 꼭 빠뜨리곤 한다. 그런 경우가 생기면 합의 사항에 서명할 때 새로 발견된 사항을 상대방에게 알려서 그에 대한 협상을 하거나 승인을 얻어야 한다. 그때 계약서를 쓰는 쪽이 쓰지 않는 쪽보다 훨씬 더 유리한 위치를 차지한다.

계약서 작성자는 구두 협상 때 생각하지 못했던 사항을 적어도 대여섯 가지 떠올릴 것이다. 이것이 바로 기회이다. 작성자는 새로 발견된 사항을 자기에게 유리하게 명시하며 계약서를 쓸 수 있다. 반면에 상대방이 새로운 사항을 추가하려면 서명할 시점이 되어야 가능하고, 그것도 당신과 협상해야 한다.

계약서 작성을 상대방에게 맡기지 마라. 당신이 불리한 위치에 놓이기 때문이다. 이 원칙은 수백 쪽이나 되는 합의 사항을 쓸 때

뿐만 아니라 간단한 수정 제안서를 쓸 때에도 적용된다. 예를 들어 어떤 사람이 아파트를 팔려고 내놓았다고 하자. 부동산 중개업자가 판매자에게 판매 조건을 제시했다. 판매자는 전반적인 조건에는 동의했으나 가격에 대해서는 5,000달러 더 올려 달라고 한다. 이 때에 판매 대리자나 구매 대리자 중 아무나 서류 봉투에서 수정 제안 서류를 꺼낼 수 있다. 중개업자는 판매자가 서명할 간단한 수정 제안서를 쓸 것이며 구매 대리자는 그것을 구매자에게 보여 줄 것이다. 여기에는 복잡할 것이 없다. 그저 '59만 8,000달러라는 가격 외에는 모든 조건이 받아들여졌음' 정도면 충분할 것이다.

그러나 판매 대리자가 수정 제안서를 쓴다면, 판매자에게 유리한 사항을 몇 가지 생각할 것이다. 이를테면 '59만 8,000달러라는 가격을 제외하고는 제안이 수락됨. 계약 체결 후 지급 조건으로 추가 5,000달러를 제3자에게 기탁함. 수정 제안서가 제출되고 24시간 이내에 수락함' 이라고 쓸 것이다.

만약 구매 대리자가 수정 제안서를 쓴다면 이렇게 될 것이다. '59만 8,000달러라는 가격을 제외하고는 제안이 수락됨. 협상이 타결되면 5,000달러를 추가 지급함.'

이런 정도는 거래를 빨리 끝내고 싶어하는 구매자나 판매자가 강력하게 항의할 정도로 큰 사안은 아닐 것이다. 그래도 수정 제안서를 쓴 쪽은 잠재적으로 이익을 본다. 몇 줄의 수정 제안서를 쓰는 사람이 그렇게 많은 영향을 미칠 수 있다면, 상당한 분량의 계약서를 쓸 때에 얼마나 많은 영향을 미칠지 생각해 보라.

더욱이 이것은 단순히 상대방의 방심을 이용하는 문제가 아닐 수도 있다. 양측은 어떤 점에서 진정으로 합의에 이르렀다고 생각했지만 그것이 글로 표현되었을 때에는 해석이 달라질 가능성이 있다. 그런 대표적인 예가 미국의 카터 대통령과 이집트의 사다트 대통령, 이스라엘의 베긴 수상이 서명한 캠프데이비드협정이다. 그들은 캠프데이비드에 모여, 마지막 순간까지도 쓸데없는 짓을 하고 있다고 생각하면서, 많은 날 동안 갈등을 겪다가, 그들 생각에, 돌파구를 마련했다. 그들은 워싱턴으로 날아가서 엄청난 관심 속에 협정에 서명했다. 백악관 동관에서는 평소에 감정에 잘 휩싸이지 않는 베긴까지도 부인에게 몸을 돌리며 말했다. "부인, 오늘 밤 우리가 한 일은 역사책에 남을 것이오." 그 말대로 역사책에 남을지는 모르겠지만, 사실 몇 년 지나도록 그때 합의했던 요소들은 거의 하나도 실행에 옮겨지지 않았다. 그들은 의욕이 앞서서 실제로는 합의하지 않았는데 합의에 이르렀다고 생각한 것이다.

만약 당신이 계약서를 작성하기로 예정되어 있다면, 협상의 전 과정을 꼼꼼히 적고 마지막에 합의할 사항으로 남긴 것은 모두 표시해 두어야 한다. 그렇게 하면 좋은 점이 두 가지 있다.

1. 원하는 모든 사항이 포함되었는지 상기시켜 준다.
2. 계약서를 쓸 때, 상대방이 합의했는지 아리송한 사항에 대해서는 계약서에 포함시키기가 망설여질 것이다. 그럴 때 협상 과정을 적은 노트가 있다면 비록 정확하게 기억하지 못하더라도 자신 있게 포함시킬 수 있을 것이다.

만약 당신이 여러 사람과 팀을 이루어 협상을 하고 있다면, 계약서를 상대방에게 보여 주기 전에 같은 팀의 다른 모든 구성원들과 함께 읽어 보아야 한다. 당신 혼자 작성하고 만다면 꼭 넣어야 할 사항을 빠뜨릴 수도 있고 잘못 해석하는 것이 있을 수도 있다. 또 주도적인 사람들의 열정이 지나친 나머지 다른 구성원들을 한 곳으로 몰아가기도 한다. 그런데 자기들은 상대방도 거기에 동의했다고 생각하지만, 객관적인 입장에서 보면 그것이 분명하지 않은 경우가 흔히 있다.

나는 변호사에게 맡겨 대신하게 하는 협상의 효용성을 별로 믿지 않는다. 변호사들 중에 협상을 멋지게 해내는 사람이 많지 않기 때문이다. 변호사들은 대립적인 형태로 협상을 진행하기 쉽다. 그들은 상대방을 윽박질러 굴복시키는 수가 많고, 그들의 첫 번째 의무는 의뢰인에게 돈을 벌어 주는 것이 아니라 곤란한 상황에서 벗어나게 하는 것이기 때문이다. 법과 대학원에서 학생들은 거래하는 법이 아니라 거래 깨는 법을 배운다는 사실을 생각해 보라.

그러나 소송이 난무하는 이 사회에서, 법정 효력이 없는 합의 사항이 많지 않으므로 서명하기 전에 변호사에게 보여 주어 문제점이 없는지 확인받는 것은 좋은 생각이다. 당신이 계약서를 작성한다는 것은, 곧 책임까지 지는 행위이기 때문이다. 계약서의 어느 한 가지라도 명확하지 않으면, 판사는 계약서를 작성한 쪽에 책임을 물을 것이고 당신은 그 사항에 대해서는 패배할 것이다. 따라서 복잡한 합의 과정에서는, 당신이 작성하고 상대방이 서명한 서류가 의향서에 불과할 수도 있다. 나중에 변호사에게 의뢰하여 그 문서를 법률 문서로 만들어라. 당신은 합의를 이루는 데에 힘을 쏟는 것이 더 바람직하다.

일단 구두 협상이 끝나면, 가능한 빨리 합의 각서에 서명하는 것이 좋다. 문서화된 것을 늦게 보여 줄수록 상대방은 합의한 것을 잊어버리고 당신이 작성한 서류에 의문을 제기할 가능성이 커진다.

또한, 상대방이 합의 사항을 이해했는지 확인해야 한다. 상대방이 뜻을 확실하게 파악하고 있지 않다는 것을 알면서 그대로 서명하게 하고 싶은 유혹을 떨쳐 버려야 한다. 무엇인가 잘못되면 상대방은 절대로 책임지지 않으려고 할 것이고 당신이 문책을 받을 것이다.

나의 경험으로는, 협상에 임하기 전에 내가 원하는 합의점을 적어둔 것이 도움이 되었다. 나는 그 메모를 상대방에게 보여 주지 않았지만, 협상 결과로 나타난 합의 사항과 메모를 비교함으로써, 우리가 협상을 잘 했는지 못 했는지 알 수 있었다. 때때로 상상도 못했던 양보를 상대방이 할 때에는 흥분되기가 쉽다. 그러면 기분이 앞서서 환상적인 거래라며 기꺼이 합의하게 된다. 당신이 분명한 판단 기준을 갖고 있다면 그것이 좋은 거래일 수도 있지만 그렇지 않다면 희망 사항에 불과할 수도 있다.

당신 생각에 상대방이 서명하기를 주저하는 항목이 있다면, '귀측 변호사가 어떠한 법률적 이유로든 계약서를 거부할 수 있는 권리를 갖고 있음' 등의 구절을 삽입시켜라. 상대방이 선뜻 서명할 수 있는 근거를 제공하는 것이다. 그래도 망설인다면, 좀더 포괄적으로 '귀측 변호사의 승인을 요함' 이라고 하면 될 것이다.

이제 계약서가 작성되고 서명만 남았다. 슬픈 일이지만, 컴퓨터로 계약서를 출력하는 요즘에는 계약서가 수정될 때마다 전부 다시 읽어야 한다.

예전에는 계약서가 타이핑되면 양측에서 그것을 읽고 변경 사항을 손으로 쓴 다음에 예비 서명을 했다. 그러면 계약서 전체를 훑어보고, 당신이 제기하거나 동의한 변경 사항들을 재빨리 살펴볼 수 있었다. 컴퓨터로 출력하는 요즘에는 다시 컴퓨터로 돌아가서 변경 사항을 수정하고, 새 계약서를 출력할 것이다.

여기에 위험이 있다. 당신이 계약서를 훑어보면서 동의할 수 없는 구절을 발견하는 경우도 있다. 그때 상대방은 자기도 그 구절 수정에 동의하므로 계약서를 새로 작성해서 보내 주겠다고 말한다. 고친 계약서가 왔을 때, 당신은 마침 무척 바쁜 일이 있어서 고치려고 했던 부분이 제대로 고쳐졌는지 정도만 빨리 확인하고 뒤쪽 서명난에 서명했다. 그런데 아뿔싸! 수정된 계약서 전체를 다시 읽어 볼 시간이 없었던 당신은 다른 곳에도 수정이 가해졌다는 사실을 알아채지 못했다. 그것이 '무슨 공장'을 '무슨 작업장'이라고 고치는 것과 같이 후안무치한 경우가 될 수도 있다. 아니면 몇 년 지나 문제가 터질 때까지 중요성을 깨닫지 못할 만큼 미묘하게 고칠 수도 있다.

그럴 경우에 소송을 하겠는가? 그렇다. 나도 동의한다. 당신은 확실한 소송 거리를 갖고 있다. 상대방이 당신한테 사기를 친 것이다! 하지만 근본적으로 왜 그럴 여지를 제공했는가? 또한 수년 뒤에 그 문제를 발견했다면 거기에 동의했는지 안 했는지 기억조차 가물가물할 뿐만 아니라, 기본적으로 당신이 서명했기 때문에, 동의했다고 추정될 수밖에 없다.

컴퓨터로 계약서를 출력하는 요즘에는 계약서를 수정하여 다시 서명할 때마다 전체를 읽어 보아야 한다.

상대가 이 전략을 쓸 때 대처하는 법

상대방이 먼저 계약서를 작성하겠다고 주장하면 나는 말할 것이다. “글쎄요. 물론 우리가 합의한 사항을 글로 써야겠지요. 그러나 그런 데 돈을 들이지 맙시다. 마침 제가 고용하고 있는 변호사가 있으니 그에게 부탁하면 우리 모두 돈을 들이지 않을 수 있습니다.” 비용을 부담하더라도, 계약서는 우리 쪽에서 작성하는 것이 훨씬 더 좋을 것이다.

기억해야 할 주요 사항

1. 계약서를 작성하는 쪽이 크게 유리하다. 계약서를 작성하기 시작하면, 말로 협상할 때에 생각하지 못했던 몇 가지 일들이 생각날 것이고 그 사안을 유리하게 쓸 수 있기 때문이다. 상대방은 계약서를 읽으면서 새로 등장한 사안까지 당신과 협의해야 하므로 무척 힘이 들 것이다.
2. 협상 과정을 메모하고 최종 합의 사항에 포함시키고 싶은 사안들을 표시해 두어라. 그런 메모가 있으면 잊고 넘어갈 염려가 없다. 또한 그런 사항에 대해 합의했다는 것을 확실히 알 수 있기 때문에 그것을 주저 없이 계약서에 포함시킬 수 있다.
3. 다른 사람과 함께 팀을 이루어 협상한다면, 다른 구성들에게 당신의 메모를 보여 주어라. 합의를 이루고 싶은 욕심에, 실제로는 상대방이 동의하지 않았는데, 당신 혼자 동의했다고 생각하는 부분이 있을 수 있다.
4. 계약서에 서명하기 전에 처음부터 끝까지 잘 읽어봐야 한다. 상대방은 당신이 눈치채지 못하기를 기대하면서, 합의 사항을 바꿀 수 있다.

5부

왜 생각처럼 돈이 그다지 중요하지 않을까

23
상대는 좀더 많이 지불하기를 원한다

20여 년 동안 세일즈맨을 교육시키면서, 나는 사는 쪽보다 파는 쪽이 가격에 대한 부담을 더 느낀다고 확신하게 되었다. 좀더 강력하게 말할 수도 있다. 지금 값을 깎고 있는 고객이 속으로는 물건 값을 더 지불할 수 있기를 기대하는 경우도 있다! 웃기는 얘기라고 무시하기 전에 내 말을 끝까지 들어 보라.

첫째, 사치란 기본적으로 관점의 문제라는 점을 알아야 한다. 당신 생각에 매우 큰돈이 바이어에게는 싸구려로 보일 수도 있다.

나는 30대 초반일 때 캘리포니아 베이커스필드에 있는 몽고메리 워드 스토아에서 지배인으로 일하고 있었다. 베이커스필드는 큰 도시가 아니었는데도, 전국 600여 군데 연쇄점 중에서 열세 번째로 규모가 컸다. 어떻게 그렇게 성업을 이룰 수 있었을까? 내 생각에 그것은 지역 실정에 맞게 판매할 수 있도록 권한을 준 본사의 정책 덕분이었다. 예를 들어 우리는 무지막지한 여름 더위 때문에 가정용 에어컨을 꽤 많이 팔 수 있었다. 여름의 베이커스필드는 한밤에도 섭씨 37도를 넘기는 날이 허다했다. 그때 이 도시 중산층의 평균 주택 가격은 3만 달러였다. 이런 집에 우리가 설치하려는 에어컨의 가격이 1만 달러에서 1만 2,000달러였다. 사정이 이렇다 보니 신입 세일즈맨들에게 에어컨 영업을 시키기가 무척 힘들었다. 자신의 1년 벌이보다 비싼 에어컨을 팔라는 말에 신입 세일즈맨들은 도리질을 쳤다. 그들은 3만 달러짜리 집에 사는 사람이 1만 2,000달러짜리 에어컨을 들여 놓을 수 있다는 사실을 믿지 않았다. 하지만 소비자들은 기꺼이 그 값을 지불하고 있었다. 매상 규모가 그것을 말해 주고 있다. 그래도 세일즈맨들은 선뜻 영업에 나서려고 하지 않았다. 그들 생각에 에어컨은 너무나 비쌌던 것이다.

그러나 내가 신입 세일즈맨 한 명을 큰돈을 벌 수 있는 곳으로 보냈고, 그가 자기 집에 에어컨을 설치한다면 어떻게 될까? 많은 돈을 벌어들이게 된 그는 에어컨 가격이 터무니없이 비싸다는 생각을 더 이상 하지 않을 것이다.

초보 증권 중개인도 같은 문제를 안고 있다. 당장 자기 점심 한 끼 해결이 막막한 상태에서는, 고객에게 10만 달러를 투자하라고 권하기가 정말 어렵다. 그런데 부유해지면, 그들의 영업 실적은 눈덩이처럼 불어난다. 나는 사는 사람보다 파는 사람이 가격에 대한 부담을 더 느낀다고 믿는다.

나의 고객 가운데 디자이너이면서 피오피(피오피란 소비자가 제품을 보는 순간 그 제품을 살 수 있게 하는 모든 것을 뜻한다. 포장 상자가 될 수도 있고, 자동차의 부가 기능을 보여 주는 자동차 전시실의 텔레비전 화면이 될 수도 있다) 광고 및 디스플레이 업자가 있다. 그녀가 해 준 말이 있다. 상점 선반에 세 개의 제품(편의상 토스터라고 하자)이 있는데 각 제품의 특징이 포장 상자에 적혀 있다면, 그리고 점원이 쫓아다니면서 조언을 해 주지 않는다면, 소비자가 제일 비싼 제품을 선택하는 경우가 가장 많다는 것이다. 위와 같이 세 가지 제품이 있을 때, 아마도 가장 낮은 임금을 받는 판매 사원은, 고객에게 최고급 제품을 권하지 못하고 미련하게 가장 싼 제품이나 중간 제품에 중점을 두어 설명한다.

피오피에 있어서 가장 중요한 요소는 포장 상자에 담긴 내용이다. 두 번째로 중요한 요소는 상점 분위기이다. 포장 상자에 담긴 내용은 돈을 좀더 써야 하는 합리적인 이유를 제시할 수 있어야 한다. 상점의 분위기는 다른 어떤 곳에서도 이보다 싸게 살 수 없다는 확신을 소비자에게 심어 줄 수 있어야 한다. 이 두 가지가 충족된다면 소비자는 돈을 더 많이 쓰고 싶어 한다. 결코 덜 쓰고 싶어 하지 않는다.

나는 돈 쓰는 데에는 미국인이 최고라고 생각한다. 미국인은 돈 쓰기를 좋아한다. 미국에서 1년 동안 소비되는 액수는 6조 달러에 이르는데, 상점에 판매 기법을 좀 아는 점원이 있다면, 1년에 1조 달러는 더 소비될 것이다. 게다가 사람들이 쓰는 돈은 피땀 흘려 벌어서 세금까지 공제당하고 남은 금쪽 같은 돈이다. 그렇다면 회사의 구매 담당자가 회사 돈으로 당신 제품을 산다면 어떻게 될까? 딱 한 가지 차이가 있다. 바로 자기 돈을 쓰지 않고 회사 돈을 쓴다는 것이다. 아직도 미심쩍은가? 그렇다면 회사에서 지출되는 돈은 세금 공제가 된다는 사실을 상기해 보라. 구매 담당자가 실제로 쓰는 돈은 청구 액수의 40퍼센트에 불과하다.

이런 이유로 나는 우리가 오랫동안 잘못 알고 있었다고 생각한다. 우리가 누군가에게 무엇을 팔려고 할 때, 상대는 돈을 덜 쓰려고 하지 않는다. 돈을 더 쓰고 싶어 한다. 그러나 더 쓰게 하려면 두 가지 조건이 선행되어야 한다.

1. 소비자에게 돈을 더 써야 하는 합리적인 이유를 제공해야 한다.
2. 소비자에게 당신 제안보다 더 좋은 거래는 불가능하다는 확신을 심어주어야 한다.

두 번째 조건, 즉 바이어에게 더 이상 좋은 거래는 없다고 확신시키는 것이 파워 영업 협상과 관련이 있다. 내가 이 책에서 가르치는 모든 것은 상대에게 자기가 이겼고, 더 좋은 거래는 없다고 확신시킬 수 있도록 짜여져 있다. 냉정하게 생각해 보자. 물건을 사려고 할 때 가격이 정말 중요한가? 새 자동차를 살 때, 2만 달러를 쓰느냐 2만 1,000달러를 쓰느냐가 문제인가? 아니다. 조금만 지나면 자동차 값으로 얼마를 썼는지 잊어버릴 뿐만 아니라 약간의 추가 지출이 발생해도 생활에 큰 영향을 미치지 않는다. 정말 중요한 것은 현실적으로 가장 잘 샀다는 생각이다.

다음과 같은 상황의 주인공이 되고 싶은 사람은 없다. 직장 동료에게 "난 그 자동차를 정말 싸게 샀어. 깎고 깎아서 2만 1,000달러 줬거든" 하고 자랑했더니, 동료가 대꾸한다는 말이 "얼마에 샀다고? 내 친구는 그걸 2만 달러에 샀다고 하던데. 중심가에 있는 자동차 전문 상점에 갔으면 좋았을 것을……." 이것이다. 최상의 거래를 하지 못했다는 생각이 기분 나쁘게 만드는 것이다.

겉으로 보기에 모든 세일즈맨들이 가장 많이 부닥치는 장벽은 가격 장벽이다. "우리는 당신과 거래하고 싶습니다. 그러나 값이 너무 비쌉니다." 이에 대해 좀더 생각해 보자. 거래가 되고 안 되고는 상관이 없다. 가격을 일률적으로 20퍼센트 내린다고 해도 똑같은 소리를 들을 것이다.

나는 세계에서 가장 큰 잔디깎기 제조업체에서 세일즈맨들을 교육시킨 적이 있다. 웬만한 미국 가정에서는 이 회사의 잔디깎기 한 대쯤 보유하고 있을 것이다. 할인 매장에서 팔리는 가정용 저가형 잔디깎기는 대부분 이 회사에서 생산되기 때문이다. 잔디깎기에 관한 한 누구도 이 회사보다 생산비를 낮게 할 수 없었다. 어느 정도였냐 하면, 할인 매장에서 팔린 잔디깎기를 점원이 고객의 자동차에 실어 주고 팁으로 2달러를 받았다면 그 점원의 수입이 공장 수입보다 더 많다고 할 정도였다. 회사의 이윤폭이 어느 정도인지 잘 보여 주는 이야기라고 할 수 있다. 나는 그 회사 세일즈맨에게 매장에서 바이어에게 가장 많이 듣는 불만 사항이 무엇이냐고 물었다. 그들의 대답이 무엇인지 짐작되는가? 그렇다! "값이 너무 비싸요."이다.

세일즈맨들은 늘 가격에 대한 불만을 듣는다. 바이어도 협상 기술을 연구하기 때문이다. 그들은 업계 회의에 참석했다가 술집에 앉아서 다음과 같은 이야기를 한다. "세일즈맨들을 한 번 골려 주고 싶나? 그러면 내 말대로 해 봐. 세일즈맨이 들어오면 상품 소개를 하도록 놔둬. 하고 싶은 말을 다 하라고 시간도 충분히 주고. 그러다가 마지막에 가격을 이야기하면, 몸을 의자에 파묻고 책상에 다리를 척 걸치고 나서 말하는 거야. '나도 당신과 거래하고 싶습니다. 그러나 값이 너무 비싸군요.' 말한 다음에는 계속 진지한 표정을 지어야 해. 상대방이 당황하여 말을 더듬어도 웃으면 안 돼."

실제로 이런 일을 겪더라도 당황하여 식은땀을 흘리지 말고 여유 있게 대처해야 한다. 협상을 게임이라고 생각하라. 먼저, 게임의 규칙을 배워라. 다음에는, 그것을 연습하고 또 연습하여 몸에 배도록 하라. 그 다음에는 현장에 가서 온갖 기쁨을 만끽하며 게임을 즐겨라. 협상이란 요령을 알고 신나게 즐길 수 있다는 자신감만 있으면, 재미있게 즐길 만한 게임이다.

마지막으로, 누군가가 돈을 쓰게 만들어라. 소비자는 정말로 당신에게 돈을 더 많이 쓰고 싶어 한다는 사실을 명심하라. 결코 덜 쓰고 싶어 하지 않는다. 당신이 해야 할 일이라고는 상대에게 합리적인 이유를 제공하고 다른 곳에서는 이 이상 좋은 거래를 할 수 없다는 확신을 심어 주는 것뿐이다.

24

돈보다 중요한 것들

우주 비행사 닐 암스트롱에게 어떤 기자가 아폴로 11호가 달에 접근할 때 무슨 생각을 했는지 물어본 적이 있다. 그는 우스갯소리로 대꾸했다. "정부로부터 최저 가격으로 낙찰받은 업체가 만든 200만 개 부품 덩어리 꼭대기에 있다면 당신은 어떤 생각이 들겠습니까?" 재치 있는 대답이었다. 그러나 그는 사람들이 흔히 갖고 있는 오해를 다시 한번 확인시켜 주기도 했다. 정부는 늘 최저 입찰자와 거래한다는 오해이다. 물론 그건 사실이 아니다. 그러나 놀랄 만큼 많은 사람들이 그렇게 믿고 있다. 내가 파워 협상의 비법에 대한 세미나를 열었을 때 빠지지 않고 듣는 질문이 있다. "정부와 거래할 때에는 어떻게 하면 좋습니까? 정부는 최저 입찰자와 거래합니다."

언젠가 동해안으로 가는 비행기 안에서 국방성 조달 담당자 옆자리에 앉은 적이 있어서 이 문제에 대해 물어 보았다. "정부는 늘 최저 입찰자로부터 물건을 구입해야 한다고 들었습니다. 그게 정말입니까?"

"절대 그렇지 않습니다." 그가 말했다. "그렇게 했다면 우리는 이미 엄청난 문제에 빠져 있을 것입니다. 우리에게 비용 문제는 최우선 고려 사항이 아닙니다. 회사의 경험, 제품 생산을 맡은 노동자들과 경영진의 경험, 그리고 제 시간에 일을 끝낼 수 있는 능력 등에 훨씬 더 신경 씁니다. 규칙에 따르면, 우리는 조건을 충족시킬 수 있는 업체 중에서 최저가로 입찰한 곳에서 사야 합니다. 특정 업체가 우리 요구 조건에 가장 알맞다는 것이 분명하면 우리는 그 업체에 유리하도록 요구 조건을 정합니다."

연방 정부의 경우도 마찬가지이다. 가격은 최우선 고려 순위에서 한참 떨어진다. 어떤 회사와 거래하려고 하는데, 그 회사가 입찰 참여에 필요한 요건을 충분히 갖추고 있지 않다면, 그 회사의 낙찰 순위는 아래로 밀려날 수밖에 없다. 바이어에게 가격보다 중요한 것들을 아래에 나열해 보았다. 재미삼아 한 번 보라.

■ **확신** 당신이 제시한 거래 조건이 최고라고 바이어가 확신을 갖는다.

■ **제품이나 서비스의 질** 세일즈맨들은 흔히 자기 제품이 점점 고만고만한 제품이 되어 간다고 말한다. 바이어들은 누구한테 물건을 사든 신경 쓰지 않는다고도 말한다. 바이어들이 원하는 것은 다만 낮은 가격이라는 것이다. 그것은 잠꼬대 같은 소리다. 당신이라면 세상의 모든 것을 가격만 보고 사겠는가? 철물점에 가서 못을 사는데, 어떤 못에 대해서 아는 지식이라고는 세상에서 가장 싸다는 것뿐일 때 그 못을 사겠는가? 물론 아니다.

만약 바이어가 가장 싼 물건이나 서비스만 구입하는 것이 사실이라면 판매자의 90퍼센트는 망할 것이다. 또 가장 낮은 가격을 제시하는 회사만 시장에 존재할 것이다. 그것은 앞뒤가 맞지 않는 말이다. '바이어는 우리 제품을 다른 회사 제품과 별 차이 없는 고만고만한 제품으로 본다.' 당신이 그렇게 생각하도록 유도하는 것은 바이어의 훌륭한 협상 전략이다. 그의 진짜 생각은 그렇지 않을 것이다.

■ 기간 많은 대기업들이 제품 판매보다 제품과 관련된 자금 운용으로 더 많은 수익을 창출하고 있다. 나는 최근에 최고급 모델의 자동차를 빌려서 사용하고 있는데, 그 일을 계기로 나는 자동차 제조회사에서 자동차 만드는 일은 그 회사의 여러 가지 사업 가운데 작은 일부에 불과하다고 확신하게 되었다. 진짜 돈을 버는 분야는 리스 금융과 구매 금융이었다.

■ 납품 일정 바이어가 원하는 때에 물건을 납품할 수 있는가? 또 앞으로도 계속 그럴 것이라는 믿음을 줄 수 있는가? 제때에 납품할 수 있는 제도적 장치를 갖추고 있는가? 바이어들에게 창고를 제공하고 그 사용료를 청구할 수 있는가?

■ 제품이나 서비스 판매 경험 여러 회사의 형태와 그 회사들의 사업 방식에 대해 잘 알고 있는가? 그런 종류의 관계 맺음에 익숙한가?

■ 제품 보증과 사후 처리 나는 어떤 가게에서 수백 달러짜리 제품을 산 적이 있다. 몇 달 뒤에 부품 일부가 부서졌다. 나는 수신자 부담 전화로 제조회사에 전화해서 문제를 처리해 줄 수 있는지 알아 보았다. 고객 지원 담당자는 내 설명을 충분히 듣고 나서 말했다. "주소를 알려 주시면 택배로 대체 부품을 보내드리겠습니다." 내가 말했다. "내가 언제 어디에서 샀는지 알려 드려야 하

지 않나요? 그런데 영수증을 찾을 수 있을지 모르겠군요." 그러자 그가 대답했다. "아무것도 필요 없습니다. 제가 원하는 건 손님께서 제품에 만족하는 것입니다." 회사가 그 정도까지 사후 처리를 해 준다면, 내가 그 회사 제품이 제일 싼지 따져 보겠는가? 물론 아니다.

■ **반품 허용** 팔리지 않으면 제품을 회수하겠는가? 바이어의 재고를 조사하고 자동적으로 안 팔린 물건을 회수해 가겠는가?

■ **동반 관계 수립** 파는 쪽과 사는 쪽 사이의 해묵은 적대 관계가 점차 사라지고 있다. 시대 변화를 아는 회사들은 납품 업체들과 서로 이익이 되도록 관계를 발전시키는 것이 중요하다는 사실을 깨달아 가고 있다.

■ **신용** 회사와 관련된 신용 정보가 가격보다 더 중요할 수 있다. 특히 신생 업체, 현금 유동성이 주기적인 업계, 비수기와 성수기에 따라 당신 회사 사정이 많이 달라질 때 특히 그렇다.

■ **직원** 계약에 따라 제품을 만들거나(항공 우주 산업, 건설업) 서비스를 수행해야 할(법률, 회계 업무, 컴퓨터 서비스) 경우, 다음과 같은 다른 요인이 가격보다 더 중요할 수 있다.

1. 작업을 맡을 노동자의 질
2. 해외 업무를 맡을 경영층의 수준

■ **요구에 부응하려는 열의와 능력** 제품과 포장을 바이어의 필요에 맞추려는 열의와 능력을 뜻한다.

■ **바이어에 대한 관심** 바이어는 거래처를 이 곳 저 곳으로 옮

기기도 한다. 공급 업체에 자기 존재를 부각시키고 싶어하기 때문이다. 바이어들은 그렇게 함으로써 안전판을 좀더 많이 마련한다고 생각한다.

■ 평안 에이티앤티(AT&T)는 스프린트(Sprint)와 엠시아이(MCI)보다 요금이 비싸고, 또 굳이 그 사실을 숨기려고도 하지 않지만, 나는 계속 에이티앤티를 이용한다. 내가 그 회사를 고집하는 까닭은 수년 동안 문제를 일으킨 적이 없고 사용법이 일정했기 때문이다. 나에게는 통신 업체를 바꿔 통화료 몇 푼 아끼는 것보다 더 중요한 것이 있다.

■ 안정성 당신 제품과 서비스가 계속 고품질을 유지하리라는 믿음을 줄 수 있는가?

결론적으로 가격이 생각만큼 중요하지 않다는 것을 잊지 마라. 당신이 가격 문제를 더욱 크게 느끼는 까닭은 세일즈맨이기 때문일 수도 있다. 물론 바이어가 가격을 크게 문제 삼을 수도 있다. 그것은 그럼으로써 협상을 좀더 유리하게 이끌 수 있다고 생각하기 때문이다. 그러나 그가 진정으로 가격을 가장 큰 문제로 생각한다는 오류에 빠지지 마라. 절대 그렇지 않다.

25 상대가 최고 얼마까지 지불할 수 있을지 알아 내라

나는 물건을 팔 때 돈이 최우선 고려 사항이 아님을 강조했다. 이제는 바이어로부터 받을 수 있는 최고 액수가 얼마인지 파악하는 방법을 살펴보자. 물건을 팔 때, 바이어의 협상 범위는 희망 가격(바이어가 원하는 가격)에서 이탈 가격(바이어가 지불할 생각이 있는 최고 가격)까지이다. 어떻게 바이어의 이탈 가격을 알아 낼 수 있을까?

방법이 몇 가지 있다. 당신이 컴퓨터 제조업체에 스위치를 판다고 하자. 다음은 사용할 수 있는 몇 가지 기법들이다.

■ 당신의 상급자가 허락할 수도 있다는 가정을 하여 상대방의 상한선을 끌어올린다. 바이어가 비슷한 스위치를 1.50달러에 구입하고 있고 당신은 2달러를 요구하고 있다. 당신은 말할 수 있을 것이다. "우리 제품의 질이 더 뛰어나다는 것은 당신도 인정하고 있습니다. 내가 저희 사장님께 말씀드려서 1.75달러까지 내린다면 사시겠습니까?" 상급자를 방패막이로 이용하는 방법이다. 물론 꼭 1.75달러에 팔아야 한다는 것은 아니다. 그러나 상대가

1.75달러에 긍정적인 반응을 보인다면, 일단 상대의 협상 범위를 1.75달러까지 올린 것이며 목표액과의 차액은 50센트에서 25센트로 줄어든 것이다.

■ 부가 기능을 제거한 기본형 제품을 제안하여 상대의 품질 기준을 측정한다. "접촉면을 구리로 한 제품도 괜찮으시다면 1.5달러 아래로도 깎아드릴 수 있습니다. 그건 어떠십니까?" 이런 식으로 상대방이 가격에만 관심을 두고 있는지 품질을 고려하지 않을 수 없는지 따위를 알아 본다.

■ 좀더 고급 제품을 제시하여 상대가 낼 수 있는 최고 한도를 가늠한다. "당신이 관심을 가질 만한 새 기능을 스위치에 첨가할 수 있습니다. 그러나 그럴 경우에 값이 2.50달러로 올라갑니다." 새 기능에 관심을 보인다면, 바이어는 돈을 좀더 지불할 수 있다는 뜻이다. "거기에 다이아몬드를 입힌다고 해도 관심 없습니다. 1.75달러 이상 지출할 수는 없어요"라고 말한다면 상대방의 목적이 특정 가격대에 맞춘 제품임을 알 수 있다.

■ 거래를 포기하는 척한다. 이렇게 하면 상대방은 긴장을 풀고, 당신을 협상 상대로 생각했다면 절대로 말하지 않았을 정보를 누설할 수도 있다. 이를테면 이렇게 말하는 것이다. "저는 당신과 거래하고 싶지만 이번에는 어렵겠군요. 나중에 또 기회가 있으면 다른 건으로 이야기해 봅시다." 이렇게 상대의 긴장을 풀어놓고 조금 있다가 슬쩍 말을 건넨다. "잘 되었으면 좋았는데 유감이군

요. 그런데 둘만의 얘기입니다만, 얼마쯤이면 살 생각이었습니까?" 그러면 상대가 순순히 실토할 수도 있다. "여기 와서 보니까 1.50달러는 너무 낮게 잡은 것 같군요. 하지만 1.80달러까지는 깎을 수 있다고 생각해요."

바이어는 내심 희망 가격과 이탈 가격을 정해 놓는다. 실제 협상에 들어가도 바이어의 이탈 가격을 알 수는 없을 것이다. 희망 가격에 초점을 맞추어 이야기할 것이기 때문이다. 그러나 이런 기법들을 사용하면 상대의 이탈 가격을 알아 낼 수 있을 것이다.

6부
협상을 성공적으로 마치는 마무리 비법

26

판매의 4단계

효과적으로 판매를 마무리하기 위해 제일 먼저 알아야 할 것은, 판매 마무리 전략은 오직 한 가지 효과, 즉 '바이어가 일상적인 경우보다 빨리 결정하게 하는 것' 이라는 점이다. 그렇게 했을 경우에 이점은 꽤 많다. 결정을 빨리 내리게 할수록 당신이 원하는 것을 얻어낼 기회가 더 많아지기 때문이다. 반면에 상대에게 생각할 시간을 많이 줄수록 원하는 바를 얻어낼 기회는 그만큼 줄어든다.

잘 알려진 영업 원칙 가운데 ABC(Always be Closing, 언제라도 마무리를 시도하라) 원칙이 있다. 일부 세일즈맨들은 ABC 판매 세미나에 참석하고 난 뒤에, 바이어와 만나는 순간부터 마무리를 시도한다. 그것은 너무 이르다. 또 어떤 세일즈맨은 바이어가 '예스' 라고 할 것 같지 않다고 느낀 뒤에야 마무리 전략을 쓴다. 그건 너무 늦다. 판매 마무리 전략은 상대의 빠른 결정을 유도하는 데에만 유용하다는 사실을 깨닫지 못하는 한 판매를 효과적으로 마무리하기는 어렵다. 때를 맞추지 못할 것이기 때문이다.

판매에는 4단계 과정이 있다.

1. 대상 물색: 당신 제품이나 서비스를 필요로 하거나 원하는 사람 찾아내기

2. 대상 심사: 당신의 제품이나 서비스를 구입할 능력이 있는 사람 걸러내기 판매는 사업이지 종교 활동이나 사회봉사가 아니다. 당신 제품이나 서비스를 구매할 능력이 없는 사람들에게 시간을 낭비할 수는 없다.

3. 구매욕 자극: 다른 어떤 것보다 당신 제품이나 서비스, 더 중요하게는 다른 누구보다도 당신과 거래하고 싶게 만들기 이 단계가 핵심이다. 상대방의 구매욕을 충분히 자극하지 않은 상태에서 마무리에 돌입한다면, 원하지 않는 물건을 사라고 생떼 쓰는 것에 지나지 않는다. 상대방이 아직 원하지 않는 물건을 억지로 사게 하려면 무척 힘이 들고, 그것은 물건을 팔기 위해 가격을 깎아주어야 한다는 결론으로 이어진다. 그렇게 해서는 고객을 만족시킬 수 없다. 오히려 고객은 속는 것은 아닌지 의심하거나 억지 판매를 한다고 생각한다.

4. 판매 마무리: 바이어로부터 결정을 이끌어 내기

항상 이 네 가지 단계, 즉 대상 물색, 대상 심사, 구매욕 자극, 판매 마무리를 마음속에 새기고 있다면, 좀더 능률적으로 판매를 마무리할 수 있을 것이다. 마무리 전략을 구사할 적절한 시기를 일깨워 줌으로써 효과를 배가시키기 때문이다.

27

파워 협상의 비법 24가지

앞에서 우리는 언제 마무리 전략을 시도해야 하는지 알아 보았다. 이 장에서는 나의 마무리 전략을 이용하여 판매를 성공적으로 마무리하는 방법을 살펴보자.

예인선 전략

뉴올리언스에 가본 사람은 틀림없이 미시시피 강에서 커다란 바지선을 끌고내려오는 예인선을 보고 감탄을 금치 못했을 것이다. 10미터도 안 되는 조그만 예인선이, 각각 1만 톤의 짐을 싣고 줄줄이 늘어선 바지선들을 끌 수 있다. 나는 로스앤젤레스의 항구 근처에서 요트를 타다가 조그만 예인선 한 척이 30만 톤급 초대형 유조선을 예인하는 모습을 보고 놀란 적이 있다. 예인선이 가진 엄청난 힘의 비밀은 무엇일까? 예인선 선장은 한 번에 조금씩 움직이면 아무리 많은 짐을 실은 배라도 끌 수 있다는 원리를 알고 있다. 만약 그가 지속적으로 힘을 가하여 그 초대형 유조선의 진행 방향을 바꾸려고 한다면 어떻게 될까? 그것은 불가능하다. 아무리 엔진 출력을 높이더라도 배가 튀기만 할 뿐 방향을 바꾸지는 못할 것이다. 한 번에 조금씩, 그는 믿을 수 없는 일을 해낼 수 있다.

이것이 성공적인 협상의 마무리와 무슨 관계가 있는가? 한 번에 조금씩 요구함으로써 당신도 아주 놀라운 일을 해낼 수 있다. 한 번에 조금씩, 당신은 꿈쩍 않던 바이어를 움직여서 제품을 팔 수 있다.

나는 전에 예인선 전략을 이용하여 은행에서 25만 달러를 빌린 적이 있다. 나는 다른 투자자와 공동으로 33채의 집을 갖고 있었는데, 그것들을 전부 내 소유로 하고 싶었다. 그렇게 하기 위해서 우리는 두 번씩이나 은행에 찾아가 그 부동산을 담보로 잡히고 25만 달러를 빌려야 했다. 처음에 은행에서는 그렇게 위험한 투자는 할 수 없다며 거절했다. 다른 투자자와 나는 부행장을 만나게 해 달라고 요청했다. 부행장은 자기 입장만 되풀이해서 말했다. 그러나 우리는 부행장이 쫓아내지 않는 한 대출 승인 받을 가능성은 높아진다고 생각하고 꾸준히 설득했다. 한 시간이 지나자 부행장은 10만 달러짜리 정기 예금 증서를 추가 담보로 제공하면 돈을 빌려 주겠다고 했다. 우리는 그가 흔들리기 시작했다는 것을 알고 계속 설득했다. 또 한 시간 후에 부행장은 집에 대한 담보만으로 대출해 주기로 했다.

앞으로 바이어가 절대로 마음을 바꾸지 않는다고 확신이 들 때에는 거대한 유조선을 조금씩 움직이는 예인선을 생각하라. 바이어는 마음을 바꾼다. 1분 전에, 한 시간 전에, 아니면 하루 전에 바이어가 거절했다고 해서, 당신이 다시 한 번 요청했을 때 또 '노' 라고 이야기한다는 법은 없다. 한 번에 조금씩 당신은 누구의 마음도 움직일 수 있다.

마음의 산책 전략

십대일 때, 나는 2년제 런던 사진 학교에 입학했다. 방학 동안에 나는 말 사육사를 위해 순종 말 사진을 찍어 주고 용돈을 벌었다. 그것은 아주 독특한 사진 촬영이었다. 사육사들은 어떤 사진 기법도 원하지 않았다. 그들은 사육장에 있는 말을 찍은 다른 사진과 비슷하게 보이는 사진을 원했다. 그것을 보고 사육사들은 말을 정확하게 평가했다. 사육사들이 원한 사진은 네 다리를 모두 볼 수 있도록, 조금 앞으로 나아간 말의 다리들을 멀리서 측면으로 찍은 사진이었다.

자존심이 센 순종 말을 그렇게 세우기는 쉽지 않다. 말을 끌고 카메라 앞에 오면, 말은 똑바로 서지 않는다. 억지로 원하는 자세로 서게 할 수도 있지만 말은 곧 자기가 처음 섰던 자세로 돌아간다. 일부 세일즈맨들이 고객의 마음을 바꾸려는 방식이 그런 식이다. 우격다짐으로 밀어붙인다.

말이 서는 자세를 바꾸는 유일한 방법은 말 스스로 전에 섰던 자세를 버리게 하는 것이다. 그래서 나는 말을 끌고 사육장 부근을 돌면서 전에 했던 결정을 바꾸라고 점잖게 말을 건네곤 했다. 그 다음에 다시 카메라 앞으로 데리고 가서 어떻게 서는지 관찰했다. 그래도 내가 원하는 방식으로 서지 않으면 나는 끈덕지게 말을 끌고 다시 한 바퀴 돌고 똑같은 일을 되풀이했다.

몇몇 바이어들의 행동 방식은 이런 말의 행동 방식과 같다. 그들이 '노'라고 말하는 데에는 이렇다 할 이유가 없다. 말이 내키는 대로 네 발로 서겠다고 마음먹는 것과 크게 다르지 않다. 그런 일을 당하면 그 말을 떠올려서 바이어를 데리고 마음의 산책을 떠나라. 억지로 그의 마음을 바꾸려고 하지 마라. 그의 기존 결정을 버리도록 짤막한 이야기를 해 주어라. 스스로 생각하라. "나는 마무리 질문을 바르게 했다. 그러나 타이밍을 맞추지 못했다. 일단 그의 마음을 딴 데로 돌렸다가 몇 분 뒤에 다시 마무리 질문을 해야겠다." 그를 데리고 마음의 산책을 나갔다가 온 후에, 다시 마무리에 들어가라. 그가 여전히 '노'라고 이야기하면, 다시 한 번 산책을 하면서 짤막한 이야기로 그의 관심을 돌렸다가 다시 마무리로 돌아가라.

뛰어난 세일즈맨은 짜증 한 번 내지 않으면서 그 일을 대여섯 번 반복할 수 있다. 위대한 세일즈맨은 열 번쯤 반복할 수 있다. 따라서 '노'를 절대로 최종 거절이라고 생각하지 마라. 그저 바이어를 데리고 산책을 한 번 더 할 필요가 있다는 표시라고 생각하라.

'그렇다고 못할 당신이 아니지 않습니까?' 전략

이것은 내가 이야기하는 마무리 방법 중에서 가장 간단하다. 어쩌면 우습게 들릴지도 모른다. 그러나 직접 해 보기 전에는 이 방법이 얼마나 효과적인지 믿을 수 없을 것이다.

이 방법은 내 아들 드라이트가 새 차를 팔던 시절에 나에게 가르쳐 주었다. 아들은 고객이 이의를 제기할 때마다 고객이 잘못 생각하고 있다고 논쟁하거나 피해 갈 방법을 찾지 않고 다음과 같이 말하는 습관을 익혔다. "그렇다고 못할 당신이 아니지 않습니까, 그렇죠?" 처음에 아들은 그렇게 말하는 것이 바보 같은 짓이 아닐까 생각했다. 고객이 비웃을 것이라고 확신했기 때문이었다. 그러나 계속 해 본 결과, 수많은 고객들이 그의 말에 고개를 끄덕였다.

이를테면 어떤 고객이 말한다. "여기에는 빨간 차만 있어요? 나는 녹색 차를 갖고 싶은데."

그러면 아들이 대꾸한다. "그렇다고 당신이 차를 못 사는 건 아니지 않습니까, 그렇죠?"

다시 고객이 말한다. "그래요. 못 살 것까지는 없겠지요."

사뭇 도발적으로 들리기도 한다. 그러나 일단 시도해 보고 나면 마지막에 땅을 칠 것이다. 수년 동안 그렇게 애먹이던 고객들이, 사실은 대꾸할 필요조차 없다고 할 만큼 간단히 수그러지는 모습을 볼 것이기 때문이다.

바이어들은 말한다. "당신의 경쟁사들은 이것보다 10센트 싸게 공급해 줄 것입니다."

그럼 대꾸한다. "그렇다고 저희 제품을 못 사실 것은 없지 않습니까, 그렇죠?"

그때 상대방은 이렇게 말할 수도 있다. "그래요. 당신이 말한 만큼 서비스가 좋다면 못 살 것도 없겠지요."

장애가 되는 문제들을 남김없이 해결해야 할 필요는 없다. 모든 문제를 해결하겠다고 결심하고 실행해 보라. 마치 쓰러뜨리면 또 나타나고 쓰러뜨리면 또 나타나는 사격장의 표적처럼, 장애물은 끊임없이 나타날 것이다.

'당신에게는 그럴 능력이 있습니다' 전략

내가 이용했던 여행사는 이 마무리 전략으로 나한테 7,000달러짜리 추가 예약을 받아냈다. 나는 좋은 여건에서 반듯한 사람이 이 전략을 쓴다면 매우 큰 위력을 발휘할 수 있다고 생각한다.

수년 전에 나는 딸 줄리아와 함께 한 달 동안 아프리카 여행을 다녀오기로 계획한 적이 있다. 여행 일정 중에는 탄자니아의 킬리만자로 산 등산과 케냐의 동물 공원 방문도 포함되어 있었다. 우리는 떠나기 직전에 우연히 〈안개 속의 고릴라〉라는 영화를 보았다. 거의 멸종된 르완다의 산악 고릴라를 지키기 위한 다이앤 포시의 투쟁 이야기였다. 영화에 감동받은 우리는 여행사에 전화를 걸어 아프리카 여행 기간 동안 고릴라를 볼 수 있는지 알아 보았다. 여행사 담당자는 확인해 보겠다고 말하고 전화를 끊었다. 며칠 뒤에 그 담당자로부터 전화가 왔다. "지금 세계에는 실버백 고릴라가 29마리밖에 남아 있지 않습니다." 그가 말했다. "그 고릴라들은 르완다, 우간다, 자이레 등 중앙아프리카에 있습니다. 그들은 너무도 희귀하며 인간에게 잡혀 있는 것도 없습니다. 실버백 고릴라를 보기는 거의 불가능합니다. 다만 자이레 대통령의 동생

이 산 속 오두막집을 소유하고 있는데, 저희가 크리스마스 일주일 전에 그 곳으로 모셔다 드릴 수 있습니다. 그렇게 하는 데에 요금이 7,000달러 더 듭니다."

추가 요금이 7,000달러라는 소리를 듣는 순간, 나는 숨이 턱 막혔다. 우리가 고릴라 보기를 평생소원으로 생각하는 동물학자도 아니지 않는가! 우리는 영화 한 편 보고 고릴라에 대한 호기심이 생겼을 뿐이다! "알았습니다. 그런데 고릴라 보자고 7,000달러나 낼 생각은 없습니다."

담당 직원이 영악하게 대꾸했다. "잘 생각해 보세요, 선생님. 선생님은 그걸 보고 싶으시잖아요. 선생님은 능력이 있습니다. 문제없습니다. 하시는 겁니다."

나는 그의 말이 내가 일찍이 경험한 어떤 마무리 전략에도 뒤지지 않는 훌륭한 마무리 전략이라고 생각했다. 물론 그는 내가 그 정도쯤은 할 수 있을 만큼 부자라고 생각하고 치켜세웠겠지만, 생각해 보면 내가 그 정도 지출은 할 수 있는 여유가 있고 고릴라를 보고 싶은 것도 사실이었다. 결국 나는 그것을 예약했다. 결과적으로 말하면 고릴라 관광은 우리의 아프리카 여행의 하이라이트였다.

부유한 고객과 상대할 때에는 '당신은 그럴 능력이 있다' 고 말하는 마무리 전략을 상기하라. 이 전략은 매우 효과적일 뿐만 아니라 상대방은 그렇게 말해 준 당신에게 고마워할 것이다. 그리고 당신의 상품에 매우 만족하여 돈이 아까웠다는 생각은 하지 않을 것이다.

'내버려 둬' 전략

나는 십대 때에 영국에서 가정용품을 팔았는데, 남편들이나 부인들에게 많이 팔았다. 나는 그때 한 가지 깨달았다. 상품 설명을 끝낼 즈음에 몇 분쯤 고객을 혼자 놔 두면 판매 성공률을 꽤 높일 수 있다는 사실이었다. 처음부터 끝까지 손님 곁에 있으면 오히려 판매에 실패할 위험이 있었다. 부부가 아무리 서로 잘 알고 있더라도 상대방의 마음까지 읽을 수는 없다. 과연 배우자가 사고 싶어하는지 아닌지 확신할 수 없다. 얼마 동안 혼자 있게 함으로써, "아내(남편)는 어떻게 생각할 것 같습니까?"라고 나에게 물을 소지를 만들어 주는 것이다.

남편과 아내에게만 적용되는 것은 아니다. 당신이 어떤 회사의 사장이나 부사장에게 물건을 팔 수 있다. 사장은 물건을 사고 싶지만 부사장이 '동료로서' 그 투자를 열렬히 지지할지 알고 싶다. 부사장은 사고 싶은데, 사장이 반대하지 않을지 확신이 서지 않을 경우도 있다. 그럴 때에 혼자서 문제를 해결할 시간을 주는 것이다. 그러면 판매를 성사시키기가 쉬워진다.

일단 고객을 혼자 두는 방법을 배우고 나면, 판매를 마무리할 때 부닥쳤던 많은 문제들이 사라질 것이다. 거래 규모가 클수록 그 전략도 더 중요해진다. 예를 들어 부동산 거래와 같이 규모가 꽤 큰 결정을 해야 하는 상황에서는 이 마무리 전략이 꼭 필요할 것이다.

바이어가 당신에게 이것저것 자꾸 이야기할 여지를 주지 마라. 스스로 해결하게 하라. 다만 바이어를 당신 사무실이나 당신 차 안에 있게 해야 한다. 그의 차 근처에 있으면 안 된다. 쉽게 자리를 뜰 수 있기 때문이다. "생각할 시간을 드리겠습니다"라고 말할 필요도 없다. 그저 몇 분 동안 자리를 뜰 구실, 이를테면 커피나 종이쪽지를 가져오겠다고 핑계 대고 슬쩍 자리를 비켜 주면 된다.

빈스 롬바르디 전략(2차 시도를 감행하라)

이것은 부가 기능이나 보증 연장과 같은 추가 사항을 선택하게 하는 마무리 전략으로 아주 좋은 방법이다. 바이어가 최고급 제품을 고르게 하는 데에도 퍽 효과적이다. 바이어가 물건을 사겠다고 마음먹었을 때 마음속에 심리적 저항감이 생기는 경우가 가끔 있다. 제품을 구입하기로 거의 굳혔다가 문득 돈 쓰기를 머뭇거리기 시작한다. 뭔가 꺼림칙한 것이다. 이를테면 뭔가 잘못 하는 것이 아닐까, 더 좋은 물건을 더 싸게 살 수 있는 곳이 있지 않을까 하는 걱정이 고개를 든다. 이유가 무엇이든 팽팽한 긴장감은 최종 결정 순간까지 이어진다. 그러다가 일단 구입하기로 결정하고 나면 바이어의 마음속에서 급격한 변화가 일어난다. 구입 결정 후에 바이어의 마음은 이미 내린 결정을 굳히기 위하여 무슨 일이든 한다. 그때가 바로 부가 품목을 추가하게 하거나 좀더 비싼 모델을 선택하게 할 수 있는 때이다.

자동차 세일즈맨들은 이런 심리적 변화를 꿰뚫고 있다. 그들은 고객이 어느 회사 제품이든, 어떤 모델이든, 심지어 선택 사양을 전혀 달지 않는 기본형 자동차라도, 일단 사겠다고 마음먹게 해 놓고 난 다음에, 사무실로 데리고 가서 자기들에게 보다 실질적으로 이윤을 안겨 주는 각종 부가 장치들을 추가하게 할 수 있다.

결과적으로 판매를 효과적으로 마무리하기 위해 알아야 할 것 가운데 하나는, 미리 모든 것을 결정할 필요가 없다는 것이다. 일단 합의에 이르면 바이어는 더 이상 당신의 반대편이 아니라 판매 과정의 동반자가 된다. 그 순간이 바로 2차 시도를 하여 이윤이 많은 부가 제품들을 추가할 수 있는 때이다.

빈스 롬바르디는 늘 2차 시도에 대해서 말하곤 했다. 그는 선수가 공을 거의 잡을 듯하지만 완벽하게 잡지 못한 장면이 나오는 그린베이패커스 미식축구 팀의 필름 클립을 잘 보여 준다. 이 장면에서 선수는 2차 시도를 하여 공이 땅에 떨어지기 전에 잡아낸다. 태클을 당했으면서도 몸부림치면서 빠져나와 터치다운하는 러닝백의 모습도 보여 준다. 빈스 롬바르디는 선수들에게 늘 말했다. 모든 사람이 1차 시도는 한다. 그들이 게임 잘 하는 방법을 모른다면 선수라고 할 수도 없으며, 선수들은 경기장에서 감독이 지시한 모든 일을 한다. 그러나 그건 누구나 한다. 모든 축구 팀이 그렇게 한다. 빈스 롬바르디가 말하기에, 좋은 선수와 위대한 선수의 차이는, 위대한 선수는 2차 시도를 감행한다는 점이다. 다른 모든 사람들이 그 경기는 졌다고 생각하더라도 위대한 선수들은 포기하지 않는다.

물건 파는 방법을 모르거나, 상급자가 시키는 일을 하지 않는 사람은 회사의 영업 직원이라고 할 수 없다. 하지만 영업 방법을 알고 상급자가 생각하는 만큼 일하는 정도는 좋은 세일즈맨의 수준이다. 위대한 세일즈맨이 되려면 빈스 롬바르디의 말에서 교훈을 얻어라. 다른 모든 사람들이 "그만 해. 너는 할 만큼 했어"라고 말할 때 한 번 더 시도해 보는 것이다.

침묵 전략

침묵 전략은 언제라도 쓸 수 있는 재미있는 방법이다. 원칙은 제품 소개를 마치고 입을 다물어 버리는 것이다! 그 다음에 먼저 말하는 사람이 진다.

바이어는 세일즈맨의 제안에 대해서 세 가지 방법, 즉 '예스' 라고 말하는 것, '노' 라고 말하는 것, 그리고 자기가 결정할 수 없다고 말하는 것, 이 세 가지 가운데 하나로 응답한다. 당신이 긍정적인 사고방식의 소유자라면 바이어가 '예스' 라고 말할 것이라고 예상한다. 상대가 '노' 라고 말하거나 자기가 결정할 수 없다고 하면 놀랄 것이다. 그러니까 기다리시라. 상대가 '예스' 라고 하지 않을 낌새가 보일 때까지 제안을 수정하지 마라.

나는 전에 아파트 매매와 관련하여 판매자와 이야기한 적이 있다. 판매자는 24만 달러를 요구했고 나는 18만 달러를 제안했다. 솔직히 말해서 상대는 그렇게 낮게 가격을 후려친 나를 잡아먹을 듯이 흥분했다. 판매자는 내가 쓸데없이 시간만 낭비하게 한다고 생각해서 화가 난 듯했다. 나는 이를 악물고 상대에게 제안서를 읽어 주었다. 그리고 상대가 보기 쉽게 제안서의 방향을 바꾸어서 넘겨 주었다. 서명하라고 볼펜까지 얹어 주었다.

그는 잠시 동안 물끄러미 제안서를 보다가 손을 뻗어 들고는 처음부터 끝까지, 주의 사항이 적힌 작은 글자까지도 자세히 읽었다. 이윽고 서류를 놓고 나를 쳐다보았다. 나는 들썩거리는 혀를 꾹 누르고 조용히 그를 바라보았다.

그는 다시 제안서를 들더니 다시 한 번 처음부터 끝까지 읽었다. 그리고 다시 서류를 놓고 나를 쳐다보았다. 약 5분 동안 침묵이 흘렀다.

마침내 그가 말했다. "얘기할 때가 된 것 같군요. '예스'냐, '노'냐, 아니면 좀더 생각해 보자냐…… 그렇지요?"

나는 살짝 웃었다. 그래도 말은 하지 않았다. 그는 제안서를 또 집어 들고 처음부터 끝까지 읽었다. 그리고 입을 열었다. "잘 들으시오. 나는 이 제안을 받아들이지 않겠소. 그러나 받아들이겠소." 그는 제안서 아래쪽에 충분히 받아들일 만한 조건으로 수정 제안 사항을 쓰고, 제안서의 방향을 바꾸어 내게 밀었다.

침묵 전략은 이해하기는 간단하지만 쓰기는 어려운 방법이다. 우리는 침묵에 익숙하지 않다. 단 1분 동안의 침묵도 영원처럼 느껴진다.

기억하라! 고객이 언제나 '예스' 할 것이라고 가정하라. 상대가 당신 제안을 수용할지 안 할지 알 수 있기 전까지는 한마디도 하지 마라.

조건부 마무리 전략

조건부 마무리는 결정해야 하는 사안의 규모가 커서 기가 질린 바이어들을 다루기에 아주 좋은 방법이다. 부동산 업계에서 우리는 고객이 새 집을 사려고 할 때, 대부분의 고객으로서는 한 번도 해 본 적이 없는 대규모 투자라는 것을 알고 있다. 고객에게 더없이 좋은 집이 있어도, 때로는 결심해야 하는 대상의 규모가 너무 커서 포기하는 일이 있다. 나는 그럴 경우에 영업 직원들에게 다음과 같이 말하라고 가르쳤다. "융자받는 조건으로 하면 계약서를 못 쓸 이유가 없지 않습니까?" 다른 일이 이루어지는 것을 조건으로 판매를 성공시킴으로써, 마치 큰 결정을 작은 결정으로 바꾼 것 같이 보인다. 뛰어난 부동산 중개업자는 당신이 대출받을 자격이 있으며 따라서 실제로 사게 된다는 것을 알고 있다.

생명보험 설계사들의 경우에, 고객이 보험 가입을 망설이고 있을 수도 있다. 그때 설계사가 말한다. "솔직히 말해서 나는 이렇게 많은 보험금이 당신처럼 나이가 좀 있는 사람에게 적용될 수 있을지 모르겠습니다. 다만 신체검사에 통과한다면 가능합니다. 그렇다면 신체검사 통과를 조건으로 계약서를 쓰면 문제가 없겠지요?" 이때에는 신체검사 통과 문제가 부각되어 보험 가입 결정은 실제보다 훨씬 작은 문제로 보인다. 설계사는 그 고객이 신체검사를 받으면서 보험 계약서 쓰는 사람을 볼 것이며, 그러면 가입하게 되리라는 것을 잘 알고 있다.

부수 조건 설정 전략

바이어의 부가 조건 통과가 확실하면 조건부 종결 방법을 사용하면 된다. 바이어는 융자받을 자격이 있거나, 신체검사를 통과할 것이다. 그러나 바이어가 부가 조건을 통과할지 못할지 확실하지 않을 때에는 어떻게 하는가?

당신이 부동산 중개업자라고 하자. 구매자가 마음에 드는 집을 발견했지만, 현재 살고 있는 집이 팔려야 새 집을 살 수 있다고 하면 어떻게 하는가? 당신이 장비 세일즈맨이라고 하자. 바이어가 당신 회사의 심사에서 통과한다면, 우대 금리를 적용해 주는 조건으로 계약서를 쓰는 것은 어떤가? 위의 경우에는 바이어가 부가 조건을 충족시킬 수 있을지 확신이 서지 않는다. 그래도 부가 조건 설정 전략이 효과적일까?

그렇다. 부가 조건을 극복할 수 없는 듯해도 이 전략은 여전히 시도해 볼 만한 방법이다. 왜냐하면 바이어의 심리를 구매하는 쪽으로 끌고 가기 때문이다. 바이어의 마음이 소유자가 된다는 기분에 휩싸여 있으면, 부가 조건 따위는 달지 않고 계약할 수 있는 확률도 그만큼 높아진다. 다만 이 전략을 다른 마무리 전략의 보조 수단으로 쓰면 안 된다. 오직 마지막 수단으로만 사용해야 한다.

벤 프랭클린 전략

당신도 이 전략과 관련된 이야기를 한 번쯤은 들어보았을 것이다. 이 방법은 프랭클린이 영국인 화학자 조셉 프리스틀리에게 보낸 편지의 내용을 바탕으로 하고 있다. 그는 편지에서 자기가 결정하는 방법에 대해 서술했다.

"나의 (결정) 방식은 종이 한 장을 두 칸으로 나누어 한쪽 위에는 찬성, 또 한쪽 위에는 반대라고 써 넣으면서 시작됩니다. 사나흘에 걸쳐서 찬성 및 반대 이유가 생각날 때마다 해당 칸에 간단하게 씁니다. 찬성과 반대 이유를 한눈에 볼 수 있게 되면 이것저것 고려하여 각 항목의 상대적 중요성을 평가합니다. 그리고 양쪽 칸에서 중요도가 같은 항목을 짝 지워서 지웁니다. 만약, 찬성 쪽 한 항목의 중요성이 반대 쪽 두 항목을 합친 것과 맞먹으면 세 항목을 지웁니다. 반대 쪽의 두 항목과 찬성 쪽의 세 항목이 맞먹으면 다섯 항목을 지웁니다. 이런 식으로 지워 나가면 마침내 차이가 드러납니다. 그리고 하루 이틀 더 생각해서 양쪽에 새로 넣을 항목이 나타나지 않으면 그에 따라 결론을 내립니다."

마음을 선뜻 정하지 못하는 사람에게 이 전략을 쓰면 그의 마음에서 갈등 요소를 제거하여 쉽게 결정할 수 있게 된다. 이 방법을 쓸 때에는 전제 조건이 하나 있다. 다짜고짜 벤 프랭클린 전략을 쓰면 효과가 없을지도 모른다. 이 기법을 쓰기 전에 상대방에게 다음과 같이 말해야 한다. "손님, 손님께서 선뜻 결정하지 못하시더라도 그다지 이상한 일은 아닙니다. 머리 좋은 사람들이 흔히 그러거든요. 예를 들어 위대한 정치가 벤 프랭클린도 무엇인가 결정할 때에는 머뭇거렸습니다. 벤 이야기를 해 드릴까요? 손님께서 결정을 내리는 데에 참고하기에 좋은 방법인지 한 번 들어보십시오. 벤은 결정하기 어려운 일이 닥치면, 종이를 한 장 준비해서 중간에 줄을 그었습니다. 왼쪽에는 그 일을 진행시켜야 하는 이유들을 나열하고, 오른쪽에는 그 계획을 진행시켜서는 안 될 이유들을 나열했습니다. 그래서 진행시켜야 하는 이유가 하지 말아야 하는 이유보다 우세하면 진행시키기로 결정하는 것입니다. 어떻습니까? 한 번 해볼 만한 방법 아닙니까?" 중요한 것은 이 방법에 따라 분석을 시작하기 전에 미리 바이어의 동의를 얻어야 한다는 점이다. 그 결과에 따라 결정하겠다는 약속을 받아두는 것이다. 그렇게 하지 않으면, 다 해 본 다음에도 좀더 생각해 봐야겠다고 이야기할 수 있기 때문이다.

왼쪽 칸에는 될 수 있는 한 많은 항목을 쓸 수 있도록 도와준다. 그러나 찬성 쪽의 항목을 다 쓰고, 반대하는 이유를 쓸 때에는 혼자 하도록 둔다. 이런 식으로 하면 찬성 쪽이 반대 쪽보다 우세할 것이 분명하고 그러면 바이어의 동의를 끌어낼 수 있다.

어처구니없는 실수 전략

바이어가 머뭇거리면 책상 위에라도 뛰어 올라가 바이어에게 '지금 당신이 얼마나 어처구니없는 잘못을 저지르고 있는지' 말해 주고 싶을 때가 가끔 있을 것이다. 물론 그렇게 할 수는 없다. 그렇게 하면 오히려 바이어가 반발하기 때문이다. '어처구니없는 잘못' 전략은 바이어를 비난하는 투가 아닌 분위기로, 그가 얼마나 어처구니없는 잘못을 저지르고 있는지 말해 주는 방법이다. 그 방법은 같은 상황에서 다른 사람이 저지른 어처구니없는 잘못의 사례를 이야기해 주는 것이다.

당신이 부동산 중개업자라고 하자. 고객이 거액을 지불하는 상황에서 갑자기 머뭇거린다. 그때 당신은 말할 수 있을 것이다.

"지금 내 마음이 어떤지 아십니까? 로저 도슨이라는 사람이 여기에 있으면 좋겠다는 생각이 듭니다. 그는 세일즈맨 교육 테이프를 냈는데, 거기에서 자기가 처음 집을 산 이야기를 이야기했습니다. 그는 대출 약정서에 서명하려고 은행에 갔다가 한 달에 67달러씩 30년 동안이나 내야 한다는 것을 알았습니다. 그는 약정이 얼마나 되는지 계산해 보고는 기가 질려 버렸습니다. 다행스럽게 대출 담당 직원이 상황을 파악하고는 그를 가엾게 여겨 내규를 어기면서 말해 주었습니다. '이젠 어쩔 수 없이 대출받으셔야 합니다. 이미 모든 절차가 진행되었으니까요.' 그는 말 잘 듣는 소년처럼, 약정서에 서명했습니다. 몇 년 지나지 않아, 그 집이 두 배로 뛰었습니다. 만약 로저가 지금 여기에 있다면, 당신에게 눈을 질끈 감고 서명하라고 말해 줄 것입니다. 지금은 엄청난 결심처럼 느껴지지만, 5년만 지나면 그렇지 않을 것입니다. 어쩌면 그때쯤이면 기억조차 못하실 만큼 사소한 행동으로 보일 것입니다."

나는 아들 존이 어렸을 때 자전거를 사 준 일이 지금도 생생하게 기억난다. 그때는 캘리포니아에서 자전거를 탈 때 헬멧 착용이 의무화되기 전이었다. 우리가 자전거를 고르자 가게 주인은 비싼 헬멧을 하나 들고 말했다. "이것도 필요할 것입니다." 물론 아들의 안전이 신경 쓰이기는 했지만, 나도 어린 시절 내내 맨 머리로 자전거를 탔고 우리 애들 세 명한테 헬멧을 사 준 적이 없었으므로, 헬멧이 꼭 필요하다고 생각되지 않았다. 낌새를 눈치챈 가게 주인이 말했다. "여기에 존스 씨가 있었으면 좋겠습니다. 그는 스카이라인드라이브에 사는데, 지난 달에 아들인 보비에게 자전거를 사 주었습니다. 그도 손님처럼 헬멧까지 살 필요는 없다고 생각했죠. 다음날 보비는 자전거를 타고 언덕을 내려가다가 위로 올라오는 자동차와 정면 충돌했습니다. 아이는 심하게 다쳤지요. 나는 우겨서라도 그에게 헬멧을 사게 하지 않은 것을 평생 자책하며 살아야 할 것 같습니다. 이 자리에 존스 씨가 있다면 헬멧이 얼마나 중요한지 말해 줄 것입니다." 그 헬멧을 얼른 낚아채 아들의 머리에 씌워 준 사람이 누구일까? 그렇다! '어처구니없는 실수' 전략은 바이어를 자극하지 않으면서도 압력을 가하는 아주 좋은 방법이다.

마지막 장애물 전략

마지막 장애물 전략이 효과를 발휘하려면, 당신이 판매를 포기한 것처럼 보여야 한다. 이렇게 말하는 것이다. "좋습니다. 손님이 나한테 살 의향이 없다는 것을 알았습니다. 그런데 참고로 묻는 건데요, 도대체 왜 안 사려는 거죠? 내가 뭘 잘못했나요?"

바이어가 말할 것이다. "잘못한 거 없습니다. 당신은 친절하게 잘 설명해 주었습니다."

"그러면 우리 회사나 우리 제품의 질에 문제가 있는 거군요?"

"아닙니다. 그것도 아닙니다. 다만 현재 우리에게 공급하고 있는 업체보다 가격이 좀 높아요."

그럴 때 당신이 말한다. "그렇다면 다행이군요. 가격은 제가 어떻게 더 해 드릴 수 없는 문제입니다. 내가 잘못을 저지르지 않았다니 마음이 놓입니다. 그러면 당신이 구입하지 않는 유일한 이유가 가격이란 말씀이죠?"

더 이상 물건을 팔려고 하지 않는 척함으로써 당신은 일단 가격이라는 마지막 장애물에 초점을 맞춰 놓았다. 이제 판매를 막고 있는 그 장애물만 해결하면 되는 것이다. 이 전략을 효과적으로 이용하려면 아래의 4단계를 밟아야 한다.

1. 판매를 포기한 척한다.
2. 바이어의 긴장을 풀어놓는다.
3. 바이어로 하여금 한 가지 문제에 초점을 맞추게 한다.
4. 그 문제를 해결한다.

강아지 전략

꼬마에게 강아지 파는 수완이 뛰어난 애완견 가게 주인 이야기를 한 번쯤은 들었을 것이다. 꼬마가 '어떻게 해야 할지 모르겠다' 고 하면, 주인은 강아지를 데리고 가서 주말을 같이 지내보라고 하면서 다음과 같이 덧붙인다. "마음에 들지 않으면 월요일에 돌려주면 된다." 꼬마가 강아지와 주말을 보내고 나면 이미 정이 듬뿍 들어 돌려줄 생각은 꿈에도 하지 않을 것을 확신하는 것이다.

1950년대에, 내가 처음 영업 일을 시작한 가전제품 가게에서 우리는 강아지 전략으로 텔레비전을 수천 대나 팔았다. 그때에는 대부분의 사람들에게 텔레비전이 생소했고 한 동네에 텔레비전 있는 집이 한두 집에 불과했다. 텔레비전 있는 집 이웃사람들은 그 집 주인이 텔레비전 보라고 자기들을 초대해서 차와 과자를 대접하지나 않을까 은근히 기대했다. 우리는 텔레비전을 선뜻 사지 못하는 잠재 고객을 만나면 '시험 삼아 집에 가져가서 보시라' 고 권했다. 텔레비전 안테나가 지붕 위로 불쑥 솟기만 하면 이웃 사람들이 틀림없이 텔레비전 좀 보여 달라고 한다는 것을 우리는 알고 있었다. 텔레비전을 보면서 저녁을 홀딱 보내는 이웃 사람들을 본 다음에야 어떻게 텔레비전을 돌려보낼 수 있겠는가?

부동산 회사에서 일할 때에는 동료들에게 즉석카메라를 갖고 다니라고 권했다. 판매자가 집값을 제시하면, 우리는 구매자를 새 집 앞에 세워놓고 사진을 찍어 주었다. 그가 사진을 주변 사람들에게 보여 주리라는 것을 알고 한 일이었다. 일이 그렇게 되면 구매자와 판매자 사이에 가격 합의가 이루어지지 않더라도, 구매자가 집값을 더 낼 가능성이 높아진다. 이미 사진까지 보여 주어 거의 집을 산 듯 말해 놓은 상황에서 돈을 좀더 지불할 여유가 없었다고 주변 사람들에게 말하고 싶은 사람이 어디 있겠는가?

'작은 것에서 큰 것으로' 전략

작은 결정이 큰 결정으로 이어진다. 당신의 유도에 의하여 고객이 사소한 문제에 동의하면, 그의 생각은 좀더 구체적이고 명확하게 된다. 그러면 당신이 중요한 결정 사항을 제시해도 고객은 부담을 훨씬 덜 느끼게 된다.

자동차 세일즈맨이 고객에게 묻는다

- "만약 차를 사신다면 시트커버는 가죽을 원하십니까, 비닐을 원하십니까?"
- "수동 변속기를 원하십니까, 자동 변속기를 원하십니까?"
- "빨간색과 하얀색 중 어느 색을 더 좋아하십니까?"

부동산 중개업자라면 이렇게 질문한다

- "이 집을 사신다면, 아기의 육아실은 어떤 방으로 하실 겁니까?"
- "거실 가구는 어떻게 배치하시겠습니까?"

긍정적인 가정 전략

너무나 당연한 이야기일지 모르지만, 바이어가 구입한다는 가정은 아주 중요하다. 세일즈맨 가운데에는 특히 초보자의 경우 부정적인 생각을 갖고 있는 사람이 의외로 많다. 그들에게는 고객의 '사겠다' 는 말이 오히려 의외이다. 식당에 갔더니, 웨이터가 다가와서 '음식을 주문하고 싶으십니까?' 라고 묻는다면 어리둥절하지 않을까? 웨이터는 고객이 거기에 왜 왔는지 알고 있으며 당연히 음식을 주문한다고 생각한다. 고객을 그런 관점으로 바라보아야 한다. 고객이 구입한다고 가정하라.

나는 고객이 안 사지 않을까 하는 두려움이 억지 판매를 낳고, 고객은 그런 강압적인 태도를 싫어한다고 믿고 있다. 기본적으로 고객이 산다고 가정하면 억지를 쓸 필요가 없다. 억지로 강요하지 않는 한 고객이 사지 않는다고 생각할 때 억지 전술이 고개를 든다.

늘 긍정적으로 고객과 대화하라. 이를테면, "이런 모델 좋아하시죠?"라고 해야지, "이런 모델은 괜찮으세요?"라고 해서는 안 된다.

"보증 기간 연장 옵션을 선택하시겠습니까?"라고 말하는 대신에 "보증 기간 연장 옵션을 포함시키는 것이 좋습니다. 조금만 더 투자하시면 그 값을 뽑고도 남으니까요"라고 말하라.

늘 긍정적으로 가정하라. 고객이 물건을 산다, 당신한테 산다, 오늘 산다, 모든 일이 거침없이 진행될 것이라고 생각하라.

'질문에는 질문으로' 전략

이 방법은 세일즈맨에게 한 가지를 주문한다. 고객이 질문을 하면 특별한 사정이 없는 한 질문으로 대답하라는 것이다.

수년 전 나는 어떤 변호사에게 중고 복사기를 한 대 샀다. 내가 물었다. "200달러면 넘기겠습니까?" 그가 대답했다. "200달러에 사겠다는 뜻인가요?" 나는 속으로 중얼거렸다. '영악하기는!' 그가 200달러에 넘기겠다고 말했으면, 나는 이리저리 미적거리다가 더 낮은 가격을 제시했을 것이다.

바이어가 물건을 사기로 거의 마음을 정하고 당신에게 굳히기 질문을 던지는 듯한 눈치가 보이면, 그 질문을 그대로 다시 넘겨주어라. 그럼으로써 당신은 구입 언질을 받은 셈이 된다. 예를 들어 바이어가 "검은색이 있나요?"라고 물으면, "검은색을 좋아하십니까?"라고 말하라. "45일 후 결제라면 괜찮으시겠어요?"라고 물으면 "45일 후 결제를 원하십니까?"라고 응답하면 될 것이다.

전쟁 포로 전략

이 방법은 마음을 정하지 못하는 사람들에게 매우 효과적이다. 한 가지 필요한 것은 실제 일어났던 흥미로운 사건을 바이어와 연결시키는 일이다.

아마도 제2차 세계대전 동안에 독일의 포로수용소에서 탈출한 전쟁 포로 이야기는 한두 번쯤 들었을 것이다. 그러나 한국 전쟁 동안에는 탈출 시도가 거의 없었다.

중국인들이 개개인 포로들의 심리적 의사 결정 능력을 평가하여 적절하게 대처했기 때문이었다. 중국인들은 포로 가운데 주체적인 의사 결정 능력을 갖고 있는 사람은 10퍼센트에 지나지 않는다는 것을 알고 그들을 독방에 격리시켜 놓았다. 반면에 90퍼센트의 포로들은 섞어서 수용하고 감시도 거의 안 했지만 탈출 시도는 없었다.

결정을 못하는 고객에게 이런 이야기를 해 주어라. 압박받는 상황에서 올바르게 결정할 수 있는 사람은 많지 않으므로 선뜻 결정하지 못하더라도 기분 나빠할 필요는 없다고 고객에게 설명하라.

바로 그 순간 바이어는 자기는 결정 내릴 용기가 있는 10퍼센트 안에 든다고 생각하고 구매 결정을 강행할 것이다. 물론 자기가 결정을 내리지 못하는 90퍼센트에 든다고 순순히 인정하는 사람도 있을 것이다. 그럴 경우에는 '손님 같은 분을 위해 내가 있다'고 이야기하면 된다. 당신은 전문가이므로 바이어는 자기를 대신해서 내려 주는 결정을 받아들일 것이다.

'대안 선택' 전략

두 가지 대안 중에서 하나를 선택하라고 했을 때, 사람들은 흔히 두 가지 가운데 하나를 선택한다. 아주 드물게 제3의 대안을 선택하는 사람도 있기는 하다. 제시된 두 가지 모두 받아들이기 힘든 경우일 때 그런 일이 나타난다.

나는 대안 선택 전략을 쓸 때마다 그 효과에 거듭 놀라곤 한다. 고객이 사겠다고 결정하기도 전에 내가 묻는다. "구입하신다면, 아메리칸 익스프레스 카드로 결제하시겠습니까, 마스터 카드로 결제하시겠습니까?" 사람들은 거의 둘 중의 하나를 선택한다. 나는 또 말한다. "주문 서류에 기입 사항을 제가 써 드릴까요? 아니면 직접 하시겠습니까?" 나는 선택을 요구하는 두 가지 질문을 재빨리 하여 판매를 성공적으로 마칠 수 있었다. 재미있는 일은, 바이어들이 자기가 지금 무슨 일을 하고 있는지 충분히 알고 있을 때에도 별 저항 없이 하나를 선택하는 듯하다는 것이다.(중요한 점은 선택 대상 두 가지 모두 당신이 받아들일 수 있는 것이어야 한다는 점이다. "이것을 원하십니까, 원하지 않으십니까?" 같은 질문은 그리 좋은 대안 선택이 아니다!)

약속을 정하는 데에도 대안 선택 방법을 사용하라. 바이어가 당신을 만나고 싶어서 묻는다. "월요일이 좋겠어요, 화요일이 좋겠어요?", "열 시가 좋을까요, 열한 시가 좋을까요?"

확실히 해야 하는 것은, 선택할 수 있는 가짓수를 두 가지로 좁혀야 한다는 점이다. 세 가지 이상이면 효과를 발휘하기 어렵다. 따라서 세 번째 요소를 없앨 필요가 있다. 당신이 자동차를 팔고 있다면, 이렇게 말할 수 있을 것이다. "제가 생각하기엔 처음에 본 것은 손님께 너무 작아 보입니다. 그러면 빨간 차와 하얀 차가 남았습니다. 어떤 것이 더 좋으십니까?" 당신이 부동산 중개업자인데 바이어에게 집을 세 채 보여 주었다면 다음과 같이 말할 수 있을 것이다. "제 생각에는 손님께서 처음 보신 집의 안방이 마음에 안 드시는 것 같습니다. 나머지 두 집 가운데 하나를 고르신다면 어떤 것을 고르시겠습니까?"

대안 선택 전략은 장애물 제거에도 이용할 수 있다. 부동산 중개업자인데, 바이어가 "이 집은 절대로 안 사겠소. 이 칙칙한 녹색 벽을 좀 보시오"라고 했다고 하자. 그러면 당신은 대안 선택 형식으로 질문한다. "그래도 혹시 사신다면, 벽을 직접 칠하시겠습니까, 아니면 사람을 쓰시겠습니까?" 바이어가 어느 쪽을 선택하든 당신 뜻대로 되는 것이다. 안 그런가? 그는 자기가 페인트공보다 칠을 더 싸게 잘 할 수 있다고 자랑할 수도 있고, 시간이 없다면서 더 좋은 대안을 말할 수도 있을 것이다. 그가 무슨 얘기를 하든 큰 문제는 못 된다. 어떻게 이야기하든 당신은 장애물을 제거했기 때문이다.

문고리 전략

'마지막 장애물' 전략과 마찬가지로, 문고리 전략은 구입 여부에 대한 바이어의 심적 부담을 없애는 능력이 성패를 좌우한다.

할 수 있는 다른 모든 방법을 다 해 보았지만 여전히 주문을 받지 못하고 있을 때, 당신은 서류 가방을 닫고 말한다. "고객께서 주문하지는 않았지만 기분 좋게 말씀 나누었습니다. 우리 제품에 대한 손님의 느낌을 이해할 수 있습니다. 앞으로 또 뵐 수 있기를 기대합니다." 떠나는 척하지만 사무실을 나서려고 문고리를 잡는 순간, 문득 생각난 듯 멈췄다가 돌아서서 말한다. "혹시 저를 좀 도와주시겠습니까? 저는 판매에 실패할 때마다 늘 무엇인가 배우려고 노력하고 있습니다. 제가 잘못한 것을 지적해 주실 수 있습니까? 그래 주시면 앞으로 제게 큰 도움이 되겠습니다."

당신이 더 이상 판매에 매달리지 않는다고 생각되면, 상대방은 흔히 당신의 부탁에 협조적으로 나온다. 상대방이 이렇게 말했다고 하자. "당신은 너무 강하게, 너무 조급하게 상품 소개를 했습니다. 우리는 쫓기는 느낌을 받았습니다." 또는, "당신이 보여 준 제품은 좋았지만 우리는 구입할 여유가 없습니다. 그 값을 치르기에는 부담이 너무 크다는 말을 하고 싶지 않았습니다."

이제 당신은 앞의 '2차 시도' 전략에서 언급한 2차 시도를 해 볼 수 있다. 말해 줘서 고맙다고 정중하게 인사하고 나서 슬쩍 제품 소개로 돌아간다. 문고리 전략은 당신이 더 이상 판매에 매달리지 않는다는 것을 상대방에게 확신시킬 수 있을 때 효과를 발휘한다는 점을 명심하라. 상품 소개 능력을 향상시킬 수 있도록 도와달라고 부탁할 뿐, 그 이상이 되어서는 안 된다.

분리 공격 전략

두 사람을 상대로 판매할 때에는 언제라도 각개 격파 전략을 써야 할 것이다. 나는 '독단적인 정도'를 기준으로 볼 때 사람들은 서로 반대쪽 성향에 끌리는 경향이 있다고 생각한다. 상대적으로 덜 독단적인 사람은 흔히 좀더 독단적인 사람과 결혼한다. 온화하고 원만한 성격의 사업가는 좀더 독단적인 사람과 함께 일을 한다. 그들은 좋은 팀을 이룬다. 독단적이고 직선적인 사람은 덜 독단적인 사람의 따뜻하고 인간적인 성품을 높이 평가한다. 원만한 사람은 좀더 독단적인 사람의 자제력과 확고한 태도를 부러워한다. 당신도 독단적인 사람이 결정도 빠르다는 것을 느낄 것이다. 그들은 세일즈맨이 제시한 제안을 보고, 받아들일지 말지 빨리 결정한다. 독단적이지 않은 사람은 결정을 놓고 고민하며, 이리저리 분석해 보지만 결국 결정을 못 내리는 수가 많다.

이런 상황에 부닥쳤을 때에는 분리 공격 전략을 써야 한다. 두 사람 가운데 좀더 독단적인 사람에게 말하는 것이다. "존스 부인, 남편께서 하신 분석은 정말로 감탄할 만합니다. 나도 저렇게 꼼꼼히 따질 수 있는 성격이면 좋겠습니다. 그러나 걱정되는 것이 하나 있습니다. 지금 결정하지 않으면 이번 기회를 놓칠 수 있다는 것입니다. 이번 기회를 잡고 싶지 않습니까, 안 그래요?" 그러면 그 여자는 아직도 계산기를 두드리고 있는 남편에게 가서 말할 것이다. "로이, 제발 그만 좀 둬요. 이번이 아주 좋은 기회에요. 일단 잡고 볼 필요가 있어요."

직장 동료들의 경우도 비슷하다. 좀더 독단적인 사람에게 접근할 방법을 찾아서 말해야 한다. "여기에서 결정 내릴 수 있는 사람은 당신인 것 같군요. 보브, 너무 늦기 전에 결정을 냅시다." 그러면 상대가 대꾸할 것이다. "걱정 마세요. 당신과 거래합니다. 저는 다만 절차상의 문제로 동료인 캐티와 해야 할 일이 있을 뿐입니다."

따라서 두 사람을 상대로 거래를 하고 있고 두 사람 중에 한 명이 다른 사람보다 독단적인 성향의 소유자일 경우에는 언제나 분리 공격 전략을 이용하라. 둘을 갈라놓을 방법을 찾아서 좀더 독단적인 사람으로부터 결정을 얻어내라.

'생각할 시간을 주어라' 전략

어떤 사람들의 경우에는 현재 무엇인가 생각하고 있다는 것이 금방 표가 난다. 그런 사람들은 종이에 숫자들과 옵션들을 가득 써 놓는다. 전자계산기를 사용하며 바쁘게 숫자판을 치기도 한다. 어떤 사람들의 경우에는 생각하고 있어도 전혀 겉으로 드러나지 않는다. 그런 사람들은 속으로 조용히 결론을 내리기 때문이다. 세일즈맨에게는 그런 사람들이 문제다. 세일즈맨은 침묵 상태를 견디지 못하기 때문이다. 고객이 말없이 있으면 세일즈맨은 그가 거래에 흥미를 잃었다고 생각하기 쉽다. 그 결과 자꾸 말을 걸고 대화를 유도하여 거래에 불을 지피려고 한다. 그러나 고객에게 생각할 시간을 주어야 할 때도 있다.

내가 부동산에 꽤 많이 투자할 때 일이었다. 당시에 어떤 사람이 나에게 아파트를 팔려고 해서 중개업자와 함께 아파트에 몇 번 갔다. 돌아오는 차안에서 나는 곰곰이 생각해 볼 시간이 필요했다. 아파트를 개량하려면 얼마나 들여야 하는가? 세를 놓는다면 얼마까지 올릴 수 있는가? 계약금은 어디에서 마련해야 하는가? 운영은 어떻게 할까? 이런 경우에 나는 마음속으로 모든 사항을 결정해 놓고 나중에 계산기로 확인하곤 했다. 중개업자는 나의 태도를 보고 내가 매물에 별 흥미를 느끼지 못하고 있다고 생각한 듯했다. 그는 나의 관심을 자극하기 위하여 너무 자주 말을 걸면서 판매자가 좀더 많은 정보를 제공했어야 했다는 등의 이야기를 했다. 물론 그의 생각은 전혀 사실이 아니었다. 나는 단지 생각할 조용한 시간이 필요했을 뿐이었다.

우리는 곧 중개업자의 사무실로 돌아왔지만 나는 확답을 줄 수 없었다. 생각할 시간이 없었기 때문이었다.

말을 너무 많이 해서 거래를 망치지 마라. 삼손이라면 다음과 같이 말했을 것이다. "바보 같은 인간의 턱뼈는 필리스틴 사람을 죽이기 위한 것이지, 판매를 망치기 위한 것이 아니다."

지폐 이용 전략

당신이 투자 상품을 판다면, 지폐 이용 전략이라는 연극을 재미

있게 이용할 수 있다. 이 마무리 전략은 앞으로 더 좋은 상황이 온다고 생각하여 지금의 투자 기회를 포기하는 투자자에게 사용하는 방법이다.

주머니에서 20달러짜리 지폐를 꺼내서 바닥에 떨어뜨린 다음 신발 앞코로 밟는다. 그리고 말한다. "이것에 대해서 한 가지 묻겠습니다. 만약 걸어가다가 이렇게 떨어져 있는 20달러짜리 지폐를 보았다고 합시다. 당신은 그것을 줍겠습니까? 물론 주울 것입니다. 이것은 당신에게 주어진 기회입니다. 마찬가지로 제가 소개해 드린 투자 상품도 기회입니다. 좀더 가면 50달러짜리 지폐를 주울지도 모른다고 생각하더라도 당신은 20달러 주울 기회를 지나치지 않을 것입니다. 안 그렇습니까? 그렇지만 제가 주워드릴 수는 없습니다. 오늘 보여 드린 것과 같은 좋은 기회를 놓친다면 그것은 전적으로 당신의 선택입니다."

지폐 이용 전략은 상황에 따라 뉘앙스가 달라질 수 있기 때문에 자칫 논리적 오류를 범할 수도 있다. 그러나 바닥에 돈을 떨어뜨리는 연극은 곧잘 투자자를 자극하여 투자를 이끌어낼 수 있다.

히든카드 전략

나는 이 전략을 십대 때 영국에서 텔레비전을 팔면서 터득했다. 그때 나는 영업 교육을 많이 받지는 않았지만, 경험으로 세일즈맨이 제품에 대해 알고 있는 모든 지식을 고객에게 한꺼번에 이야기하면 좋지 않다는 것을 깨달았다. 판매가 원활하게 이루어지지 않을 때, 문득 생각이 났다고 하면서 이야기할 히든카드를 남겨 놓으면 아주 유용하게 쓸 수 있다.

내가 텔레비전을 시험 작동시켜 보여 주었고 고객도 흥미를 보이긴 했지만 고객은 대개 다른 가게도 들러보고 오겠다고 말했다. 나는 잘 둘러보고 또 오시라고 친절하게 말했다. 고객이 일어서서 문 앞으로 걸어갈 때 나는 다시 그를 불렀다. "잠깐만요. 갑자기 생각났는데 이 텔레비전에 대해서 중요한 것을 말씀드리지 않았군요. 이 텔레비전 캐비닛의 나무 마감재가 담뱃불에 아주 강하다는 것을 아십니까? 심지어 담뱃불을 비벼 꺼도 흠이 나지 않습니다. 직접 보여 드리죠." 나는 고객을 텔레비전 있는 곳으로 데려와서 그것을 직접 보여 주고 다시 상품 설명을 시작하고 계약을 끝내기 위한 작업에 들어갔다.

무엇을 팔든, 그것을 샀을 때 누릴 수 있는 혜택을 고객에게 모두 말하지 마라. 늘 문득 생각났다며 말할 히든카드를 남겨 두어라. 차를 팔고 있다면, 운전자가 뒷좌석이나 조수석 문은 그대로 둔 채 운전석 문의 잠금 장치만 풀 수 있는 특별 잠금 장치에 대해서 미리 말하지 마라. 그러면 고객에게 전화를 걸어서 다음과 같이 말할 수 있는 여지가 있다. "어이구, 죄송합니다! 막 생각이 났습니다만, 제가 손님께 아주 중요한 사항을 말씀드리지 않았군요. 오늘 저녁 지나가는 길에 들러서 그것을 보여 드리겠습니다. 일곱 시가 좋을까요, 여덟 시가 좋을까요?" 물론 바이어로부터 한 소리 들을 것이다. 하지만 그렇지 않은 경우도 적지 않다. 바이어는 앉아서 생각하고 있을 수도 있다. "오늘 그 자동차를 갖고 가면 좋겠는데……." 그들은 여전히 구입 권유를 받고 싶어한다. 많은 돈을 쓰는 데 대한 심적 부담을 느끼기 때문이다. 그 때문에 바이어는 당신에게 선뜻 전화하지도 못한다. 그럴 때 전화해서 또 한 번 권해주는 당신이 내심 반가울 것이다.

주도 전략

어떤 사람들은 결정하기까지 엄청나게 많은 시간을 쓴다. 또 결정에 대한 심적 부담이 너무나 커서 누군가 그렇게 하라고 하기 전에는 한 발자국도 옮기지 못하는 사람도 있다. 정신 의학의 교류 분석 용어로 이런 사람들을 '소아' 인격적인 사람이라고 한다. 심리학자 에릭 베른은 프로이트의 초자아, 이드(id), 자아 이론을 단순화하여 부모, 소아, 성인이라고 불렀다. 초자아(또는 부모)는 다른 두 성향을 억누른다. 이드(또는 인격의 소아 부분)는 생각 없이 충동적으로 행동하는 경향이 있다. 에고(또는 인격의 성인 부분)는 사물을 합리적으로 판단한다.

당신은 충동적 소아 같은 성향을 가진 사람에게 판매하기가 가장 쉽다고 생각할 수 있다. 그들의 행동 원칙은 '해서 기분이 좋다면' 이기 때문이다. 그러나 그런 사람들은 몇 년 동안 그 원칙에 따라 행동하면서 크고 작은 문제를 일으킨다. 따라서 그들이 진정으로 당신의 제품과 서비스를 원하더라도 막상 사겠다고 결정하지 못한다. 휘말리게 될지도 모르는 문제들을 두려워하기 때문이다. 다시 말해서 그들은 겁을 먹고 있다.

이런 사람들에게는 사라고 말을 해 줄 필요가 있다.

그런 사람들에게는 단호하게 말해야 한다. "나는 손님께서 사겠다고 말씀하시기 전에는 이 자리를 뜨지 않을 것입니다. 모든 상황으로 보건대 이것이 손님에게 유익합니다. 양심상 당신이 승낙하기 전에는 이 자리를 뜰 수 없습니다. 따라서 당신은 대신해서 제가 결정하겠습니다. 여기에 서명만 하십시오. 그 뒤 사소한 문제는 제가 처리해 드리겠습니다."

물론 이 방법은 상대방이 그렇게 해야 한다고 확신할 때에만 시도해야 한다. 단지 이익을 챙길 목적으로 해서는 안 된다. 그러나 상대가 '노' 라고 말하는 것은 틀림없이 잘못이라는 확신이 있다면, 이와 같이 다소 무리한 추진이 그들에게 옳은 선택을 열어 줄 수 있는 유일한 방법일 수도 있다.

28 주의해야 할 마무리

이 장에서는 미심쩍은 마무리 전략에 대해서 알아 본다. 이런 전략들을 잘 알아 두어야 함정에 빠지지 않을 수 있다.

고의적인 실수 전략

다른 모든 사기에서와 마찬가지로, 고의적인 실수 전략은 상대가 비양심적일 때 효과를 발휘한다. 바이어는 세일즈맨에게 미끼를 던져 유혹한다. 필수 요소 가운데 하나를 일부러 빠뜨리거나 품질 기준을 분명하게 언급하지 않고 얼버무려 두는 것이다.

여기에서는 빠뜨리는 필수 요소를 일련번호를 찍는 것이라고 하자. 세일즈맨은 리콜을 대비하여 일련번호 찍는 것이 법으로 정해져 있음을 알고 있다. 불명확한 품질 기준은, 스위치를 구리로 씌워야 하는 것으로 하자. 양심적인 세일즈맨이라면 이런 요소들이 누락되었음을 알아채고 바이어에게 일러줄 것이다.

그러나 덜 양심적인 세일즈맨이라면 모르는 척 그냥 넘어가면서 좀더 낮은 가격을 제시하여 바이어가 빨리 구매 결정을 내리도록 유도할 것이다. 그는 빠진 요소들을 추가할 때 돈을 더 받으면 된다고 생각하고 아무 걱정도 하지 않는다.

그러나 사기의 막이 오른다. 바이어가 뭔가 빠뜨렸다는 것을 발견하기 전에 계약해야 한다고 생각하는 세일즈맨은 협상을 적당히 진행한다. 평소라면 하지 않을 양보도 곧잘 한다. 그의 머릿속에는 나중에 빠뜨린 것을 추가할 때 양보한 것을 벌충할 수 있다고 생각하기 때문이다. 그러나 계약을 끝내고 악수를 하자마자, 바이어는 음흉한 미소를 띠며 말한다. "그런데 말이죠. 주문한 제품에 일련번호를 찍어야 하고 스위치에 구리를 입혀야 한다는 건 알고 계시죠? 그것은 상식이니까 당연히 해 주리라 믿습니다." 제 꾀에 제가 넘어간 세일즈맨은 너무나 당황해서 자기의 잔꾀를 이실직고하지도 못하고 울며 겨자 먹기로 일을 진행시킨다.

반대로 자동차 세일즈맨이 고의적인 실수를 하는 경우도 있다. 자동차 세일즈맨은 CD 플레이어와 테이프 플레이어가 장착되어 있는 자동차를 팔면서, 자동차 값에 테이프 플레이어 값만 추가하고 CD 플레이어 값은 포함시키지 않는다. 만약 고객이 미끼를 물었다면, 멍청한 자동차 세일즈맨 덕에 CD 플레이어를 공짜로 달게 되었다고 쾌재를 부를 것이다. 고객은 세일즈맨이 자기 잘못을 알아차리기 전에 계약을 끝내려고 안달한다. 조급한 마음 때문에 가격을 대충 협상하여, 자기가 그 잘못을 지적했더라면 냈을 값보다 더 높은 가격을 지불한다. 그것과 별개로 자동차 세일즈맨은, 자동차를 완전히 넘기기 전까지는, 그 실수를 '발견' 하여, 상대를 나무라는 표정으로 추가 금액을 받아낼 수 있는 카드를 여전히 쥐고 있다. 고객은 창피한 마음에 항변 한마디 제대로 못하고 고스란히 바가지를 쓸 수도 있다.

'반대로 질문' 전략

고의적인 실수의 변형으로 '반대로 질문' 전략이 있다. 세일즈맨이 바이어에게 질문을 하는데, 일부러 반대로 묻는 방법이다. 바이어가 그것을 정정하면, 그것이 곧 사겠다는 약속이 된다. 예를 들어 자동차 세일즈맨이 묻는다. "오늘 산다고 결정하면, 오늘 배달해야 하는 것은 아니죠?" 그러면 바이어가 대답한다. "무슨 말씀이세요, 물론 오늘 보내 주셔야죠."

부동산 중개업자라면 이렇게 말할 것이다. "판매자가 냉장고를 얹어 주는 건 필요 없죠?" 구매자는 그 문제에 대해 생각해 보지는 않았지만 그 냉장고가 자기 냉장고보다 좋아 보이기 때문에 대답한다. "그들이 냉장고도 얹어 줄 것 같습니까?" 그때 중개업자가 말한다. "일단 우리 사무실에서는 얹어 주는 것으로 하고, 그대로 한번 밀어붙여 봅시다."

보트 세일즈맨이라면 이렇게 물을 것이다. "덮개까지 포함된다고 생각하지는 않으시죠?" 그러면 바이어는 무엇인가 공짜로 얻을 기회라고 생각하고 대꾸한다. "물론 포함된다고 생각하죠."

7부
협상의 주도권을 쥐는 방법

29. 협상 추진
30. 미심쩍은 상대는 이렇게 대처하라
31.주의를 요하는 외국인과의 협상
32. 협상의 성패를 좌우하는 3가지 포인트
33. 협상 도중에 발생하는 문제에 대처하는 방법
34. 화가 난 상대는 이렇게 다루어라

29
협상 추진

세일즈맨은 바이어를 움직이는 힘이 무엇인지 깊이 생각하지 않는 경우가 많다. 바이어를 움직이는 힘이 곧 자기를 움직이는 힘, 즉 '최상의 거래를 이끌어내는 것'이라고 생각하는 경향이 있기 때문이다. 사회학자들은 이것을 '사회 중심주의'라고 부르는데, 협상과 관련하여 풀어 보면 다음과 같은 뜻을 지니고 있다. '세일즈맨은 바이어가 원하는 것이 바로 자기가 원하는 것, 다시 말해 자기가 바이어라면 원할 것을 바이어도 원한다고 생각하기 쉽다.' 파워 영업 협상가는 그렇게 생각하지 않는다. 즉, 당신이 바이어라면 원할 것이라고 생각하는 것과 실제 바이어가 원하는 것은 다르다.

미숙한 협상가는 바이어가 자기에 대해 너무 많이 알면 그의 계략에 넘어가기 쉽다고 생각하기 때문에 많은 어려움에 부닥친다. 그는 바이어가 무엇을 추구하는지 알려고 하지 않고, 자기가 무엇을 추구하는지 바이어에게 알리려고 하지 않는다. 두려움 때문에 자신을 그렇게 열어놓지 못하는 것이다.

파워 영업 협상가들은 바이어를 움직이는 힘, 즉 바이어가 성취하고자 하는 바가 무엇인지 더 잘 알수록, 자신의 입장에서 후퇴하지 않으면서 바이어의 요구를 더 잘 충족시킬 수 있음을 안다.

바이어와 협상할 때에는 바이어를 움직이는 다른 요인들이 무엇인지 살펴보라. 그러한 요인들을 알아내고 이해하는 것이 윈윈 협상 전략의 핵심 요소이다.

경쟁 지향적 요인

이것은 세일즈맨들이 가장 잘 알고 있는 요인이다. 그렇기 때문에 세일즈맨들은 협상을 전투처럼 생각한다. 바이어가 규칙이 허용하는 범위 내에서 온갖 수단으로 자신을 쓰러뜨리기 위해서 나온다고 생각하면, 당연히 자기보다 능력이 뛰어나거나 훨씬 무자비할지 모르는 바이어와 만나기가 두려울 것이다.

대부분의 자동차 판매 대리점에서는 이러한 요인이 분명히 존재한다. 자동차 대리점에서는 '이 도시에서 가장 싼 가격' 을 외치며 소비자를 끌어들인다. 그러나 세일즈맨에게는 판매 수익에 의거하여 수당을 지급한다. 이것은 사생결단식 협상 접근 방법이다. 소비자는 대리점이 손해를 보든 말든, 세일즈맨의 수당이 깎이든 말든 아랑곳하지 않고 가장 싸게 사려고 한다. 세일즈맨은 한 푼이라도 더 받으려고 한다. 세일즈맨으로서는 그것이 돈을 벌 수 있는 유일한 방법이기 때문이다. 나팔을 불어라, 결투를 시작하라, 가장 잘 하는 자만 승리한다!

경쟁 지향적 요인에 의해 움직이는 협상가는 바이어에 대해 모두 알아야 하지만 바이어가 자기에 대해서 조금이라도 알게 해서는 안 된다고 믿는다. 아는 것이 힘이다. 그렇기 때문에 그는 상대에 대해서 더 많이 알수록, 그리고 자신을 덜 드러낼수록 유리해진다고 믿는다.

경쟁 지향적 요인에 의해 움직이는 협상가는 정보를 모으면서도 바이어가 하는 말은 믿지 않는다. 속임수일지도 모르기 때문이다. 그는 바이어 회사의 다른 직원에게 접근하여 은밀하게 정보를 수집한다. 또한 바이어도 자기와 똑같은 일을 한다고 생각하기 때문에 정보 유출을 막기 위해 주도면밀하게 일한다.

이런 접근 방법은 승자가 있으면 반드시 패자가 있다는 가정에 바탕을 두고 있다. 이 접근 방법에서 놓치고 있는 것은 양쪽 모두 승리자가 될 수 있다는 가능성이다. 양쪽 모두 승리할 가능성은 분명히 있다. 그것은 양쪽에서 원하는 바가 정확하게 똑같지는 않기 때문이다. 또한, 바이어에 대해 많이 알수록 당신은 자신에게는 중요하지 않지만 바이어에게는 중요한 사안을 양보할 수 있다.

호혜 지향적 요인

상대가 호혜 지향적이라면 가장 좋은 상황으로서 누구라도 즐겁게 협상에 임할 수 있다. 바이어는 서로 만족할 만한 방법 찾기에 열심이고 그러기 위한 가장 좋은 방법에 대해서 당신과 차분하게 논의할 자세가 되어 있다. 이른바 상생의 해결책을 발견하기 위하여 신뢰 속에서 협상한다.

호혜 지향적으로 협상하는 사람은 창조적 해결책을 위해 마음을 활짝 열어 놓는다. 아직 생각해 보지 못한 더 좋은 방법이 어디엔가 틀림없이 있다고 생각하기 때문이다. 창조력은 열린 마음을 필요로 한다. 집을 사는 것과 같은 단순한 거래에서 구매자와 판매자가 호혜 지향적으로 제안할 수 있는 몇 가지 방법들을 생각해 보자.

1. 구매자가 제1채무를 떠안음으로써, 구매자의 금융비용을 줄일 수 있다. 또는 판매자가 투자 금액을 모두 회수하면서 제1채무에 대한 책임을 계속 질 수 있다.

2. 판매자가 이사 가거나 새 집을 마련할 때까지 구매자가 시간을 더 주어 판매자의 편의를 도모할 수 있다. 심지어 구매자에게 세를 들어서 살 수도 있다.

3. 가격에 비품의 일부, 또는 전부를 포함시킬 수 있다.

4. 판매자는 죽을 때까지 그 집에서 지낼 수 있는 평생 임차권을 보유할 수 있다. 돈이 필요하지만 이사 가고 싶지 않은 노인들에게는 정말 좋은 방법이다.

5. 중개료는 재조정될 수도 있고, 현금이 아닌 어음으로 지급하겠다고 중개업자에게 요청할 수 있다.

6. 구매자가 이사 오면서도 소득세와 관련하여 판매자에게 도움을 주기 위해 서류상의 계약 체결 날짜를 늦출 수 있다.

호혜 지향적으로 움직이는 사람과의 협상에서 아주 좋은 점은, 그들의 태도가 아주 유연하다는 것이다. 그들은 회사의 정책이나 전통에 얽매이지 않는다. 모든 것은 어느 순간에 이루어진 협상의 산물이기 때문에, 역시 모든 것은 협상 가능하다고 생각한다.

그들은 법이나 개인적인 원칙이 깨지는 것을 제쳐두고 상대방이 하는 제안에 귀를 기울인다. 상대방이 자기와 경쟁하고 있다고 보지 않기 때문이다.

완벽한 해결책 같지 않은가? 양쪽은 완벽하고 공정한 해결책을 찾기 위해서 협력한다. 그러나 조심해야 할 것이 하나 있다. 상대가 호혜 지향적인 태도를 갖고 있는 척하는 경우이다. 일단 당신이 카드를 탁자에 내놓고 무엇을 할 준비가 되어 있는지 털어놓기만 하면, 그들은 경쟁 지향적인 협상 태도로 안면을 바꿀 수도 있다. 따라서 믿어지지 않을 만큼 너무 좋게 나올 때에는 주의해야 한다.

사리사욕 지향적 요인

바이어의 주요 동인이 승리를 위한 승리도 아니고 완벽한 해결책의 추구도 아닌 경우가 있다. 협상에 임하는 주요 목적이 개인의 이익인 경우이다.

쉽게 떠올릴 수 있는 경우가 바로 사건보다는 수임료에 토대를 두고 일하는 변호사들이다. 변호사라면 사건 해결 시간이 길어질수록 돈을 많이 벌 것이다. 좀더 좋은 해결 방안이 있지만, 변호사 입장에서 그렇게 하는 것이 추가 수임료보다 이익이 적을 경우, 당신은 호혜 지향적인 자신의 태도와 사적 이익을 추구하는 변호사의 태도 사이에서 균형을 맞추어야 한다. 이런 경우에는 변호사의 사적 이익을 충족시켜 줄 수 있는 방법을 생각해야 한다. 변호사가 사건을 빨리 종결시킬 수 있다면, 앞으로의 손익을 따졌을 때 그것이 더 이익일 수 있기 때문이다.

변호사가 까다롭게 나온다면 경쟁 지향적인 태도로 방향을 바꿀 수도 있다. 당신이 생각하는 합리적 절충안에 변호사가 동의하기를 주저하면, 해결책을 그 변호사의 고객인 상대방에게 직접 제의하겠다고 으박지르는 것이다. 물론 변호사가 호락호락하지는 않겠지만, 자기 고객이 당신의 제안을 받아들일 수 있다고 생각되면, 변호사가 당신의 해결책을 받아들일 수도 있다.

사리사욕 추구의 또 다른 예는 조합원들에게 잘 보이고 싶은 노조 협상가이다. 그런 경우에는 최초 요구를 과도하게 설정하는 것이 조합원들과 협상가 모두에게 이익이 될 수 있다. 그러면 노조 협상가는 조합원들에게 돌아와서 말할 여지가 있다. "그래서 저는 여러분의 요구를 모두 관철시키지 못했습니다만, 그들의 최초 요구를 들어보십시오. 저는 여러분을 위해 그들의 요구를 완전히 물리쳤습니다." 당신이 최초 요구를 좀더 합리적이고 온건하게 정했다면 그가 조합원들을 설득시키기 어려웠을 것이다. 조합원들은 조합이 적극적으로 싸우지 않는다고 생각하기 때문이다.

또 하나 사적 동인의 예는 회사에 잘 보이고 싶은 젊은 바이어이다. 그는 꽤 많은 회사 돈과 시간을 들여서 당신의 조립 공장을 직접 보고 계약하겠다고 생각할 수 있다. 그러면 그는 무슨 일이 있어도 계약을 하지 못하고 빈손으로 돌아가는 일은 없어야 한다. 당신이 경쟁 지향적인 사람이라면, 그때의 최고 전략은 그에게 마감 시간이 있다는 것을 확인하고 마지막 순간까지 협상을 질질 끄는 것이다.

그가 빈손으로 돌아가기보다 어떤 형태로든 계약하는 것이 좋다고 생각된다면 당신은 공항으로 가는 리무진 안에서 극적인 해결에 이를 수도 있다.

조직 지향적 요인

정말로 훌륭한 호혜 지향적인 사람 같지만 조금 차이가 있는 바이어도 있다. 그는 가장 좋은 해결책 찾기를 진심으로 원하는데 문제는 자기 조직을 설득할 수 있는 해결책이어야 하는 것이다. 그 때문에 그는 조직 지향적인 사람이다. 그런데 완벽한 해결책을 발견하더라도 그것으로 자기 회사 사람들을 설득할 수 있을까?

이런 경우는 의회에서 가장 쉽게 볼 수 있다. 의원은 합리적인 타협안이라고 생각하지만, 찬성하면 지역구 유권자들에게 시달린다. 그 때문에 표결이 임박하면 의원들이 전전긍긍한다. 양원에서, 유권자들의 지지를 받는 의원은 자기 의견을 빨리 밝힌다. 지역구에서 크게 지지받지 못하는 의원은 자기 당을 지지하고 싶지만 선뜻 당론에 따르지 못한다. 그래서 정당 지도부에서는 표결에서 이기는 데 필요한 사람이 얼마나 되는지 알아 보고 인원수를 헤아린다. 그런 다음에 법안에 찬성표를 던졌을 때 가장 많이 타격받을 만한 사람에게는 투표하지 말라고 한다. 타격을 가장 덜 받을 사람들은, 내 눈에 늘 그렇게 비치듯이, 도살장에 끌려가는 소처럼 이끌려서 법안에 투표한다.

조직의 눈치를 살펴야 하는 바이어와 협상할 때, 바이어는 자신의 문제를 당신에게 펼쳐 놓기를 꺼린다. 그리면 마치 시로 짜는 것처럼 보이지 않을까 걱정하기 때문이다. 따라서 당신은 '이 문제를 놓고 이 바이어가 눈치를 봐야 하는 사람이 누구인가?' 생각하는 것이 필요하다. 그에게 최고의 해결책을 마련하라고 압박하는 것은 주주일까, 해당 부서일까, 아니면 정부의 규제일까? 바이어의 문제를 이해한다면, 당신은 그 조직의 입맛에 좀더 맞추어 해결책을 마련할 수 있을 것이다. 예를 들어 당신은 바이어 회사의 다른 사람들을 만났을 때에는 실제 협상 테이블에서 하는 것보다 훨씬 더 과격한 입장을 취할 수 있을 것이다. 이런 식으로 하면 당신이 내놓은 타협안이 꽤나 양보한 것처럼 보일 수 있다.

어떤 회사에서 노조가 파업하고 있을 때 나에게 도움을 요청한 적이 있다. 노조 대표자는 이미 합의한 방안이 합리적이라고 생각하고 있었지만, 그 이상을 요구하는 노조원들을 설득할 수 없었다. 우리는 지역 신문에 그 회사 사장의 인터뷰 기사가 나도록 손을 썼다. 인터뷰에서 사장은 어려움에 갇혀서 매우 낙담하고 있다고 진지하게 말했다. 노조는 노조원들에게 회사의 계획을 설득할 수 없고 사장은 이사회와 주주들에게 더 이상 좋은 방안을 낼 수 없었다. 파업 때문에 어쩔 수 없이 그 공장에서 더 이상 제품을 생산하지 못하고 생산 기지를 멕시코에 있는 조립 공장으로 옮겨야 할 것 같다는 이야기도 비쳤다. 다음날 노동자의 부인들이 신문을 펼쳤을 때, 굵게 뽑힌 제목이 눈에 확 들어왔다. '공장 폐쇄 — 생산은 남쪽에서.' 그날 오후 부인들이 얼마나 볶아댔는지 노동자들은 조금 전까지 반대했던 합의안을 받아들이라고 아우성을 쳤다.

조직 지향적인 바이어와 거래한다면 당신은, 바이어가 자기 조직을 쉽게 설득할 수 있는 방법을 찾게 해 주어야 한다.

교감 지향적 요인

교감 지향적인 협상가는 양쪽이 서로를 충분히 이해한다면 입장 차이를 극복할 수 있다고 굳게 믿는다. 교감 지향적인 사람은 절대로 전화나 중개인을 통해 문제를 해결하려고 하지 않는다. 이런 사람은 다른 사람과 얼굴을 맞대고 이야기하기를 좋아한다. "우리가 서로를 충분히 이해하면 틀림없이 해결책을 찾을 수 있다"고 믿기 때문에 얼굴을 맞대 보아야 상대가 어떤 사람인지 알 수 있는 것이다.

미국의 전직 대통령 지미 카터는 전형적인 교감 지향적인 협상가였다. 그는 북한이 핵무기 개발 계획을 포기하지 않겠다고 할 때 직접 북한과 접촉을 시작했다. 또한 전쟁 직전에 아이티의 장군 세드라스를 만났고 클린턴에게 세드라스를 설득할 수 있도록 시간을 조금만 더 달라고 간청했다. 그는 끝내 문제를 해결하고 나서, 피에 굶주린 그 독재자를 조지아주 플레인스에 있는 자기 교회로 초청했다. 일요학교에서 아이들을 가르쳐 달라는 것이었다!

이런 협상 태도가 갖고 있는 문제점은 바이어의 구미에 맞는 방향으로 진행되기가 쉽다는 것이다. 교감 지향적인 협상가는 바이어에게서 좋은 점을 찾으려고 하기 때문에 쉽게 속을 수 있다. 교감 지향적 협상의 고전적인 예로는 체임벌린 영국 수상이 아돌프 히틀러와 전쟁을 피하기 위해서 끝까지 노력했던 일을 들 수 있다. 체임벌린은 의기양양하게 영국으로 돌아와서 체코슬로바키아 일부만 포기하고 전쟁을 막았다고 선언했다. 아돌프 히틀러는 이미 체임벌린이 봉이라는 것을 알고 있었다. 얼마 지나지 않아 히틀러의 야욕은 전 세계에 알려졌다.

바이어와 당신 사이에 형성된 호감은 틀림없이 거래에 도움이 된다. 그런 호감 없이는 서로 만족하는 해결책을 발견하기 어렵기 때문이다. 문제는 그것이 양방향이어야 한다는 것이다. 당신이 바이어의 호감을 얻기 위해 노력할 때 바이어도 그만큼 노력해야 한다. 쌍방이 꽤 호감을 갖고 있다면 바이어가 당신에게 기꺼이 양보할 마음이 있는 만큼 당신도 그에게 기꺼이 양보할 마음이 있을 것이다. 그러나 바이어의 호감을 사는 일보다 훨씬 더 중요한 것이 있다. 양쪽에게 가장 이익이 되는 해결책을 만들어내는 일이다. 그렇게 되면 양자가 구매를 위해 노력하고 그것을 실현시킴으로써 서로 이익을 얻는다.

다음 장에서는 바이어가 구사하는 요주의 전략을 알아 본다. 바이어는 그런 전략으로 당신이 제 힘을 발휘하지 못하게 한다. 바이어를 아주 잘 알아서 그 속셈을 즉석에서 알아채지 않는 한, 당신은 양보가 주문받을 수 있는 유일한 방법이라고 생각하고 불필요한 양보까지 할 수 있다.

30 미심쩍은 상대는 이렇게 대처하라

세일즈맨들은 바이어에게 비상식적인 양보를 하며 계약을 맺은 뒤, 그것을 이해하지 못하는 상급자에게 설명해야 하는 딱한 경우를 많이 겪는다. 세일즈맨은 주문받기 위해서는 양보가 유일한 방법이라는 생각을 쉽게 버리지 못한다. 하지만 잘 살펴보면 바이어의 전략에 넘어간 것이다. 이 장에서 다룰 내용이 요주의 전략이다.

미끼 전략

미끼 전략이란 바이어가 당신의 관심을 협상 현안으로부터 다른 곳으로 돌리는 수법이다.

당신이 휴스턴에 있는 커다란 불도저 생산 업체에 맞춤 기어를 팔고 있다고 하자. 당신은 지난 2년 동안 이 회사를 방문하면서 파고들어갈 구멍을 찾고 있으나 이 회사는 도무지 기존 거래처를 바꿀 생각을 하지 않고 있다. 그런데 오늘은 그동안의 노력이 빛을 발하는 날이 될 것 같다. 바이어가 당신을 부른 것이다. 가서 보니 90일 뒤 납품하는 조건으로 대규모 주문을 제의해 왔다. 그런데 당신이나 상대방이나 모두 맞춤 기이를 디자인하고, 설계하고, 생산하는 데 일반적으로 120일이 걸린다는 것을 알고 있다. 주문은 기쁘지만 90일 후 납품은 사실상 불가능하다.

공장에 확인해 보니 90일은커녕 120일도 빠듯하며 재활용이 불가능한 1회 설치비용 2만 2,000달러가 추가된다고 한다. 생산 일정을 단축할 수 없냐고 아무리 얘기해도 요지부동이다. 분명히 120일이 걸리며, 주문을 못 받는 한이 있더라도 단 하루도 단축하기 어렵다는 것이다.

당신은 바이어에게 돌아와서 회사의 입장을 전달한다. 기어 대금 23만 달러에 재활용이 불가능한 1회 설치비용 2만 2,000달러가 추가되며 120일 후에 톨레도에 있는 자사 공장에서 인도한다는 조건이다.

바이어는 자기 회사도 부에노스아이레스 건설 현장에 보내야 하기 때문에 반드시 90일 이내에 배달되어야 한다며 한 발도 물러서지 않는다. 두 사람은 문제 해결을 위해 필사적으로 노력했으나 제시된 어떤 방법도 도움이 되지 않는다. 협상은 교착 상태에 빠진 듯했다.

마침내 바이어가 말한다. "뭔가 방법이 있을 것입니다. 제가 우리 물류 담당 직원들에게 확인해 보겠습니다. 곧 돌아오겠습니다." 바이어가 15분 동안 자리를 비웠다. 당신은 이 건을 성사시켰을 때 받을 수 있는 수수료가 눈앞까지 왔다가 사라지는 것 같은 낭패감을 느끼며 마음이 심란해진다. 바이어가 돌아올 즈음에 심란한 마음은 이미 극에 달해 있다.

바이어는 걱정스런 표정으로 쳐다보며 말한다. "내가 생각하는 방법이 한 가지 있기는 한데, 그게 성공하려면 당신의 도움이 있어야 합니다. 물류 부서 직원의 말에 의하면 우리가 아르헨티나까지 항공 화물로 기어를 보낼 수 있지만 거기에서 몇몇 세관 직원들에게 뇌물을 주어야 할 것 같습니다. 이렇게 하려면 설치비용을 빼 주시고, 당신네가 운임을 부담하여 항공 화물로 휴스턴에 있는 우리 회사로 보내 주실 필요가 있습니다."

당신이 매우 주의하지 않는다면, 문제 해결 방법을 찾았다는 기쁨에 마음이 풀어져서 2만 2,000달러의 설치비용을 양보하고 6,000달러의 항공 운임을 부담하는 데 동의할 것이다. 그리고 몇 달쯤 지나서 바이어가 당신에게 미끼 수법을 썼다는 것을 알아차리게 될 것이다. 6개월 뒤에 당신은 달라스에 있는 호텔 커피숍에 앉아서 그 불도저 회사에 금속 박판을 팔고 있는 친구와 이야기를 나눈다. 친구가 그 회사에 어떻게 파고들어갔는지 묻고 당신은 그 이야기를 들려 준다. 친구가 말한다. "나는 그 사람이 자네한테 말한 것을 믿지 않아. 전혀 곧이들리지 않거든. 그들은 업계에서 가장 잘 조직된 생산 공장을 갖고 있어. 늘 6개월 뒤까지 계산하면서 일을 한단 말이야. 그들이 겨우 90일 뒤에 쓸 맞춤 기어를 주문할 리가 없어." 그제야 당신은 선적 날짜 문제가 허깨비였음을 깨닫는다. 그들은 120일 뒤에 물건을 받아도 되었다. 선적 날짜는 미끼였다. 바이어는 단순히 선적 날짜를 빠르게 하는 문제를 만들어서 그것을 늦추는 대신에 설계비와 운임을 떼어버리는 실속을 차릴 수 있었다.

붉은 청어 전략

이것은 미끼 전략을 한 번 비튼 방법이다. 미끼 전략에서 바이어는 실질 사안에 대한 양보를 이끌어내기 위하여 허위 사안을 만들어낸다. 붉은 청어 수법은 상대방의 주의력을 약화시켜 실질 사안에 대한 양보를 이끌어낼 속셈으로 사소한 주변 문제를 건드리는 수법이다. 붉은 청어 수법으로 당신의 주의가 흩뜨려지면, 당신은 그 사소한 문제가 바이어의 주된 관심사라고 착각한다. 물론 바이어의 주된 관심사는 다른 곳에 있다.

붉은 청어는 영국의 여우 사냥에서 쓰이는 용어이다. 여우 사냥을 막는 데 중점을 두었던 동물 보호 운동가들은 저려 말린 청어(색깔이 붉다)를 사냥 길목으로 끌고 다니면 여우 냄새가 감추어져서 사냥개들이 갈팡질팡한다는 것을 알았다. 그렇게 되면 우두머리 사냥꾼이 외친다. "그 빌어먹을 놈들이 붉은 청어로 사냥개들을 못 쓰게 만들어 놨어." 이 말이 일반화되어, 반대편의 주의를 돌려 헷갈리게 만든다는 뜻으로 쓰이게 되었다. 미국 대통령 해리 트루먼이 행정부에 공산주의자들이 침투했다는 의회의 거센 비난에 직면했을 때 다음과 같은 말로 응수했다. "그것은 80대 의회가 저지른 죄악으로부터 유권자들의 마음을 돌리려는 붉은 청어에 불과하다."

바이어가, 뒤에 얼마든지 양보할 수 있는 붉은 청어 식의 사안을 만들어 낼 때, 당신은 눈을 부릅뜨고 협상의 줄거리를 놓치지 말아야 하며 그 허깨비 사안을 어처구니없는 양보와 연결시키지 말아야 한다. 예를 들어 바이어가 최근 납품과 관련된 극히 사소한 문제를 엄청나게 부풀려서 큰 문제처럼 만든다. 그 문제에 대해서는 이미 '참을 만한 수준이니 더 이상 거론하지 않기로' 했다. 그런데 이제 와서 그 문제가 심각해서 물품 전체를 반품하겠다는 듯한 태도를 보인다. 게다가 당시 당신의 경쟁 업체가 거래를 트기 위해 값을 얼마든지 깎아 준다고 했는데 그쪽과 거래했더라면 이런 문제가 일어나지 않았을 것이라며 한숨까지 내쉰다. 당신은 그의 협박에 잔뜩 주눅이 들어 제품을 납품받아야 할 뿐만 아니라 거래까지 끊기는 게 아닌가 두려워지기 시작한다. 그때 바이어가 이번 일은 눈감아 줄 테니 대신 가격을 양보해 달라고 한다. 당신은 그가 만들어낸 허깨비와 금쪽같은 알맹이를 바꿀 위험에 처하게 된 것이다.

또 다른 붉은 청어의 예는 극단적으로 결제를 늦추는 일이다. 당신은 돈을 받아오라는 지시를 받고 바이어를 찾아갔다. 그런데 바이어는 당신을 보자마자 최근에 당신이 납품을 너무 늦게 해서 야간작업 전체를 취소해야 했다면서 고래고래 소리부터 지르기 시작한다. 당신은 어안이 벙벙하다. 한 번도 그런 얘기를 들어보지 못했기 때문이다. 이것은 대금 지불이라는 실제 사안으로부터 당신의 신경을 돌리기 위한 붉은 청어에 불과하다.

낟알 줍기 전략

자신이 구사할 수 있는 수단들을 잘 알고 있지 않으면 당신은 이런 전략을 쓰는 바이어에게 호되게 당할 수 있다. 당신이 인쇄

소의 영업 직원이라고 하자. 지금 조그만 전기 기구 제조업체에 입찰을 하고 있다. 일거리는 선적 포장 판지, 제품 포장 판지, 사용 설명서, 기능 설명 쪽지, 기능 설명 스티커, 상점 진열에 쓰이는 각종 인쇄물 등이다. 당신은 일괄 도급으로 입찰했으며 주문받을 수 있는지 알아보기 위하여 회사와 계속 접촉을 하고 있다.

바이어는 당신과 거래하고 싶다고 말한다. 세 군데에서 입찰을 받았는데 가격 측면에서는 당신이 가장 높은 점수를 받았다는 것이다. 그런데 그 가격이 어떻게 나왔는지 모르겠으니 항목별로 분류한 입찰서를 다시 제출해 주면 당신의 제안을 좀더 잘 평가할 수 있겠다고 말한다. 만약 그가 이런 식으로 세 사람 모두에게 말했다면 그는 제안서에서 품목별로 세 가지 가격을 알게 된다. 따라서 그는 일거리를 분류하여 품목별로 가장 낮은 가격 입찰자에게 그 품목을 주문할 수 있다. 여기에서 윤리적 문제 삼을 일이 있는가? 당신으로서는 일어나지 않으면 좋을 일이지만 윤리적으로 문제될 만한 일은 아무것도 없다. 비도덕적인 것은 낟알 줍기이다. 이 수법은 각 품목당 가장 낮은 가격을 다른 두 입찰자에게 이야기하여 그들도 최저 가격에 맞추도록 유도하는 것이다. 바이어는 당연히 낟알 줍기를 선호하지만 세일즈맨은 싫어한다. 바이어는 품목별 계약을 추구해야 하지만 세일즈맨은 피해야 한다.

낟알 줍기는 문제를 일으킬 소지가 있기 때문에 잘 아는 사람보다는 상대적으로 낯선 사람에게 쓰는 경향이 있다. 따라서 바이어와 인간적인 관계를 맺음으로써 이 기법의 사용을 사전에 차단할 수 있다.

다른 모든 전략의 경우와 마찬가지로, 무턱대고 양보하기 전에는 상대방이 당신 외에 어떤 대안을 갖고 있는지 생각해 보라. 상대방의 대안이 적을수록 당신의 힘은 커진다. 당신이 가격 조정을 거부하면 바이어는 좀더 비싼 다른 공급업체와 거래를 하거나 품목별로 나누어 여러 업체와 거래해야 한다. 여러 업체와 거래한다는 것은 바이어가 모든 잡일을 맡아서 해야 하며 각각의 하청 업체와 개별적으로 계약해야 한다는 것을 뜻한다. 그러려면 해당 분야의 전문 지식이 있어야 하고 절감 가치가 없는 수많은 과외 일을 직접 감당해야 하며 압박감도 적지 않을 것이다. 또한 바이어가 한 업체에게 일괄적으로 맡기면, 그 일을 여러 공급자들에게 나누었을 때보다 훨씬 더 많은 안전판을 갖게 된다.

바이어가 여러 공급자들과 거래할 때 불리한 점을 요약해 보자. 그러면 바이어가 날알 줍기를 시도할 때 당당하게 대처할 수 있을 것이다.

1. 여러 공급자들과의 거래는 무척 혼란스럽다.

2. 제품 출하를 위해 하나의 완제품을 만들 때, 바이어는 그 과정을 한 공급자에게 통째로 맡기지 못하고 하나하나 따로 맡겨야 한다.

3. 전체적인 제품 주문을 오직 한 공급자에게 맡김으로써, 그는 그 공급자에게 영향력을 증진시킬 수 있다.

4. 가장 중요한 문제는 바이어가 한 공급자에게 전체 인쇄 과정을 책임지게 할 수 없다는 점이다.

낟알 줍기 수법을 쓰는 바이어가 초보 세일즈맨을 다루기는 식은 죽 먹기이며, 당신은 바이어의 입장이 되어 보기 전에는 자신이 얼마나 큰 힘을 갖고 있는지 모를 것이다. 바이어가 당신에게 "당신이 제시한 가격 중에 사용 설명서 제작비가 너무 높습니다. 당신의 경쟁자들이 제시한 수준에 맞춰 주시오. 그럼 당신에게 맡기겠소"라고 말한다면 어떻게 할 것인가? 이렇게 대답하면 된다. "어떤 품목이든 제가 입찰 가격을 낮출 수는 없습니다. 그러면 사용 설명서는 빼서 다른 사람에게 맡기십시오." 그러면 바이어가 대답할 것이다. "그렇게 하고 싶지는 않아요. 여러 사람에게 맡기는 것은 너무 번거롭소. 나는 모든 품목을 한 공급자에게 일괄적으로 맡기고 싶소." 이제 당신이 얼마나 큰 힘을 갖고 있는지 알겠는가?

덮어씌우기 전략

덮어씌우기 전략은 자기에게 유리한 조건을 일방적으로 정해서 상대에게 전달한 후 방심을 노리는 수법이다. 이를테면 바이어가 결제 대금을 2.5퍼센트 공제한 후에 지불 수표를 보내왔다. 첨부 서류에는 "저희 회사에 납품하는 모든 업체들은 15일 이내에 지급받을 경우 결제 금액을 할인해 줍니다. 우리는 귀사도 그렇게 해 줄 것이라고 생각합니다."

이번에는 세일즈맨이 물건을 사기로 한 사람에게 써 보낸다. "당신이 선택 사양을 말씀해 주시지 않았기 때문에, 10일 이내에 말씀해 주시지 않으면 최고급 모델을 보내 드리겠습니다."

덮어씌우기 전략은 바쁘거나 게으른 사람을 대상으로 한다. 그런 사람들은 즉각 조치하기보다는 안이하게 넘길 가능성이 있고 그러면 쉽게 목적이 달성된다. 그런 메시지를 받고 적절하게 조치를 취하지 않고 있다가 날벼락을 맞은 상대방이 이의를 제기하면, "전에 아무런 말씀도 안 하셨지 않습니까?"라는 소리가 당장 날아온다.

모든 요주의 전략의 경우와 마찬가지로, 판매자에게 전화하여 서로간의 신뢰 관계 정립이 더 중요하지 않겠냐고 점잖게 설명하라.

뒤통수치기 전략

또 다른 의심스러운 전략은 뒤통수치기이다. 일단 거래를 확정한 뒤에 가격을 올리거나 조건 등을 변화시키는 것이다. 나는 전에 부동산 독점 판매권을 대기업에 팔아서 큰 부자가 된 사람과 알고 지낸 적이 있다. 그가 그 사업에 참여한 때는 부동산 독점 판매권 사업이 등장한 초기였다. 회사 설립자가 자기 사업 개념을 믿어 주는 사람들을 찾아 회원으로 등록시키기 위해 전국을 뒤지고 다닐 때 그는 한 지역의 땅 매입자였다. 몇 년 뒤에 거대한 뉴욕 법인이 본사 독점 판매권을 사들였으며 이어서 지역 독점권을 되사들이기 시작했다. 나의 파워 협상의 비법 세미나에 참석한 뒤에 그는 술 한잔하자며 나를 불러 세웠다. "로저 씨, 협상할 때 당신에게 말하는 목소리를 들어본 적이 있습니까?" 나는 그런 경험이 있었다고 하더라도 순순히 인정하기 싫어서 무슨 말씀을 하는지 모르겠다고 되물었다. 그는 자기가 새 법인에 지역 판매 독점권을 거액에 팔아넘기기로 동의한 다음에 다른 생각이 들었다는 것이다. 자신의 독점권이 그 회사가 되사들인 첫 번째 독점권이었기 때문에 회사에서는 그를 뉴욕까지 비행기로 데려와서 조인식을 거행하고 이어서 기자회견을 열어 모든 독점권을 되사들이겠다고 회사 계획을 발표할 예정이었다고 한다. 이어서 그가 말했다. "조인식 전날 밤 나는 잠이 오지 않아 뒤척이고 있었어요. 나는 침대에 누워서 내가 지금 잘 하고 있는지 모르겠다는 생각을 하고 있었지요. 그때 문득 나에게 말하는 목소리를 들었습니다."

"그것이 뭐라고 하던가요?" 나는 기상천외한 우스갯소리가 나올 것이라고 예상하면서 물었다.

"그 목소리가 말하더군요. '조이, 너는 아직 충분한 돈을 받지 못했어.' 그래서 다음날 아침에 나는 아래로 내려가서 50만 달러를 더 내라고 요구했고 결국 받아냈습니다."

조이의 이야기는 뒤통수치기의 고전적인 예이다. 양측에서 이미 합의한 뒤에 추가 요구를 하는 것이다. 물론 이것은 어처구니없고 비도덕적인 행위이다. 그러나 조이가 자기 행동에 책임지기보다는 더 요구하라는 목소리를 들었다고 생각하는 것처럼, 그렇게 하는 사람들은 온갖 수단과 방법으로 최고의 거래에서 더 깎으면서도 아무런 가책을 느끼지 않는다. 그렇다면 그런 터무니없는 행위를 그대로 눈감아 주는 까닭은 무엇인가? 흔히 상대편은 그 법인이 50만 달러를 더 준 것과 마찬가지로 아주 쉽게 자존심을 삼키며 양보한다. 위의 경우에는 기자회견을 취소하여 망신당하느니 차라리 돈을 더 주었다. 다른 경우에는 거래를 물리기에는 이미 구입 쪽으로 마음이 많이 기울어져 있는 것이다.

대규모 사업의 역사는 거래 이외에 좀더 강탈한 사람들의 이야기로 얼룩져 있다. 그들이 그렇게 할 수 있었던 까닭은 단지 하나, 그럴 수단이 있었다는 것뿐이었다. 솔직히 말해서 나는 뒤통수치기에 대한 대응 방법을 생각하면서 여러 가지 감정에 휩싸인다. 마음 같아서는 그런 사람에게는 정면으로 대응하여 원칙에 따라 그깟 거래는 때려치우라고 이야기하고 싶다. 그러나 한편으로 협상에서는 감정을 배제하는 것이 옳다고 믿는다. 만약 그 뉴욕 법인이 50만 달러를 더 지급하고도 수지가 맞는다면, 자존심을 꺾고 돈을 지불한 것이 옳았다. 다만 그 사람과 계속 거래해야 한다는 전제가 깔린다면 다시 생각해 보아야 할 것이다. 그것은 지불하기에는 너무 높은 가격일 것이다.

다행스럽게도, 대규모 사업의 역사는 어떤 가격으로도 자기의 명예를 팔지 않은 사람들의 이야기로 채워져 있기도 하다. 어느 날 아침, 어떤 사람이 올란도에 있는 소 방목장을 팔기로 합의하고 악수를 나누었다. 그날 이후, 지역 신문에 월트 디즈니 회사가 월트 디즈니월드를 짓기 위해 비밀리에 땅을 매입하고 있다는 소식이 실렸다. 그 목장주가 판매를 취소하면 수백만 달러나 더 벌 수 있었다. 그러나 명예를 소중히 여기는 그는 그렇게 하지 않았다.

헨리 홀리스가 시카고에 있는 팔머하우스 호텔을 콘라드 힐튼에게 팔 때, 그는 힐튼이 처음 제시한 1,938만 5,000달러에 흔쾌히 악수를 나누었다. 일주일도 지나지 않아서 그는 누군가에게 100만 달러를 더 얹어 주겠다는 제의를 받았다. 그러나 그는 애초의 약속을 지켰다. 힐튼은 자서전에서 그에 대한 감상을 이렇게 밝혔다. "나는 일생 동안 아주 많은 사람과 거래를 했다. 나는 이 완벽한 신사와 한 거래보다 더 위대한 경험을 해 본 적이 있다고 생각하지 않는다. 나는 위대한 미국의 사업 전통에서 하나의 대가를 보고 있다는 생각을 지울 수 없었다."

역정보 전략

당신이 마주칠 수 있는 또 다른 요주의 전략은 역정보 전략이다. 그것은 '사람들이 은밀히 얻은 정보를 잘 믿는다'는 사실을 이용한다. 나는 언젠가 초청 연설을 마치고 돌아오는 비행기 안에서 옆 좌석에 앉은 사람과 대통령 기자 회견에 대해 이야기를 나눈 적이 있다. 그가 말했다. "나는 대통령이 진실을 말하고 있다고 믿지 않습니다. 백악관에서 일하는 사람을 알고 있는 사람을 만난 적이 있는데, 그 사람 말이 대통령은 그 일에 대해서 처음부터 끝까지 자세히 알고 있지 않다는 것입니다. 그는 무엇인가 감추고 있습니다." 나는 그때 나 자신에 대해서 굉장히 놀랐다. 미국 대통령이 기자회견에서 한 말을 이미 들었는데, 그것보다도 이 낯선 사람의 얘기를 더 믿었던 것이다! 이유가 무엇일까? 나는 늘 은밀하게 얻은 정보를 믿는 경향이 있었다.

역정보는 아주 놀라운 위력을 발휘한다. 세일즈맨이 어떤 회사의 이사회에서 아주 인상적으로 상품 설명을 하고 있다고 하자. 차트도 활용했고 영상 음향 자료도 보여 주었다. 그 세일즈맨은 자기 회사 제품이 시장에서 가장 뛰어나기 때문에 자기 제품을 선택해야 한다고 정열적으로 호소했다. 그는 어떤 경쟁 상대도 자기 제품의 가격을 깎지 못할 것이며 82만 달러에 계약할 수 있다고 확신하고 있다. 그러다가 문득 이사 가운데 한 명이 쪽지를 다른 이사에게 돌리는 것을 보았다. 쪽지를 본 또 다른 이사는 고개를 끄덕이고 그것을 자기 앞에 놓았다. 세일즈맨은 갑자기 궁금해서 견딜 수 없었다. 쪽지에 무엇이 씌어 있는지 보고 싶어 미칠 지경이었다. 그는 제품 설명을 마치고 탁자로 바싹 다가가서 허리를 쭉 빼어 몸을 굽히면서 이사들에게 물었다. "이사님들, 질문 있으십니까?" 그러면서 그는 재빨리 눈을 돌려 쪽지를 보았다. 비록 거꾸로 읽어야 했으나 내용은 분명히 알 수 있었다. "유니버셜은 76만 2,000달러를 제시했습니다. 그들과 얘기해 봅시다."

이사회 의장은 말한다. "한 가지 질문이 있습니다. 가격이 좀 높군요. 우리는 요구 조건을 충족시키면서 가장 낮은 가격을 제시하는 곳과 거래할 수밖에 없습니다. 82만 달러가 당신이 제시할 수 있는 최저 가격입니까?" 몇 분 생각 끝에 영업자는 가격을 5만 8,000달러 낮추었다.

그 쪽지가 진짜였을까, 아니면 역정보였을까? 비록 그것이 종이에 끼적거린 낙서에 불과하더라도, 그 세일즈맨은 그 내용이 사실이라고 믿는다. 그 정보를 은밀하게 얻었기 때문이다. 그들이 역정보를 흘린 것이라고 해도, 그 세일즈맨이 나중에 반칙이니까 다시 해야 한다고 주장할 수 있을까? 아니다. 그들은 경쟁 업체에서 76만 2,000달러에 입찰했다고 말한 적이 없기 때문이다. 그는 정보를 은밀하게 얻었고 그 정보에 대한 판단에 책임을 져야 한다.

역정보에 대해 아는 것만으로도 이런 전술을 흩뜨리는 데 도움이 된다. 상대방이 오직 당신에게 주기 위해 선택한 정보에 바탕을 두고 협상할 때에는 언제나 그들의 책략에 놀아나기가 아주 쉽다. 당신이 발견할 수 있도록 상대로부터 정보가 흘러나올 때에는 한층 더 긴장의 끈을 당겨야 한다.

지금까지 흔히 부딪칠 수 있는 요주의 전략 몇 가지에 대해서 알아 보았다. 내가 이런 것을 알려주는 유일한 이유는 당신의 방어 능력 향상임을 명심하라. 늘 그렇듯이 가장 좋은 사업 전략은 전반적으로 정직하고 공명정대하게 나아가는 것이다. 그것은 올바를 뿐만 아니라 훌륭한 방법이다.

31
주의를 요하는 외국인과의 협상

파워 협상 비법 세미나에서 나는 흔히 외국과의 협상과 관련된 질문을 몇 가지 받는다. 해외의 외국인이나 미국에 살지만 외국계인 사람과 거래하면서 누구나 답답한 심정을 느꼈을 것이다.

나는 비록 영국에서 이민 와서 미국에서 30년 이상 살았고 시민권을 취득한 지 20년이 넘었지만, 외국인과 거래하면서 겪는 어려움을 이야기할 수는 있다. 나는 이곳으로 와서 미국식 생활 방식에 적응하면서 100개 국 이상을 여행했다.

외국인은 우리를 오해하기 쉽다. 나의 출생 및 성장 배경 때문에 나는 지구상의 다른 나라와 미국이 얼마나 다른지, 그리고 미국 사람들이 다른 나라 사람들과 얼마나 믿지 못할 정도로 다른지 알고 있다. 외국인들은 미국 영화나 텔레비전 쇼를 보고 미국인들을 안다고 생각한다. 그러나 영화나 텔레비전이 미국인의 가슴과 마음속을 늘 보여 주지는 않으며 미국인의 사업 접근 방식을 결정하지도 않는다.

반대로 미국인은 외국인을 보면서 그들을 이해한다고 생각하기 쉽다. 사실 외국인이 서구식 정장을 입고 영어로 말할 수도 있다.

그러나 그렇다고 해서 그들의 전통적 가치관과 사고방식까지 바뀌었다고 할 수는 없다. 그들이 미국 음악과 미국 영화를 더 좋아할 수도 있다. 그러나 생활 방식에 대한 그들의 신념과 전통에 부여하는 가치는 여전히 강하다.

나는 사업에 대한 우리의 접근 방식이 겉으로는 비슷해 보이지만 한 꺼풀만 벗겨도 엄청난 차이가 존재한다고 생각한다. 따라서 약간 시간을 갖고 외국인과의 협상에서 나타나는 불가사의를 풀어보고자 한다.

뉴욕의 부동산 투자가 도널드 트럼프는 그의 베스트셀러 『거래의 기술(*The Art of the Deal*)』에서 기억에 남는 부동산 협상에 대해 자세하게 서술했다. 그는 이 책에서 대부분의 미국인들이 거래하면서 가장 신경 쓰는 것이 무엇인지 조명했다. 그것은 거래의 성사이다. 미국인은 거래에서 시작해서 거래로 끝난다고 할 만큼 거래 속에서 생활한다.

사회학자라면 이것이 미국은 매우 활동적이고 다양한 사회여서 미국인들이 뿌리 의식을 거의 갖고 있지 않기 때문이라고 말할 것이다. 사람이나 일이 진행되는 방식을 믿기보다는, 세계의 어느 사회나 비슷하듯이, 우리는 깨지지 않는 거래를 창조하는 데 모든 믿음을 둔다. "그것이 법정에서도 유효합니까?" 우리는 마치 법정에서 거래를 방어해야 할 가능성을 고려하지 않는 사람은 천치라는 듯이 법정에서의 유효성을 요구한다.

대부분의 외국인들은 거래에 대한 우리의 방어적 자세를 완벽하게 거부한다. 그들이 어쨌든 계약서에 서명하더라도, 그것은 특정 날짜에 쌍방에 존재했던 상호 이해의 표현에 불과하다. 이제 쌍방에 존재하는 관계를 공식적으로 표현한 것이다. 다른 모든 관계에서와 마찬가지로, 거래도 변화하는 조건에 맞추어서 형성되어야 한다.

한국의 계약 문화를 처음 접해본 미국인은 대부분 깜짝 놀란다. 한국에서는 계약하고 6개월이 지나면 그 계약이 아무런 의미가 없어진다. "그렇지만 우리는 계약서에 서명하지 않았소?" 미국인이 울부짖듯 말한다. 그러면 상대 한국인은 끈질기게 설명한다. "계약한 것은 사실이오. 우리는 6개월 전의 조건에 근거하여 계약서에 서명했소. 그 조건이 지금은 더 이상 존재하지 않소. 따라서 우리가 서명했던 그 계약은 이제 의미가 없어진 거요."

"말도 안 돼!" 미국인이 소리친다. "당신은 나를 속이고 있어." 천만의 말씀이다. 우리에게는 남부끄럽게 보이는 행위가 그들에게는 전혀 그렇지 않은데, 우리는 우리 식대로 해석한다. 그들은 그들 방식대로 일을 처리할 뿐이다.

중동 지역 출신 사람들에게 물건을 파는 미국인들은 처음에 무척 기뻐한다. 계약서 서명에 거의 어려움을 겪지 않기 때문이다. 그러나 아랍 세계에서는 계약서 서명이 협상의 끝이 아니라 시작 선언임을 알고 기겁한다. 아랍 세계에서는 계약이 미국에서 사용하는 계약의 뜻보다도 의미가 적다. 미국 사람들은 다른 나라 사람들보다 훨씬 더 빨리, 그리고 자주 법률적 행동에 의존한다. 법률에 많이 의존하는 행동은 다른 여러 나라에서 비웃음을 살 수 있다. 특히 인도 같은 나라에는 민사 법률 체계가 거의 없다시피 할 정도이다. 나는 그런 문화를 헐뜯는 것이 아니다. 당신이 해야 할 것은 다른 민족성과 문화에 다른 일처리 방식이 있다는 것을 인정하는 것이며, 그들에게 물건을 팔려면 그런 방식을 배우고, 이해하고, 인정해야 한다.

당신이 외국 사람과 함께 서명한 계약서에 너무 의존하기 전에 상대가 계약을 지키게 하는 방법을 찾아야 한다.

설사 당신이 민사 법률 체계가 운용되는 나라에서 물건을 팔더라도, 법률 행위로 인한 손해 때문에 법에 호소하는 것이 별 의미가 없을 수도 있다. 미국에서는, 법률 행위가 아주 보편화되어 자기 회사와 소송중인 회사와도 거래를 계속한다. 우리는 그것을 일상적인 분쟁 해결 방법으로 보기 때문에 서로 미워할 까닭이 없다. 그러나 대부분의 나라에서는, 소송 당하는 것이 매우 체면 깎이는 일이기 때문에 일단 소송을 진행하면 상대방은 어쨌든 당신과의 거래를 단절할 것이다.

계약서의 내용과는 전혀 별개로, 정황에 의해 양측 관계의 중요도가 설명되기도 한다. 관계가 더 중요시될 때, 우리는 그것을 정황 위주 협상이라고 한다. 거래가 우선시될 때에는 거래 위주 협상이라고 한다. 나라마다 정황의 중요성, 즉 제안이 만들어진 상황의 중요도를 다르게 평가한다. 정황을 중요하게 생각하는 나라에서부터 덜 중요하게 생각하는 나라의 순서를 쓰면 동양, 중동, 러시아, 스페인, 이탈리아, 프랑스 영국, 미국, 스칸디나비아 반도, 독일, 스위스이다. 이 목록으로 볼 때, 스칸디나비아반도, 독일, 스위스 사람들이 미국 사람보다 더 거래의 내용에 집중하고 있다는 것을 알 수 있다. 다른 모든 나라 사람들은 관계에 좀더 신경을 쓴다.

따라서 외국인과의 협상에서 제일 먼저 배워야 할 것은 그들에게는 거래가 주된 관심사가 아니라는 점이다. 그들은 양측 사이의 관계를 훨씬 더 신뢰한다. 양측 사이에 우호 관계가 있는가? 양측 사이에 미움만이 있다면, 아무리 정당한 노력을 기울여도 가치를 느낄 만큼 관계가 개선되지 않을 것이다. 미국인들은 어떻게든 거래를 진행하려고 노력하지만, 그들은 당신의 성격 파악에 많은 시간을 쓴다.

쌍방의 관계보다 거래에 좀더 집중하는 것 외에, 미국 사람이 외국인과 거래할 때 저지르는 또 다른 주요 실수는 너무 빨리 본론으로 들어간다는 것이다. 미국 사람보다 더 빨리 본론으로 들어가는 사람은 없다. 전형적으로 우리는 긴장을 누그러뜨리는 의례적인 인사말 몇 마디만 주고받은 뒤에 곧바로 거래의 구체적인 사항을 협의한다. 우리는 그 뒤에 격의 없이 교제한다. 외국인들은 당신을 알아가는 단계에서 시작하여 당신과의 거래를 기분 좋게 느끼는 시점까지 며칠, 몇 주, 심지어 몇 달씩 걸리기도 한다.

이란의 국왕이 권력을 잃었을 때, 내가 서던캘리포니아에서 운영하던 부동산 회사는 이란의 새 정권에서 도망쳐온 이란인과 자주 거래했다. 현금 투자 규모가 수백만 달러에 이를 때도 있었다. 그때 나는 미국 사람들이 너무 빨리 사업 이야기를 하여 이란 사람들의 신뢰를 잃는 모습을 종종 보았다. 그들이 우리를 파악하는 데 시간이 필요하며, 사업 이야기 전에 몇 시간쯤 앉아서 차를 마시고 싶어한다는 것을 우리는 재빨리 알아챘다.

사업차 일본에 간다면, 일본인들이 사업 이야기를 하기에 적당하다고 느낄 때까지, 여러 날 동안 사귀기만 해야 할 수도 있다. 그러나 주의할 것이 있다. 일본인들은 단지 시간만 끄는 것이 아니다. 나의 세미나에서 많은 사람들이 일본에서 겪은 이야기를 해 주었다. 처음에 그들은 후한 대접을 받고 한껏 기분이 좋아지지만, 어떻게든 실제 거래를 시작하기가 얼마나 어려운지 깨달으면서 곧 지옥으로 떨어지는 기분으로 바뀐다는 것이다. 어떤 사람은 일본에서 겪은 공포에 대해서 이야기해 주었다. 그는 공항으로 돌아가는 리무진에 탈 때까지 협상조차 할 수 없었다. 나리타공항까지 두 시간 거리인데, 결국 엄청난 시간 압박을 받으면서 협상이 진행되었다. 빈손으로 돌아갈 수도 있다는 압박감에 잔뜩 두려움을 느낀 그는 협상이고 뭐고 다 집어치우고 곧장 최저 가격을 제시해 버렸다.

따라서 외국인에게 팔 때에는 두 가지 중요한 함정에 빠지기 쉽다. ① 거래만 지나치게 강조하고 관계에 충분한 비중을 부여하지 않는다. ② 너무 일찍 본론에 들어간다.

물론 두 가지는 밀접하게 연관되어 있다. 당신이 외국인 바이어와 편안하게 시간을 보낼 수 있을 정도로 관계를 맺고, 그 관계를 당신도 그를 믿고 그도 당신을 믿을 수 있을 만큼 확대시키려면, 그래서 빈틈없는 계약서에 목을 걸지 않아도 되려면, 시간을 충분히 가져라.

외국인에게 물건을 파는 전형적인 미국인의 아홉 가지 특징을 살펴보자. 물론, 이것이 당신에게 정확하게 적용되지 않을 수도 있지만, 만약 이들 특징 가운데 하나라도 당신에게 해당된다면, 외국인에게 물건을 팔 때 접근 방법을 고쳐야 한다.

1 외국인에게 직접적인 표현을 쓴다

당신은 "최종 제시액이 얼마입니까?", "그 가격에서 이윤은 얼마나 됩니까?"와 같은 표현을 사용한다. "우리 솔직하게 얘기합시다" 또는 "이 문제는 오늘 밤에 결론 냅시다"라고 말하면서 협상의 중심을 옮기려고 한다. 이런 직접적인 표현이 상대를 압박하기는 하지만 너무 무례해 보일 수 있고 그런 무례는 상대의 기분을 상하게 할 수 있다.

미국인이기 때문에 초반에 과도한 요구를 하기 어렵다. 이 문제는 거래를 성사시키고 빨리 돌아갈 수 있다는 희망과 연결된다. 당신은 협상에 돌입하여 빨리 결정하고 싶기 때문에 외국인보다 전체적인 협상 틀을 훨씬 짧게 잡기 쉽다. 당신은 몇 시간이면 협상을 끝낼 수 있다고 생각하지만, 외국인은 며칠 걸릴 것이라고 생각할 수도 있다. 외국인은 어차피 가격과 조건이란 시일이 지남에 따라 크게 변한다고 믿고 있기 때문에 초반에 과도한 요구를 한다. 그러나 당신은 현장에 가서야 끝없는 흥정에 이끌려 협상이 한없이 길어진다는 사실을 알게 된다.

2 당신은 외국인보다 혼자 협상할 가능성이 많다

미국인 협상가가 거래에 필요한 전권을 부여받고 홀로 국제 협상 장소에 나가는 일은 흔하다(어쩌면 통역사와 운전수를 포함해서 세 명이 한 팀을 이룰 수도 있다). 회의실로 들어갔을 때, 상대방은 열 명 내지 열두 명이 죽 늘어앉아서 당신을 맞을 수도 있다. 물론 그 자체도 당신에게 좋지 않다. 협상 팀의 규모가 엇비슷하지 않으면 심리적으로 위축되기 때문이다. 그러나 정작 문제는 상대방의 생각이다. 그들은 당신이 혼자 온 것을 보고 이렇게 생각할 수 있다. "한 사람만 보냈다면, 저쪽 회사에서는 이번 만남에 큰 의미를 두지 않는 모양이다. 이번에는 그저 탐색만 할 생각이 틀림없어." 당신을 정보 탐색차 본 팀에서 보낸 사람 정도로 파악할 수도 있다. 이것을 이해하지 못하는 한, 그리고 당신이 협상 팀의 전부이며 협상에 필요한 모든 권한을 갖고 있다고 힘들게 설명하지 않는 한, 그들은 당신을 건성으로 대할 수도 있다.

3 감정 표현에 익숙하지 않다

물론 영국인들의 경우는 최악이고, 미국인들도 공공연한 감정 표출을 좋지 않게 생각한다. 예를 들어 아내가 고래고래 소리 지르기 시작하면, 당신은 뭔가 아내에게 몹쓸 짓을 했다고 생각할 것이다. 지중해 연안 나라에서는 아내가 그럴 경우, 남편은 이 여자가 무슨 꿍꿍이수작을 부리는지 궁금해 할 뿐이다. 감정을 드러내며 대응하는 데 익숙하지 않다면, 당신은 외국인을 상대로 한 영업에 부담을 느낄 것이다. 또한 상대 외국인이 당신의 어떤 제안에 화를 낼 때 과잉 반응할 가능성이 농후하다. 그것은 그들 문화에서 쉽게 용인되는 협상 전략에 불과하다고 보아야 한다.

4 단기간의 이익을 기대하기 쉽다

상대방과 관계를 맺기 전에 협상부터 끝내려고 하는 것은 논외로 하고, 당신은 성사된 거래로부터 빨리 이익을 내려고 한다. 외국인 투자자는 10년을 내다보는 데 반하여 당신은 분기별 이익을 생각한다. 많은 외국인들에게는 그런 태도가, 내가 생각하기에 올바르지 않지만, 그저 빨리 돈만 챙기려는 얄팍한 짓으로 보인다. 장기간에 걸친 관계를 맺으려는 곳에서 당신은 오로지 눈앞의 이익에만 몰두하는 장사꾼으로 보일 수 있고 그것은 그들에게 안 좋은 인상을 심어 줄 수 있다.

5 외국어로 말하는 일이 거의 없다

현재 영어가 세계의 비즈니스 용어라는 사실에는 의심할 나위가 없다. 요즘 유럽에서 열리는 회의는 대개 영어로 진행된다. 영어가 공통어이기 때문이다. 대부분의 유럽 세일즈맨들은 두 가지 외국어를 할 수 있고 그 중에 하나는 늘 영어이다. 대부분의 아시아 사업가들은, 영어로 말하지는 못하더라도, 최소한 영어를 이해할 수 있다. 슬프게도 거의 모든 미국인은 독일어나 일본어를 말하지 못한다. 미국 세일즈맨이 외국어를 한 가지쯤 한다면, 스페인어이거나 불어일 것이다.

이것이 외국인에게 얼마나 오만불손하게 보이는지 알아보려면 페르시아 식당에서 처음 밥 먹을 때를 생각하면 된다. 웨이터가 전혀 영어를 못할 때, 당신도 아마 나처럼 생각했을 것이다. “여기는 명색이 관광 식당인데, 영어로 말할 수 있는 사람을 한 명쯤 늘 대기시켜 두어야 할 것 아닌가! 왜 영어를 못 알아들어서 저렇게 쩔쩔 매는 거야?” 불행하게도 이런 태도가 미국 사업가들에게 너무도 흔하다. “우리와 거래하고 싶으면 당연히 우리말을 배워야지”라는 자세가 외국인에게는 짜증스러운 오만으로 보일 수 있다. 그런 자세 대신에 상대 외국인이 몇 마디라도 영어를 하면 언제나 놀라고 기뻐하는 모습을 보여 주어야 한다. 또한 몇 마디쯤 상대방 나라의 말로 이야기할 수 있도록 늘 노력해야 한다. 그것이 '안녕하세요', '감사합니다' 정도에 불과할지라도!

6 침묵에 익숙하지 않다

15초 동안의 침묵이 영원처럼 느껴질 것이다. 최근에 텔레비전에서 소리가 안 난 적 있는가? 당신은 아마 15초도 안 되어 텔레비전을 탁탁 쳤을 것이다.

특히 장시간 동안 사색에 잠기면서 편안함을 느끼는 아시아 사람들에게 그런 진득하지 못한 태도는 약점으로 보일 수 있고 그 약점은 상대방에게 이용당할 수 있다. 외국인과 거래할 때에는 장시간의 침묵에 의연하게 대처하라. 그 침묵을 먼저 입을 열지 않기 위한 과제로 생각하라. 긴 침묵이 지난 뒤에 처음으로 여는 사람이 진다. 그 사람이 양보할 것이기 때문이다.

증권 인수업자인 나의 제자 한 명은 중국 상하이에서 발명가들과 수천만 달러의 담보 대출 문제를 놓고 협상 벌인 이야기를 해주었다. "모두 스물세 명이 회의실 탁자에 둘러 앉아 이야기하고 있었습니다. 갑자기 그들이 모두 입을 꼭 다물어서 회의실 안에 정적이 감돌았습니다. 다행히 당신 말씀이 생각나서 나는 힐끗 시계를 쳐다보면서 절대로 먼저 입을 열지 않겠다고 마음먹었습니다. 고통스러운 침묵이 23분 동안 이어졌습니다. 마침내 그들 가운데 한 명이 포기하고 입을 열었습니다. 그때부터 우리는 일사천리로 거래를 매듭지을 수 있었습니다."

7 모른다는 사실을 잘 인정하려 하지 않는다

다음 장에서 자세히 언급하겠지만, 정보 수집의 중요성에 대해서 이야기할 때, 우리는 자기가 모른다는 사실을 절대로 인정하지 않으려고 한다. 이 점 또한 외국인이 알고 있어서 그들에게 이용될 수 있다. 모든 질문에 대답해야 하는 것은 아니다. "이 상황에서 그건 아주 중요한 정보군요"라고 이야기해도 아무 문제없다. 아니면 순순히 그건 모른다고 이야기해도 되고 그들이 찾는 정보를 말해 줄 수 있는 위치에 있지 않다고 말해도 된다. 모든 질문이 대답할 가치가 있는 것은 아니다.

8 그들이 선물을 주면 고마워한다

협상 상대자인 외국인으로부터 선물이나 후한 대접을 받으면 당신은 감동할 것이다. 그러나 그런 행동은 당신의 호의를 얻기 위해 공공연하게 이루어지며 당신은 그에 대해 답례를 해야 한다. 그들의 호의를 거절하여 상대방을 기분 나쁘게 하기보다는 선물을 주고받음으로써 상대의 선물 때문에 느낄 수 있는 개인적인 부담감으로부터 벗어나는 것이 좋다. 상대가 저녁을 대접했다면, 당신도 비슷한 수준으로 접대해야 한다. 그렇게 하면 부담도 없앨 수 있고 기분 좋은 시간을 두 번 가질 수 있다.

9 세계 곳곳의 사람들은 미국 사람들, 특히 미국의 사업가들을 칭찬하고 존경한다

그들은 우리를 믿으며 우리가 정직하게 거래한다고 생각한다. 따라서 내가 위에 서술한 것이 외국인과 거래할 때 미국인들이 보여주는 단점을 지적한 것이라고 생각하지 않기 바란다. 나는 외국인 협상가들이 가끔 미국인들을 오해하는 까닭을 설명했을 뿐이다. 이해되었는가?

다음 장에서는 원하는 것을 얻기 위해 압박 수단을 활용하는 방법과 상대방이 그 방법을 구사해 올 때의 대처 방법에 대해서 설명한다.

32
협상의 성패를 좌우하는 3가지 포인트

루이 암스트롱은 초창기 무명 음악가 시절 얘기를 곧잘 했다. "어느 날 밤이었습니다. 험상궂게 생긴 사람이 큰 소리로 욕을 하며 시카고에 있는 내 분장실로 뛰어 들어와서는 내일 밤에 뉴욕의 그렇고 그런 클럽에 출현해 주어야겠다고 말하는 겁니다. 나는 여기 시카고에 일이 있으며 여행할 계획도 없다고 말해 주었습니다. 그리고 재고의 여지가 전혀 없음을 보여 주기 위해 몸을 돌렸습니다. 그때 소리가 들렸습니다. 찰칵! 끼리릭! 내가 돌아서자 그는 나에게 권총을 들이대고 격침을 뒤로 넘겼습니다. 그 권총이 나에게는 대포처럼 커 보였고 장전 소리는 저승사자의 부름으로 들렸습니다. 나는 그 쇳덩어리를 내려다보면서 말했습니다. '내, 내, 내, 내……일 뉴욕에서 봅시다.'"

나는 협상하다가 권총을 꺼낸다는 것은 몰상식하기 짝이 없는 짓이라고 생각해 왔기 때문에 그럴 필요가 없는 것을 다행스럽게 생각한다. 상대방에게 이용할 수 있는 압박 수단이 있기 때문이다. 그것은 아주 효과적이고 이용하기에 부담도 없다. 나는 바이어에게 가할 수 있는 세 가지 압박 수단의 이용 방법과 바이어가 그것을 무기로 당신을 압박하려고 할 때 방어할 수 있는 방법에 대해 언급하려고 한다. 멋진 협상에서는 양측이 상대방에게 아주 은밀하게 압력을 가하며, 많은 경우에 상대방도 그것을 알고 있다. 위협도 아니고 속임수도 아니다.

첫 번째 압박 수단: 시간

시간 압박을 받고 있을 때 사람들은 좀더 유연해진다. 시간 압박을 받게 될 때 사람들은 다른 상황 같으면 하지 않을 양보도 하게 된다. 아이들은 이 점을 알고 있다. 그렇지 않은가? 당신의 아이들이 무엇인가 요구할 때가 언제인가? 급히 문을 열고 나가려는 때이다. 맞는가? 나의 아들 존은 어렸을 때 곧잘 로스앤젤레스 공항까지 나를 태워다 주었다. 집에서 공항까지는 차로 1시간쯤 거리였다. 우리는 공항까지 가는 동안 대체로 특별히 중요한 이야기를 하지 않았다. 공항에 도착하여 나와 아들은 보도에 서서 공항 포터가 짐을 옮기는 모습을 보고 있었다. 이윽고 내가 비행기를 잡을 수 있는지 알아보려고 급히 발을 옮기려는 순간, 아들이 갑자기 말을 꺼냈다. "참, 아버지, 잊고 있었는데요, 50달러만 주세요. 자동차 소음기를 고쳐야 하거든요."

내가 대답했다. "존, 이런 짓 하면 안 된다. 이번에는 어림없다! 왜 진작 말하지 않은 거냐?"

존이 말했다. "죄송해요. 깜박 잊었어요, 아버지. 하지만 제가 수리 명령 딱지를 받았어요. 아버지께서 강연 여행을 끝내고 돌아오시기 전에 고쳐야 하거든요. 제발 주세요. 일단 주시면 다음 주에 제가 자세한 말씀을 드릴게요."

아이들은 수년 동안 어른들과 거래하면서, 시간이 없으면 사람들이 좀더 유연해진다는 것을 직감적으로 배운다.

협상 법칙 가운데 하나는 양보의 80퍼센트가 협상이 끝나기 전 마지막 20퍼센트의 시간 동안에 이루어진다는 것이다. 요구 사항이 협상 초기에 제시된다면, 어느 쪽도 양보하려고 하지 않을 것이며 결국 거래가 결렬될 수도 있다. 반면에 협상 시한의 마지막 20퍼센트를 남겨 놓은 상태에서는 추가적인 요구나 문제가 떠오르면 양측 모두 기꺼이 양보한다.

부동산 매매의 마지막 순간을 떠올려보라. 가계약서에 서명했을 때부터 그 땅의 실질적인 주인이 되는 시점까지 10주일쯤 걸렸을 것이다. 그 과정 전체에서 양측이 한 양보들을 생각해 보라. 마지막 2주일 동안, 즉 아직 처리되지 않은 사안들을 재협상할 때, 양측은 좀더 유연해지지 않았는가?

여기에서 배울 점은 모든 세부 사항들을 미리 꼼꼼하게 매듭지어야 한다는 것이다. 한 가지라도 "이건 나중에 다시 이야기 합시다"는 식으로 넘어가지 마라. 전에는 덜 중요하게 보였던 문제가 시간 압박을 받을 때에는 아주 큰 문제가 될 수 있다. 당신이 바이어에게 "여기에 바코드를 넣어야 하지 않습니까?"라고 물었다고 하자. 바이어가 손을 흔들며 간단하게 처리한다. "그것은 큰 문제가 아닙니다. 나중에 다시 이야기하죠." 물론 그것이 당시로서는 큰 문제가 아닐 수도 있다. 그러나 납품 시간에 쫓길 때에는 큰 문제가 될 수 있다. 그런 문제의 여지를 남겨 둘 이유가 없다. 세세

한 문제까지 미리 매듭지어라. 상대방이 "그 문제는 나중에 얘기할 수 있습니다. 큰 문제가 되지는 않을 테니까요"라고 말할 때에는 경고음이 울리고 빨간 불이 번쩍거리는 셈이다. 절대로 그대로 넘어가면 안 된다.

협상할 때에는 마감 시한이 있다는 것을 누설하면 안 된다. 예를 들어 당신이 가구를 팔고 있는데 호텔 신축업자와 납품 건을 마무리 짓기 위해 달라스로 날아갔다고 하자. 당신은 돌아가기 위하여 여섯 시 비행기표를 끊어 놓고 그 비행기로 돌아가려고 애를 쓴다. 그러나 그 사실을 바이어에게 말하면 안 된다. 이미 상대방이 그 사실을 알았으면 반드시 아홉 시 비행기도 예비 예약되어 있음을 알려라. 쌍방이 만족하는 합의점을 찾을 때까지 하루 이틀쯤 더 머물 수 있다는 뜻도 넌지시 전달하라. 당신이 시간에 쫓긴다는 것을 알면, 그는 가능한 최후 순간까지 계약을 지연시킬 수도 있다. 그러면 당신은 시간에 쫓겨 뭉텅 양보할 가능성이 아주 커진다.

여기에 시간 압박에 대한 다른 측면이 있다. 당신이 상대방을 오래 붙들고 협상할수록, 상대방이 당신 입장을 고려할 가능성이 더 많아진다는 것이다. 바이어와 접촉해 보고 난 다음에 도저히 설득할 자신이 없다고 느껴지면 맨해튼의 허드슨 강에 있는 예인선을 생각하라. 앞에서 이야기한 예인선 전략을 기억하는가? 그 작은 예인선이 한 번에 조금만 움직이면 그 거대한 원양 여객선을 움직일 수 있다. 그러나 예인선 선장이 일단 손을 뗀 다음 엔진 출력을 높이고 여객선의 방향을 바꾸려고 한다면 아무 소용이 없다. 일부 사람들이 협상하는 것도 마찬가지이다. 그들은 협상에서 곤경에 처하면 스트레스를 무척 받는다. 그리고는 참지 못하고 억지로 상대방을 변화시키려고 한다. 그러면 안 된다. 예인선을 생각하라. 한 순간에 약간의 힘으로 여객선을 움직일 수 있다. 좀더 참는다면 당신은 누구의 마음도 한 번에 조금은 바꿀 수 있다.

이것은 협상 당사자 양측에 똑같이 적용된다. 즉 당신이 협상에 많은 시간을 보낼수록 양보할 가능성도 높아진다. 당신이 대량 판매를 위해 샌프란시스코로 비행기를 타고 갔다. 다음날 아침 여덟 시에 사무실에서 밝고 상쾌한 기분을 느끼며 어떻게 해서든 목표를 달성하겠다고 결심했다. 그런데 불행하게도, 일은 뜻대로 되지 않았다. 아침에 시작된 협상은 아무 진전 없이 질질 늘어지다가 점심시간이 되었다. 오후에는 몇 가지 사소한 점에만 합의했을 뿐이다. 당신은 항공사에 전화를 걸어 야간 비행기 편을 예약한다. 저녁을 먹고 나서 당신은 무엇인가 돌파구를 찾아야겠다고 결심한다. 바로 이때가 위험한 순간이다. 매우 주의하지 않으면 당신은 열 시쯤이 되면, 아침까지만 해도 생각조차 못했던 양보를 하기 시작할 것이다.

왜 그런 식으로 일이 진행될까? 당신의 잠재의식 속에서 새로운 흐름이 일어나기 때문이다. "이제까지 들인 노력과 시간이 아까워서라도 빈손으로 나올 수는 없어. 무엇인가 합의를 이끌어내야 해." 빈손으로 나올 수도 있다고 생각했던 시점이 지나면서 당신은 협상에서 실패하는 문으로 들어가기 시작한다. 파워 영업 협상가는 어떤 순간에 그 동안 투자했던 돈과 시간을 무시할 줄 안다. 시간과 돈은 당신이 거래 중지를 선언하든 안 하든 사라진다. 어느 순간에 돈과 시간이 생각나거든 늘 협상의 관점에서 판단하며 생각하라. "지금까지 이 거래에 쏟아 부은 돈과 시간을 무시한다면 더 이상 계속 해야 하는가?" 더 이상 의미가 없다고 판단되면 주저하지 말고 중단하라. 이제까지 한 투자가 아까워서 내키지 않는 거래를 끌고 가는 것보다 더 이상의 투자를 중단하는 것이 훨씬 더 경제적이다. 그런 결단이 도널드 트럼프를 막강한 협상가로 만든 요인 가운데 하나이다. 그는 더 이상 의미가 없는 거래를 주저 없이 중단했다. 그는 맨해튼 서쪽 지역에 텔레비전 시티 자리를 사는 데 1억 달러를 썼다. 그 밖에도 그는 수백만 달러를 더 써서 150층짜리 고층 건물(세계에서 가장 높은 건물)과 어마어마한 텔레비전 스튜디오가 포함되는 공사를 설계했다. 그는 NBC를 유치하고 싶어 했다. 그러나 그는 시 당국과 세금 문제가 제대로 협의가 되지 않자 계획 전체를 보류시켜 버렸다. 당신은 이런 식으로 협상을 보아야 한다. 이미 투자한 것들은 잊어버리고 지금 일이 진행되는 방식이 여전히 좋게 보이는지 판단하라.

두 번째 압박 수단: 정보력

더 많은 정보를 가진 쪽이 흔히 상대방을 압도한다. 여러 나라에서 다른 나라로 스파이를 보내는 까닭이 무엇인가? 왜 프로 축구팀은 상대편의 게임을 다시 보면서 연구를 할까? 아는 것이 힘이고 상대편에 대한 정보가 많이 쌓일수록 승리할 확률은 더 커지기 때문이다. 이것은 고객을 차지하기 위해 경쟁하는 두 세일즈맨에게도 똑같이 적용된다. 대상 회사와 그 직원들에 대해서 더 많이 아는 세일즈맨이 거래를 성사시킬 가능성이 더 많다.

나는 미국 내과 의사 경영자 협회를 위해 마련된 파워 협상 학습반을 가르치고 있다. 탬파에 본부를 두고 있는 이 조직은 의사 경영자들에게 건강관리 산업의 사업적 측면을 가르치기 위해 특별히 조직되었다. 플로리다에서 대규모 종합 병원을 운영하는 나의 수강생 한 명은 자신과 종합병원 의료서비스 계약을 맺고 싶어 하는 신생 건강관리 업체 이야기를 해 주었다. 그는 계약하러 가기 전에 그 업체에 대하여 가능한 한 많이 알아 보기로 마음먹었다. 그러다가 아주 흥미 있는 사실을 발견했다. 그 업체가 주정부로부터 허가를 받은 지 11개월이 넘었는데도 아직 영업을 시작하지 않았다는 점이었다. 허가 유효 기간이 12개월이었기 때문에 그 업체는 빨리 영업을 시작해야 했다. 그러지 않으면 또 허가 신청을 해야 한다. 그 업체는 원점으로 돌아갈 위험에 처해 있었다. 당국에서는 첫 광고가 실리는 날을 영업 시작 일로 삼고 있었다. 그러나 의료 서비스 제공자와 계약을 맺어야 광고를 할 수 있었다.

그는 이 정보를 아주 효과적으로 이용했다. 그는 그 해의 마지막 주까지 협상을 하지 않고 버텼다. 업체는 그 주 금요일까지 광고를 해야 했다. 못하면 허가 취소였다. 월요일과 화요일에 업체에서는 미친 듯이 전화를 해댔지만 그는 전화를 해 주지 않았다. 수요일이 되자 업체에서는 그의 요구라면 무엇이든 들어줄 태세가 되어 있었다. 나는 여기에서 양심을 져버려야 한다고 말하는 것이 아니다. 다만 정보가 협상에서 얼마나 큰 힘을 주는지 이야기하고 있을 뿐이다. 늘 상대방이 당신을 아는 것보다 더 많이 상대를 알려고 노력하라.

협상에서 정보의 중요성이 이렇듯 명확한데도 협상 시작 전에 상대를 분석하는 데 많은 시간을 보내는 사람은 많지 않다. 심지어 배우지 않으면 스키나 스킨 스쿠버 다이빙을 꿈도 꾸지 않는 사람조차, 필수 정보를 수집하지 않으면 수천 달러의 비용이 들어가는 협상에는 아무 준비도 없이 서슴없이 뛰어든다.

정보 수집을 위한 규칙 1 모른다고 인정하는 데 두려움을 느끼지 마라. 세미나에서 나는 수강생들을 바이어와 세일즈맨으로 나누어 협상 팀을 구성해 보았다. 나는 그들에게 협상을 성공으로 이끌기 위한 충분한 정보를 제공했다. 잘 보면 알아낼 수 있는 장점과 약점을 양쪽에 일부러 부여했다. 나는 주어진 정보 내에서 상대방의 질문을 받았을 때 거짓말을 해서는 안 된다고 양쪽에 일러두었다. 조심스럽게 주어진 단편적인 정보들의 반이라도 밝혀낼 수 있다면 그들은 협상을 성공적으로 끝낼 수 있는 아주 유리한 입장에 서게 될 것이었다.

불행하게도 정보 수집의 중요성에 대해 충분히 설명했고 심지어 협상 시간의 10분을 오직 정보 수집에만 할당했는데도, 수강생들은 여전히 정보 수집하기를 꺼렸다.

사람들은 왜 정보 수집하기를 꺼리는가? 정보를 수집하려면 자신이 모른다는 것을 인정해야 하기 때문이다. 대부분의 사람들은 놀라울 정도로 자기가 모른다는 점을 인정하려고 하지 않는다. 이런 성향을 증명하기 위해서 간단한 연습을 해 보자.

나는 여섯 가지 질문을 한다. 대답은 숫자로 되어 있다. 그러나 깊이 생각하지 않고도 대답을 좀더 쉽게 맞출 수 있도록 일정한 범위를 물어 볼 것이다. 다시 말해서 내가 '미국에는 주가 몇 개 있는가' 물으면 '50개 주'라고 대답하는 대신 '49개와 51개 사이'라고 대답하면 된다. 또 내가 '로스앤젤레스부터 뉴욕까지 거리가 몇 마일인가'라고 물으면, 당신은 아마도 확실하게 알기 어려울 테니까, '2,000마일에서 4,000마일 사이'라고 대답하면 된다. 대답을 '1부터 100만 사이'라고 해도 좋다. 물론 당신이 100퍼센트 맞추기를 원하지만, 90퍼센트 정도 되어도 좋다고 생각한다. 이해되었는가?

모두 흔히 접하기 어려운 문제였음을 참고하라. 일반적으로, 이 질문에 대한 대답을 알고 있어야 할 이유는 없다. 당연히 당신은 질문을 보고 생각했을 것이다. "정말로 엉뚱한 질문이군! 전혀 알 수 없어." 그러나 당신은 아마도 그대로 넘어가면서 정답이든 말든 어쨌든 대답을 했을 것이다. 그것은 모른다고 인정하기 싫기 때문이다. 그렇다면 당신은 어떻게 했는가? 전부 맞췄는가? 아마 아닐 것이다. 그러나 생각해 보라. 이 문제들을 전부 맞추기가 얼마나 쉬운가! 당신은 그저 모른다는 것을 인정하고 대답 범위를 엄청나게 넓게 잡으면 된다. 아마 그렇게 하지 않았을 것이다. 다른 모든 사람들과 마찬가지로, 당신도 자기가 모른다는 것을 인정하고 싶지 않기 때문이다.

따라서 정보 수집의 제1원칙은 '과신하지 마라'이다. 당신이 모른다는 것을 인정하고 당신이 알고 있는 모든 것이 틀릴 수 있음을 인정하라.

정보 수집을 위한 규칙 2 질문하기를 두려워하지 마라. 나는 과거에 상대방이 기분 나빠할지 모른다는 걱정 때문에 선뜻 질문하지 못하곤 했다. 나도 질문할 때에는 "이런 질문을 드려도 괜찮겠습니까?" 또는 "제게 설명해 주는 데 혹시 불편한 점이 있으십니까?" 나도 이런 식으로 조심스럽게 접근했다. 이제는 그러지 않는다. 나는 과감하게 묻는다. "작년에 얼마나 벌었습니까?" 상대방이 말하고 싶지 않으면 대답하지 않을 것이다. 그러나 상대가 대답하지 않더라도 정보는 수집된다. 슈바르츠코프 장군이 쿠웨이트에 군대를 보내기 직전에, 샘 도널드슨이 그에게 물었다. "장군, 언제 지상전을 시작할 생각입니까?"

"샘, 나는 그런 질문을 하는 500여 명의 기자 가운데 누구한테도 대답하지 않기로 대통령과 약속했습니다. 그러나 당신이 물었으니 대답하지요. 화요일 새벽 두 시에 지상군을 투입할 것입니다." 혹시 이런 대답이 나오리라고 생각하는가? 당연이 슈바르츠코프는 그 질문에 대답하지 않을 것이다. 그러나 유능한 기자라면 대답 여부와 상관없이 일단 질문할 것이다. 그럼으로써 상대방을 압박하거나 자극하여 뜻하지 않았던 말을 언뜻 비칠 수도 있기 때문이다. 질문에 대한 상대방의 반응을 보는 것만으로도 중요한 정보를 얻어낼 수도 있다.

나는 미국 곳곳을 여행하면서 싸게 나온 부동산 매물을 늘 눈여겨 본다. 몇 년 전 내가 탬파에 있을 때, '매물' 광고를 보았다. 강가의 대지 1에이커에 있는 집을 12만 달러에 판다는 것이었다. 나처럼 서던캘리포니아에 사는 사람들에게, 그것은 믿을 수 없을 만큼 싼 가격으로 보였다. 만약 그런 땅이 서던캘리포니아에서 나왔다면 아마도 수백만 달러에 팔릴 것이었다. 그래서 나는 좀더 정보를 알아 보려고 주인에게 전화를 걸었다. 그의 설명을 들으니 조건이 생각보다 오히려 더 좋았다. 그래서 내가 물었다. "그 집을 사신 지 얼마나 되었나요?" 누구라도 부담 없이 물을 수 있는 평범한 질문이었다. 그는 산 지 3년 되었다고 대답했다. 나는 또 물었다. "사실 때 얼마 주셨나요?" 대부분의 사람들은 이런 질문하기를 무척 꺼린다. 자칫 상대방을 자극하며 심할 경우 상대가 화를 낼 수도 있다고 생각하기 때문이다. 상대방은 한참 생각하더니 마침내 말을 했다. "좋습니다. 말씀드리죠. 8만 5,000달러에 샀습니다." 나는 즉각 이 거래가 생각처럼 그렇게 수지맞지는 않는다는 것을 알아차렸다. 그 집이 탬파의 부동산 시장에서는 아주 평범한 물건이며 주인은 그 집의 상품 가치를 높이기 위해 어떤 일도 하지 않았다. 따라서 나는 한 가지 질문으로 중요한 것을 알게 되었다. 그러나 그가 그 질문에 대답하지 않는다면, 이를테면 그가 '내가 얼마를 주었든 당신과 상관없는 일'이라고 대답했다면, 그래도 내가 얻는 정보가 있을까? 물론, 있다. 그가 거짓말을 한다면? 그가 "내가 얼마에 샀더라? 아, 생각났어요. 나는 20만 달러 주고 샀습니다. 나는 손해를 보고 파는 거지요"라고 말했다면 어떨까? 그가 그런 식으로 거짓말을 한다면 그래도 내가 얻는 정보가 있을까? 물론 있다. 따라서 질문하기를 주저하지 마라.

정보를 얻는 방법 가운데 하나가 질문이라고 말하면, 당신은 너무 당연한 얘기 아니냐고 생각할 것이다. 그러나 세일즈맨이 질문하지 않는 경우는 너무나 많다. 질문하기를 두려워하거나 자기가 이미 알고 있다고 생각하기 때문이다. 나는 대규모 포장 회사를 위해 베풀어진 연회에서 강연을 한 적이 있다. 나는 강연을 끝내고 포장 회사의 영업 부장과 그 회사의 가장 큰 고객인 식품 회사의 부사장 사이에 앉아서 음식을 먹게 되었다. 나는 식품 회사의 전체 물량 가운데 어느 정도가 이 포장 회사와 거래되는지 궁금해졌다. 그래서 나는 포장 회사의 영업 부장에게 물어 보았다. "저 회사의 전체 물량 가운데 어느 정도가 당신 회사로 옵니까?"

영업 관리자는 "모릅니다. 그들은 절대로 그 사실을 밝히지 않을 것입니다. 하지만 저 회사가 여러 곳과 거래하기 좋아한다는 것 정도는 알고 있습니다."

잠시 후에 나는 식품 회사의 부사장에게 물어 보았다. "당신 회사의 포장 물량 가운데 어느 만큼을 이 회사로 돌립니까?"

그가 말했다. "27.8퍼센트입니다."

놀랍게도 그는 선선히 대답했다. 나는 다시 물었다. "아무래도 여러 업체와 거래하는 것을 선호하시겠지요?"

그가 대답했다. "전에는 그렇게 생각했습니다. 그러나 우리와 고락을 같이 할 공급자를 찾는다면 그쪽으로 몰아줄 생각입니다." 이것은 왼쪽에 앉아 있는 사람이 정말 알고 싶어 할 만한 가치 있는 정보였다. 그러나 그는 절대로 질문하지 않았다. 오른쪽에 앉아 있는 사람이 대답하리라고 생각하지 않기 때문이다. 이것은 무엇을 의미하는가? 상대가 대답하지 않으리라고 생각되더라도, 그리고 이미 답을 알고 있다고 생각되더라도, 물어 보라!

정보 수집을 위한 규칙 3 질문 장소가 큰 차이를 만들어낸다. 바이어의 사무실, 즉 이리저리 눈치를 봐야 하는 사람들로 둘러싸인 곳, 그 곳은 질문하여 정보를 얻어내기에 적합하지 않은 장소이다.

누구나 자신의 업무 환경에서는 늘 보이지 않는 각종 규약, 다시 말해서 말해야 할 것과 말하지 말아야 할 것 등의 규칙의 사슬로 둘러싸여 있다. 자기 업무 환경에서는 정보를 나누는 데 주의하기 마련이다. 상대를 그의 업무 환경에서 데리고 나오면 정보가 좀더 자연스럽게 흘러나온다. 분명히, 바이어와 저녁 식사를 같이 하거나 골프를 같이 칠 수 있다면 상대방은 자기 사무실에서는 이야기하지 않을 온갖 일에 대해서 이야기한다. 다행스럽게도 그렇게 하는 데에는 큰 비용이 들지 않는다. 상대방을 그의 회사 휴게실로 내려오게 하여 간단하게 커피만 마셔도 충분할 때도 있다. 그렇게만 해도 협상의 긴장감을 완화시켜서 정보가 흘러나오기도 한다.

바이어에게 직접 질문하는 것 외에, 상대 회사에 대한 정보를 어떻게 수집할 수 있을까? 한 가지 방법은 이미 그들과 거래하고 있는 다른 사람들에게 묻는 것이다. 나는, 그 묻는 대상이 경쟁자라고 하더라도 직접 경험해 보라고 권하고 싶다. 그들이 얼마나 기꺼이 당신과 정보를 공유하려는지 놀랄 것이다. 따라서 바이어 회사와 거래하고 있는 다른 사람을 찾아서 그에게 정보를 얻어라.

또 다른 좋은 방법은 직접 만나려는 사람보다 회사 내 지위가 훨씬 낮은 사람들에게 묻는 것이다. 예를 들어 컴퓨터 연쇄점의 본사에 있는 어떤 사람과 협상할 예정이라고 하자. 당신은 한 지점에 연락하여 잠깐 들러서 지점 관리자와 만나기로 약속한다. 그래서 그 사람과 몇 가지 예비 협상을 하는 것이다. 비록 그가 협상에 실질적으로 참여할 수 없더라도, 그 회사의 의사 결정 과정, 다른 공급자를 제외하고 특정 공급자를 선택한 이유, 회사에서 고려하고 있는 상세 거래 요소, 회사에서 생각하는 이윤율, 통상적인 결제 방식 등등 많은 것을 이야기해 줄 수 있을 것이다. 그런 대화를 할 때에는 말 속에 숨은 뜻을 잘 파악해야 한다. 당신이 알아차리지 못하는 사이에, 이미 협상이 시작되었을 수도 있다. 예를 들어, 비록 사실이 아닐지라도, 지점 관리자가 말할 수 있다. "본사에서는 이윤율 20퍼센트 이하로는 절대로 거래하지 않을 것입니다." 당신은 본사 사람들 귀에 들어가서 좋을 것 없는 사항을 말해서는 안 된다. 당신이 말하는 것은 하나도 빠지지 않고 그의 윗사람에게 전달된다고 가정하고 주의해야 한다.

정보 수집을 위한 규칙 4 동료 집단들을 접촉하라. 사람들은 동료들과 정보를 공유하려는 자연적인 성향이 있다. 칵테일파티에 참석했다가 변호사들이 자기끼리 하는 경험담을 들을 수도 있다. 물론 그들은 변호사가 아닌 사람에게는 고객에 대한 정보를 조금이나마 누설하는 것을 도덕적이지 않다고 생각할 것이다. 의사도 다른 의사들에게 환자에 대한 이야기를 할 수 있다. 물론 다른 사람에게는 그런 이야기를 하지 않는다.

파워 영업 협상가들은 이런 성향을 어떻게 이용해야 하는지 알고 있다. 이런 경향은 의사나 변호사와 같은 전문 직종뿐만 아니라 거의 모든 직종에 적용되기 때문이다. 엔지니어, 회계 담당자, 공장장, 트럭 운전사 등은 직장에도 충실하지만 일 자체에 대한 귀속감도 높다. 그들을 각각 엮어보면 다른 방법으로는 도저히 얻을 수 없는 정보가 흘러나올 것이다.

이를테면 회사 동료 엔지니어와 함께 엔지니어 모임에 참가할 수 있을 것이다. 그 자리에서 당신은, 엔지니어들 각자가 속해 있는 회사에 대한 수직적 충성심보다는, 그들 직종 전체에 퍼져 있는 연대감을 발견할 것이다. 따라서 온갖 종류의 정보가 흐를 것이다.

당연히 같이 간 사람이 당신에게 해가 될 만한 어떤 정보도 흘리지 않도록 입막음해야 한다. 그러려면 사람을 잘 골라야 한다. 당신이 상대편에게 기꺼이 할 이야기와 해서는 안 될 이야기, 공개된 의제와 공개되지 않은 의제에 대해 그에게 주의를 주어야 한다. 그리고 함께 모임에 가서 정보를 수집하는 것이다. 동료 집단에서의 정보 수집은 매우 효과적이다.

정보 수집을 위한 규칙 5 우리는 남 몰래 얻은 정보에 좀더 많은 비중을 두는 경향이 있다. 당신을 교란하기 위해서 흘러나오는 역정보를 늘 조심하라.

나의 고객 중에 병원을 상대로 10억 달러의 매출을 올리는 메들린 인더스트리의 대표인 앤디 밀스가 있다. 그는 나에게 자기 회사 세일즈맨들의 교육을 맡겼을 뿐만 아니라 나의 협상 전략에 대해서 공부를 아주 많이 하여 내 대신 세미나에 나갈 수 있을 정도가 되었다. 그는 협상하기를 좋아했는데, 특히 나와 협상하기를 즐겼다. 어느 날 우리 직원이, 내가 그의 회사에서 연 세미나 대금으로 발행한 수표를 받았다. 수표 절취선 밖의 여백에는 앤디가 자기 비서에게 쓴 듯한 메모가 적혀 있었다. 거기에는 '로저는 너무 많이 청구해. 그러니까 수강생이 30명 이상일 때에만 그를 쓰고 그보다 규모가 작을 경우에는 다른 회사를 이용하라'고 적혀 있었다. 직원은 그것을 나에게 가져와서는 그 회사와의 거래가 모두 끊기겠다고 걱정했다. "걱정하지 말아요." 나는 비서에게 말했다. "그가 누굽니까, 앤디에요. 그는 우리가 이 메모를 읽을 것이라고 알고 있습니다. 우리 생각에, 우리가 읽은 것을 그가 모르고 있다고 생각하기 쉽고, 그러면 그 정보를 더욱 믿게 되는 것이죠. 그걸 노리고 있는 것입니다."

세 번째 압박 수단: 거래를 포기할 각오

세 가지 압박 수단 가운데 마지막이 가장 강력하다. 원하는 바를 얻지 못할 경우에는 협상을 깨고 나간다는 인식을 심어주는 것이다. 실제로, 당신을 지금보다 열 배쯤 뛰어난 협상가로 만들 수 있는 방법이 하나 있다면, 바로 이 방법이다. 포기할 수 있는 힘을 길러라. 한 가지 위험한 것은, 당신이 마음 속으로 지나치는 한 지점이 존재한다는 것이다. 그 지점을 지나면 당신은 더 이상 협상을 포기하기 어려울 것이다. 협상하다가 "나는 이 거래를 성사시킬 것이다. 나는 가능한 가장 좋은 가격, 가장 좋은 조건에 거래를 성사시킬 것이다. 하지만 거래는 마쳐야 해"라는 생각이 들기 시작하는 지점에 다다른다.

당신이 "나는 여기에서 판을 거둘 각오가 되어 있습니다"라고 말할 때를 놓치는 순간, 협상에서 진다. 따라서 그 순간을 놓치지 않도록 주의해야 한다. 가격과 상관없이 팔아야 하는 경우는 없다. 직감적으로 '여기' 라고 느끼는 지점을 놓치는 순간, 당신은 막 협상에서 진 것이다.

사람들이 협상에서 저질렀던 실수를 이야기할 때, 이것이 문제가 되지 않는 경우는 거의 없다. 그들은 판 거둘 각오를 해야 하는 지점을 놓친 것이다. 핵심에 접근해 들어가면 그들은 나에게 말할 것이다. "나는 결정해야겠다고 마음을 먹었었습니다. 지금에 와서 생각해 보니 그때가 협상의 전환점이었습니다." 이 사람이 진 것은 바로 그 순간이었다.

몇 년 전에 나의 딸이 처음으로 자동차를 샀다. 딸은 자동차 상점에 가서 비싼 중고차를 시운전했다. 딸은 그 차가 아주 마음에 들었다. 그것을 상점 측에서도 눈치 채고 있었다! 시운전을 해 본 딸이 돌아왔다. 딸은 나에게 같이 가서 좋은 가격에 살 수 있도록 흥정해 달라고 졸랐다. 고된 협상이 될 것은 뻔했다. 안 그런가? 상점으로 가는 길에 나는 딸에게 말했다. "줄리아, 넌 오늘밤에 차를 몰지 않고 집으로 돌아올 각오가 되어 있니?"

줄리아가 말했다. "안 돼요. 안 돼. 나는 그 차를 갖고 싶어요. 꼭!"

그래서 내가 말했다. "줄리아, 너는 아마 수표책을 꺼내서 그들이 요구하는 액수를 써 주는 게 나을 것 같다. 너는 이미 협상에서 지는 길로 들어서고 있어. 우리는 포기할 각오를 해야 한다."

우리는 두 시간 동안 협상하면서 자동차 전시실에서 두 번이나 나왔다. 결국 우리는 딸이 치르려고 했던 액수보다 2,000달러나 더 싸게 차를 샀다.

딸은 협상하면서 얼마나 벌었는가? 딸은 한 시간에 1,000달러나 벌었다! (나의 요금은 계산하지 않았다!) 한 시간에 1,000달러를 번다면 우리는 어디로든 일하러 갈 것이다. 안 그런가? 협상할 때보다 더 빨리 돈을 벌 수 있는 방법은 없다.

원하는 바를 손에 넣을 수 없으면 언제라도 손 털고 나갈 수 있다는 것을 상대방에게 인식시켜 줄 수 있을 때 파워 영업 협상가가 된다.

손을 털겠다고 협박하기 전에 전제되어야 할 것은 당신 제품에 대한 구매욕을 충분히 키워 놓아야 한다는 것이다. 상대방이 당신 제품이나 서비스를 특별히 원하지 않는데 당신이 손을 털겠다고 협박하면, 당신은 어느덧 보도에 나와서 혼자 중얼거리고 있을 것이다. "이게 어떻게 된 거야?"

판매를 4단계의 과정으로 생각하라.

1. 대상 물색. 당신과 거래하고 싶어 하는 사람들을 찾아라.
2. 대상 심사. 상대방이 당신과 거래할 능력이 되는가?
3. 구매욕 자극. 다른 어느 것보다도 당신의 제품이나 서비스를 구매하게 만든다.
4. 판매 마무리. 포기할 각오는 4단계 가운데 마지막에 쓰는 전략이다. 구매욕을 충분히 자극한 뒤에 이 방법을 사용하면 이제 결정만 남은 셈이다.

판을 거두겠다고 위협하여 원하는 바를 얻는 것이 목표임을 잊지 마라. 판을 거두는 것 자체가 목표가 아니다. 나한테 전화를 걸어서 "로저 씨, 당신은 나를 아주 자랑스럽게 생각할 거요. 나는 말이요, 100만 달러짜리 거래를 팽개쳤소!"라고 말하지 마라. 이런 점에서 패튼 장군이 부하들에게 한 말을 상기해 볼 필요가 있다. "우리의 목표를 분명하게 기억하라. 우리의 목표는 제군들이 조국을 위해 죽는 것이 아니다. 우리의 목표는 적이 자기 조국을 위해 죽을 수 있게 해 주는 것이다."

심각한 상황, 즉 대규모 거래가 걸렸을 때에는 먼저 당근과 채찍 전략으로 보호 장치를 강구해 두어라. 위협만 해서는 안 된다. 반드시 당근을 뒤에 남겨야 한다. 그러면 당신이 판을 거두겠다고 위협했는데도 상대방이 "잠깐만 기다려요. 어디를 가는 거요? 돌아오세요. 우리는 아직 이 거래를 성사시킬 수 있으니까요"는 식으로 나오지 않아도 뒤에 남은 당근 역할을 맡은 사람이 말할 수 있다. "그는 지금 화가 났을 뿐입니다. 당신이 가격에 대해서 조금만 더 신축성을 보여 주신다면, 거래를 성공리에 거래를 끝낼 수 있을 것입니다."

판을 거둘 수 있다는 뜻을 은밀하게 상대방에게 전달하는 것이 가장 강력한 압박 수단이다.

이 장에서는 협상에서 쓸 수 있는 압박 수단, 즉 시간 압박, 정보력, 거래를 포기할 각오 등 세 가지에 대해서 배웠다. 다음 장에서는 협상에서 문제가 발생했을 때 대처하는 방법을 알아본다.

33 협상 도중에 발생하는 문제에 대처하는 방법

대규모 거래를 하는 세일즈맨이라면, 바이어와 협상할 때 난국, 교착, 막다른 골목 등의 상황을 경험해 보았을 것이다. 비슷해 보이는 위의 세 가지 용어를 정리해 보자.

1. 난국은 당신이 주요 사안에 동의하지 못해 협상이 위협받는 때를 말한다.
2. 교착은 당신과 바이어가 계속 협상하고 있지만 해결을 향해 조금도 나아가지 못하는 때이다.
3. 막다른 골목은 협상이 잘 진행되지 않아 양측이 너무나 스트레스를 받았고 그 결과 당신이나 바이어나 더 이상 할 이야기가 없는 때이다.

난국을 헤쳐 나가는 방법

먼저 난국이란 당신이 주요 사안에 동의하지 못해서 협상이 위협받는 때임을 기억하라. 숙련되지 못한 협상가는 난국과 막다른 골목을 혼동하기 쉽다. 다음 네 가지를 예를 보자.

1. 디트로이트에 있는 자동차 생산 공장에서 구매 담당자가 말한다. "앞으로 5년 동안 매년 2퍼센트씩 가격을 깎아 주십시오. 아니면 다른 공급처를 알아보겠습니다." 당신은 이 회사가 그렇게 하면서 이익을 남길 수 없다는 것을 알고 있다. 따라서 당신은 그저 난국에 빠졌는데, 막다른 골목에 다다랐다고 생각하기 쉽다.

2. 바이어가 말한다. "나는 당신과 거래하기를 좋아하지만 당신이 부과하는 요금은 너무 높습니다. 우리에게는 당신이 요구하는 것보다 낮게 들어온 입찰서가 세 개 있습니다." 당신이 회사의 정책을 확고부동하게 지키자면 입찰 경쟁에 나설 수 없다. 따라서 당신이 그저 난국에 빠졌는데, 막다른 골목에 다다랐다고 생각하기 쉽다.

3. 그들이 당신에게 고함친다. "나는 더 이야기하고 싶지 않습니다. 당장 물건을 되가져가고 어음이나 돌려주시오. 그렇게 하지 않으면 내 변호사의 전화를 받게 될 거요." 이 상황이 꼭 막다른 골목은 아니다. 난국에 지나지 않을 수도 있다.

4. 배관 자재 공급 회사 사장이 담배로 자기 얼굴을 툭툭 치며 투덜거린다. "보시오, 단도직입적으로 말하겠소. 당신의 경쟁 업체에서는 90일 후 결제를 받겠다고 했소. 당신이 그렇게 해 주지 못하겠다면 우리는 더 이상 얘기할 게 없소." 당신 회사는 창업 이래 72년 동안 30일 후 결제에 예외를 인정하지 않고 있다. 따라서 당신은 그저 난국에 빠졌는데, 막다른 골목에 다다랐다고 생각하기 쉽다.

이 모든 상황이 미숙련 협상가에게는 막다른 골목으로 보일 것이다. 그러나 파워 영업 협상가에게는 모두 난국일 뿐이다. 난국에 빠졌을 때에는 아주 쉬운 전략을 쓸 수 있다. 이른바 유보 전략이라고 하는데, 상대로 하여금 난국에 빠진 사안을 유보하고 작은 사안을 먼저 언급하게 하는 방법이다. 작은 사안들을 해결해 나가면서 여건을 조성해 나가면 어느덧 난국에 빠졌던 사안이 처음과 달리 해결 가능함을 알게 될 것이다.

1991년에 미국의 제임스 베이커 국무장관은 비타협적인 이스라엘과 맞닥뜨렸을 때 유보 전략을 아주 효과적으로 사용했다. 당시 제임스 베이커는 이스라엘을 PLO와의 평화 테이블에 나오게 하려고 노력하고 있었다. 이스라엘은 어떤 약속도 자기들이 영토를 포기해야 하는 조항이 있을 것이라고 생각했고, 적에게 그런 얘기를 함으로써 그 생각을 확인시켜 주고 싶지 않았다. 제임스 베이커는 협상의 기술을 아는 사람이었다. 그는 난국에 빠진 사안을 보류하고 사소한 사안들을 해결하여 여건 조성에 힘써야 한다는 사실을 알고 있었다. 그는 요컨대 다음과 같이 말했다. "좋아요. 우리는 당신들이 아직 평화 회담을 할 준비가 되어 있지 않다는 것을 알았습니다. 그러면 그 문제는 잠시 접어둡시다. 만약 우리가 평화 회담을 연다면 어디에서 해야 할까요? 어디에서 하는 것이 합리적일까요? 워싱턴? 중동? 아니면 마드리드 같은 중립 도시?" 제임스 베이커는 얼마 동안 개최지 문제를 언급하여 협상을 한발 진전시켰다. 다음에 그는 회담에서의 PLO의 대표 문제를 제기했다. 회담에서 PLO가 대표를 내보낸다면, PLO 출신의 어떤 인물을 받아들일 수 있는가? 이런 작은 문제들로 여건을 조성한 뒤에 제임스 베이커는 이스라엘이 팔레스타인 해방 기구를 만나 최종적으로 그들을 인정하게 하는 것이 훨씬 더 쉽다는 것을 알았다.

당신에게 강압적으로 제안하는 바이어를 겪어본 적이 있는가? "우리는 당신과 거래할 수도 있습니다. 그러나 이런 결제 조건으로는 어렵습니다. 만약 당신이 그걸 원한다면 잊어버리십시오. 다른 모든 공급자들처럼, 당신도 90일 후 결제를 받아들여야 합니다. 만약 그렇게 할 수 있다면 이야기를 하겠지만, 그렇게 할 수 없다면, 더 이상 이야기할 것이 없습니다."

유보 전략은 당신이 바이어에게 이야기하고, 바이어가 다음과 같이 이야기할 때 써야 하는 전략이다. "우리는 관심을 갖고 당신과 이야기할 수도 있습니다. 그러나 뉴올리언즈에서 열리는 연례 판매 회의 때문에 그 달 1일까지 견본을 받아야 합니다. 그렇게 빨리 보내줄 수 없다면 이렇게 말하는 시간조차 허비할 필요가 없습니다."

그렇게 빨리 준비하는 것이 실제로 불가능하더라도 여전히 유보 전략은 유효하다. "기일이 당신에게 얼마나 중요한지 잘 알았습니다. 그러나 잠시 그 문제는 제쳐두고 다른 문제를 이야기해 보죠. 그 제품의 세부 명세가 어떻게 됩니까? 결제 조건은 어떻게 하기를 원하십니까?"

유보 전략을 쓸 때에는 큰 사안으로 이끌어가기 전에, 협상 여건 조성을 위해 먼저 작은 여러 가지 사안을 해결한다. 37장의 윈윈 협상에서 언급하겠지만, 한 가지 사안으로 좁혀지지 않도록 해야 한다(협상할 것이 한 가지만 남는다면, 반드시 승리자와 패배자가 생기기 때문이다). 그러나 작은 문제들을 먼저 해결함으로써, 큰 문제를 좀더 쉽게 해결할 수 있는 여건을 조성할 수 있다. 미숙련 협상가들은 언제나 큰 문제를 먼저 해결할 필요가 있다고 생각하는 듯하다. "만약 우리가 가격이나 기간 같은 중요한 문제에 합의할 수 없다면, 사소한 문제를 이야기하면서 시간을 허비할 이유가 무엇인가?" 파워 영업 협상가는 작은 사안에 대한 동의를 이끌어내면 상대가 훨씬 더 유연해진다는 것을 알고 있다.

난국 타개책과 관련하여 기억해야 할 주요 사항

1. 난국과 막다른 골목을 혼동하지 마라. 진짜 막다른 골목 상황은 매우 드물다. 당신은 난국에 빠졌을 뿐일 수도 있다.
2. 난국은 유보 전략으로 헤쳐 나가라. "그 문제는 잠시 유보하고 다른 문제에 대해 이야기합시다. 어떻습니까?"
3. 작은 문제들을 먼저 해결하여 여건을 조성해 나가라. 그러나 협상을 한 가지 사안으로 좁히지 마라.

교착 상태 헤쳐 나가기

난국과 막다른 골목 상황 사이 어딘가에서 때때로 '교착'이라는 상황을 만날 수 있다. 그것은 바이어와 세일즈맨이 여전히 협상을 계속하고 있지만 해결의 실마리가 선뜻 보이지 않는 때이다.

교착 상태는 이를테면 배가 역풍을 받아 오도 가도 못하는 상황이다. 침로를 바꿀 때에는, 즉 역풍을 피하여 배의 방향을 이리저리 바꿀 때에는 배를 부드럽게 지속적으로 움직여야 한다. 그렇지 않으면 뱃머리가 바람에 고정되어 움직이지 않는다. 어떤 범선도 맞바람을 맞으며 전진할 수 없으며 바람과 비스듬히 향해야 한다. 만약 당신이 엇비슷하게 나아갈 힘을 잃었다면 뱃머리를 움직일 만한 옆바람이 부족한 것이다. 결국 당신은 움직이지 못하는 상태에 빠졌으며 배를 움직이기 위해서는 다른 방법을 강구해야 한다. 이를테면 키 손잡이나 타륜을 이리저리 흔들어 보거나 돛을 다시 설치하는 식으로 힘의 방향을 바꾸어 문제를 해결할 수 있을 것이다. 마찬가지로 협상이 교착 상태에 빠졌을 때에는 방향을 다시 설정하기 위해 힘의 방향을 바꿔야 한다.

가격을 낮추는 것 외에 시도해 볼 만한 일 일곱 가지를 아래에 적었다.

1. 점심이나 저녁을 먹으면서 이야기를 계속하자고 제의하여 장소를 바꾼다.

2. 취미 이야기나 뉴스에 나온 이야기 등 재미있는 이야기를 하여 긴장된 분위기를 바꾼다.

3. 이를테면 외상을 늘리거나 계약금을 줄이거나 지불 방식을 재조정하는 등의 결제 조건 변화 가능성을 탐색해 본다. 이 가운데 어떤 것도 교착 상태에서 움직이게 할 수 있는 충분한 힘을 가지고 있다. 상대방은 자금 사정이 여의치 않아 보일까 봐 이런 제안을 하지 않는다는 점을 잊지 마라.

4. 상대방과 위험을 같이 부담하는 방법을 논의해 보라. 상대방은 아무 의미도 없게 될 수도 있는 약속에 솔깃할 수 있다. 이를테면 지금

으로부터 1년 이내에는, 상태만 좋다면 20퍼센트의 반품 요금만 받고 반품받아줄 수 있다고 제의하는 것이다. 시장 변화를 염두에 둔 이런 교묘한 구절이 상대방의 걱정을 누그러뜨릴 수 있다.

5. 회의실의 분위기를 바꾸어 보라. 협상이 교감 지향적으로 무겁게 진행되어 왔다면 경쟁 지향적으로 바꿔 보라. 협상이 경쟁 지향적으로 진행되어 왔다면 교감 지향적으로 변화를 주어 보라. 각각의 협상 요인에 대해서 교착 상태에 빠진 협상을 한쪽 요인에서 다른 쪽 요인으로 옮길 수 있는 방법을 생각해 보라.

6. 제품 명세, 포장, 또는 납품 방법에 대한 변화를 제시하여 바이어가 좀더 긍정적으로 바뀌는지 알아보라.

7. 미래의 문제일 경우에, 당신이 분쟁 사항에 대한 어떤 중재 방법에도 동의한다면, 바이어는 어떤 의견 차이도 너그럽게 넘어갈 수도 있다.

만약 당신이 협상 팀이라면, 선택할 수 있는 방법이 한두 가지 더 있다.

1. 협상 팀 구성원을 일부 바꾼다. 변호사들이 흔히 "나는 오늘 오후에 법정에 가야 합니다. 그래서 나의 동료 찰리가 내 대신 나올 것입니다" 등의 말을 사용한다. 그가 오후에 정말 법정에 나가는지는 아무도 모른다. 하지만 팀을 바꾸는 좋은 방법임에는 틀림없다.

2. 상대방을 자극해 온 동료를 협상 팀에서 뺀다. 노련한 협상가는 빠지라는 말을 들어도 화내지 않는다. 이제까지 악역을 훌륭하게 수행했을 터이기 때문이다. 이제 악역을 맡은 동료를 뺀 대

가로 상대방을 압박할 때이다.

배가 오도 가도 못하게 되었을 때, 선장이 정확한 해결 방법을 모를 수도 있다. 그러면 이런 저런 방법을 써 본 뒤에 무엇이 효과적인지 알아 내야 한다.

교착 타개책과 관련하여 기억해야 할 주요 사항

1. 난국, 교착, 막다른 골목의 차이를 정확하게 인식하라. 교착은 양측이 아직 해결 방법을 찾기 위해 노력하지만 진척시킬 방법에 대해서는 어느 쪽도 알지 못하는 상태이다.
2. 교착 상태에 대한 대응은 협상 요소 가운데 하나를 변화시켜서 협상의 흐름을 바꾸는 것이다.

막다른 골목 탈출

상황이 점점 나빠지면 마침내 막다른 골목에 다다를 수 있다. 막다른 골목이란 협상이 잘 진행되지 않아 양측이 너무 스트레스를 받았고 그 결과 서로 더 이상 할 이야기가 없는 때이다. 막다른 골목은 협상 과정에서 흔히 일어나지는 않지만 일단 일어나면, 유일한 해결 방법은 제3자, 즉 중재자 또는 매개인이 나서는 것뿐이다.

중재자와 매개인은 아주 다르다. 중재자의 경우에는 중재 시작 전에 양측이 중재자의 결정에 따르겠다고 동의한다. 만약 공공 생활과 밀접한 관계를 갖고 있는 어떤 노동조합(이를테면 운송 노조나 병원 노조 등)이 파업한다면 연방 정부는 결국 중재인을 임명하겠다고 양측에 알릴 것이다. 매개인은 그 만큼의 힘을 갖고 있지는 않다. 매개인은 해결책을 좀더 쉽게 찾아보기 위해 도입되는 사람이다. 그는 양측이 합리적이라고 인정할 만한 해결 방법을 찾기 위해 협상 기술을 이용하는, 촉매제 역할을 하는 사람이다.

미숙련 협상가는 매개인 도입을 그다지 좋아하지 않는다. 한 가지 사안에 대한 해결 능력 부족을 자기의 실패로 보기 때문이다. "영업 부장에게 도움을 요청하고 싶지는 않다. 도움을 청했다간 나를 협상 무능력자로 볼 것 아닌가?" 이런 생각이 그의 마음 속에 흐른다. 그러나 제3자는, 꼭 유능한 협상가가 아니더라도, 문제를 더 잘 해결할 수 있는 여러 가지 근거를 갖고 있다. 여기에 그 근거를 몇 가지 나열해 보았다.

1. 매개인은 양측을 개별적으로 접촉해 보고 양측 입장 가운데 좀더 합리적인 입장을 선택하겠다고 제안할 수 있다. 더욱이 중재자는 그것을 강제로 실시할 수 있다. 각자 24시간 이내에 최종 협상안을 제출하고 제출된 두 가지 타협안 가운데 하나를 고르겠다고 말하는 것이다. 이런 태도는 양측을 좀더 이성적으로 만든다. 네 떡이 커 보이듯이, 서로 상대방의 입장이 좀더 설득력 있게 보이기 때문이다. 이것은 사실상 제한 입찰로 진행되는 아이디어 경매이다.

2. 매개인은 양측의 이야기를 좀더 잘 들을 수 있다. 그는 선입견을 갖고 정보를 편중되게 받아들일 필요가 없기 때문이다. 이런 입장 때문에 매개인은 반대편이 들으려고 하지 않는 일도 더 잘 들을 수 있다.

3. 매개인은 더 잘 설득할 수 있다. 양측에서는 그에게 이해관

계가 없다고 생각하기 때문이다. 나의 나이팅게일—코넌트 프로그램인 '효과적인 설득 비법(Secrets of Power Persuasion)'에서 밝혔듯이, 당신이 누군가를 설득할 때, 상대방이 당신을 이해 당사자라고 생각하면 설득력은 훨씬 떨어진다. 예를 들어 당신이 바이어에게 '나는 이번 거래로 수수료를 받지 않는다'고 말하면 바이어는 당신 말을 좀더 쉽게 믿을 것이다.

4. 직접 협상할 때에는 비교적 합리적 제안을 하고 싶어도 상대방이 어떻게 나올지 몰라 망설이는 경향이 있다. 매개인은 한쪽 당사자에게 가서 상대방의 반응을 이야기하지 않고 합리적인 해결 방안을 제시할 수 있다.

5. 중재자는 양보에 대한 언질 없이도 양측을 다시 협상 테이블로 불러올 수 있다.

중재자이건 매개인이건 그들은 매우 효과적일 수 있다. 그러나 그것은 양측이 그를 중립적인 사람이라고 볼 때에만 가능하다. 때때로 당신은 이러한 생각을 확실하게 피력해야 한다. 양측은 세 명으로 이루어진 중재자 팀을 구성하자고 주장해서, 양측에서 한 명씩 추천하고 추천된 두 명이 합의하는 세 번째 중재자를 선정하는 것이다. 최고의 윤리 기준을 준수하는 사람을 중재자로 선정하기 위해서는 미국 중재자 협회에서 추천을 받아야 한다. 그 협회는 회원들이 법의 테두리 안에서 중재 방안을 찾을 수 있도록 엄격한 규칙을 정해 놓고 있다.

세일즈맨인 당신은 그렇게까지 문제를 악화시키지 않을 것이다. 당신은 중재자가 아닌 매개인을 이용할 것이며 매개인이 당신의 영업 부장, 또는 당신 조직 안의 어떤 다른 사람이 되는 경우도 있을 것이다. 만약 당신이 고객과 원만하게 합의를 보지 못할 때 문제 해결사로 영업 부장을 도입한다면, 고객이 그를 중립적인 사람이라고 생각할 확률은 얼마나 될까? 아마 거의 없을 것이다. 안 그런가? 그러므로 그는 고객의 마음에 신뢰감이 생기도록 무엇인가 해야 한다. 그렇게 하는 방법은 매개 과정 초기에 상대방에게 조금 양보하는 것이다.

그는 협상 사무실로 들어오면서, 설사 문제점을 잘 알고 있더라도 다음과 같이 말해야 한다. "나는 이 상황에 대해서 들어보지 못했습니다. 양측은 내게 각각 입장을 말씀하시고 나의 제안이 서로 만족할 만한지 생각해 보십시오."

여기서는 용어를 잘 사용해야 한다. 양측에 각각의 입장을 설명해 보라고 부탁함으로써, 부장은 자기가 선입견을 갖지 않고 진행시키고 있다는 인식을 심어주게 된다. 또한 부장이 당신을 언급할 때 '우리'라는 용어를 쓰지 않는 것도 주의해서 보아야 한다.

양측의 입장을 참을성 있게 듣고 난 뒤에는 부장은 당신을 향해 말한다. "당신은 그렇게 밀고 나가는 것이 괜찮다고 생각합니까? 아마도 당신은 기간(아니면 다른 조건)을 좀더 줄 수 있을 듯한데요? 60일로 하면 어렵겠습니까?" 부장이 당신을 응원하지 않는다고 생각하지 마라. 부장이 노리는 바는 바이어에게 자기가 공평하다는 것을 보여 주는 것이다.

나는 어떤 회사의 매매 협상을 도운 적이 있다. 우리에게는 여러 가지 의견 차이를 해결하기 위해 노력하는 두 팀의 변호사들이 있었다. 몇 주 동안의 협상 뒤에 우리는 완벽하게 막다른 골목에 도달한 듯했다. 그때 아주 현명한 변호사가 상황을 풀었다. 그는 말했다. “이 일은 생각보다 시간이 많이 걸릴 듯합니다. 나는 오후에 법정에 가봐야 합니다. 그래서 말씀드리겠습니다. 점심 식사 후에는 나의 동료인 조가 대신 나올 것입니다.”

점심 식사 후에 조가 나타났다. 그는 상황을 전혀 모르고 있었다. 양측은 그에게 지금까지의 협상 상황을 설명해야 했다. 조는 아주 어렵게 중립적인 입장을 견지했다. 그는 자기 쪽 사람들에게 말했다. “우리가 꼭 그것을 고집해야 할까요? 그 문제가 우리가 좀더 양보해도 될 듯한데요.”

그의 말을 들은 상대편은 생각했다. “이 사람은 아까 사람보다는 훨씬 합리적인 것 같군. 어쨌든 이 부분만 잘 넘어가면 방법을 발견할 수도 있겠는걸.” 그는 자신을 중립적인 위치에 놓음으로써 협상에서 동조자들을 만들 수 있었고 그 덕택에 우리는 막다른 골목을 빠져나왔다.

협상하다가 막다른 골목에 부닥쳤을 때에는 상대방도 납득할 만한 중립적인 제3자를 도입하라.

카터 대통령이 캠프데이비드에서 성과를 이룰 수 있었던 것도 이 덕분이었다. 이집트와의 관계에서 미국은 스스로를 중립적인 위치에 놓는 데에 수년의 세월이 걸렸다. 이집트는 늘 미국을 적으로 보았고 소련을 우방이라고 생각했다. 헨리 키신저는 그 모든 것을 바꿀 아주 좋은 기회를 포착해서 재빨리 낚아챘다. 안와르 엘 사다트 이집트 대통령이 소련에게 수에즈 운하를 청소해 달라고 간절하게 부탁하고 있을 때 키신저는 사다트의 집무실에 있었다. 당시 수에즈 운하는 전쟁 때 가라앉은 배들의 잔해 때문에 폐쇄되어 있었다.

소련은 기꺼이 그 일을 하려고 했지만 관료주의 때문에 빨리 처리하지 못하고 있었다. 바로 그때 키신저가 말했다. "우리가 도와줘도 상관없겠소?"

사다트가 깜짝 놀라서 말했다. "그렇게 해 주시겠소?" 키신저는 사다트의 집무실에서 전화를 들고 백악관의 닉슨 대통령에게 전화를 걸었다. 며칠 지나지 않아서 제6함대가 수에즈 운하로 향하고 있었다. 이 사건을 계기로, 미국은 이집트와 이스라엘 사이에서 중립적 위치로 한발 한발 자리매김해 나갔다. 그것이 결국 카터 대통령의 캠프데이비드 협정으로까지 이어졌다.

어떤 값을 치루더라도 난국, 교착 상태, 막다른 골목에 부닥치면 안 된다는 생각을 버려라. 숙련된 협상가는 그 상황을 상대방에게 압력을 가하는 도구로 사용할 수 있다. 일단 당신이 막다른 골목은 생각할 수 없다고 느끼면, 그것은 곧 판을 거둘 각오를 할 수 없으며, 따라서 가장 강력한 압박 수단을 포기했음을 뜻한다.

막다른 골목 탈출책과 관련하여 기억해야 할 주요 사항

1. 진정한 막다른 골목을 해결하는 유일한 방법은 제3자 도입이다.
2. 제3자는 매개인이나 중재자 역할을 할 수 있다. 매개인은 해결을 촉진할 뿐이지만 중재자의 경우에는 양측이 미리 중재자의 최종 결정에 따르겠다고 동의한다.
3. 제3자 도입을 자신의 실패로 보지 마라. 제3자가 협상 당사자들만으로는 다다를 수 없는 해결책에 이르게 할 수 있는 근거는 여러 가지가 있다.

4. 제3자는 양측에서 볼 때 중립적이어야 한다.
5. 제3자가 중립적으로 비춰지지 않을 때에는 그 제3자가 협상 초기 단계에 조금 양보함으로써 자신이 중립임을 보여야 한다.
6. 언제라도 막다른 골목에 부닥칠 수 있다는 마음을 간직하라. 당신은 판을 거둘 준비가 되어 있을 때에만이 파워 영업 협상가로서 강력한 힘을 발휘할 수 있다. 막다른 골목을 염두에 두지 않는다는 것은 곧 강력한 압박 수단을 포기하는 것이다.

이 장에서는 협상 과정에서 만날 수 있는 난국, 교착, 그리고 막다른 골목을 헤쳐 나가는 법에 대해서 알아 보았다. 다음 장에서는 모든 세일즈맨이 두려워하는 상황을 다루고자 한다.

34 화가 난 상대는 이렇게 다루어라

바이어가 분노하는 상황은 협상 과정에서 부닥칠 수 있는 꽤 심각한 상황이다. 납품 지연, 실수로 인한 과다 청구, 당신이 거짓말했다는 오해 등 일이 극적으로 잘못되는 경우가 있다. 그러나 결과적으로 보면 바이어의 성격이 불같아서 일어나는 해프닝인 경우도 많다. 어쨌든 모든 세일즈맨은 이런 상황을 두려워한다.

그러나 내가 이 장에서 언급하는 세 단계를 다 익히고 나면 그런 종류의 문제 때문에 스트레스 받는 일은 과거의 일이 될 것이며 당신은 상황을 부드럽게 해결할 수 있을 것이다.

몇 년 전에, 캘리포니아 주에 속한 442개 시의 시장들이 나에게 인질 협상에 대처하는 법에 대해서 가르쳐 달라고 요청했다. 나는 그들에게 말했다. "생각해 봅시다. 여러분이 캘리포니아 주의 소도시 시장인데, 시내에서 인질극이 발생해서 달려갔다고 합시다. 한 남자가 건물 안에서 총을 들고 인질극을 벌이고 있습니다. 경찰서장은 다소 카우보이 기질이 있어서 부수고 눈에 띄는 대로 죽이는 경향이 있습니다. 누군가 당신에게 확성기를 건네 주며 말합니다. '이걸 갖고 협상해 보세요.'"

한 시장이 외쳤다. “잠깐만요, 나는 겨우 47표를 얻어 당선됐는데요!”

물론 영업 활동을 하면서 이런 상황에 부닥치지는 않을 것이다. 그러나 인질극 상황에 대처하는 법을 배운다면 화가 잔뜩 난 바이어를 부드럽게 다룰 수 있을 것이다. 제일 먼저, 그의 화를 어느 정도 풀어주어야 한다. 사람에게는 배출구가 필요한 법이다. 이 작업은 주위가 안정된, 주변 사람들의 방해받지 않는 폐쇄된 사무실에서 해야 한다. 가능하면 빨리 제1단계로 진입하라.

제1단계: 기준 설정

1단계에서는 상대가 원하는 바를 정확하게 파악해야 한다. 그것이 듣고 싶지 않은 말이라고 짐작되더라도 확인 작업을 거쳐야 한다. 심지어 전혀 양보할 수 없거나 양보하지 않을 사항이라도 바이어가 무엇을 원하는지 파악해야 한다. 바이어로 하여금 자신의 기준을 세우게 하는 것이다.

인질극 상황에서, 인질범들은 5분 동안 라디오 방송을 할 수 있게 해달라고 할 수도 있다. 아니면 10만 달러를 요구하거나 어떤 죄수들을 풀어달라고 할 수도 있다. 기꺼이 들어줄 수 있는 요구를 하는 경우도 있다. O. J. 심슨이 경찰을 피해 도망 다닐 때, 그는 오렌지 주스 한 컵과 목욕하고 싶어서 자수했다. 텍사스 주의 웨이코에서 포위되었을 때 데이비드 코레시는 자기가 녹음한 테이프를 방송해 달라고 요구했다. 반핵운동단체는 자기들의 성명서를 뉴욕 타임스에 발표해 달라고 했다.

나는 전국적인 규모를 가진 부동산 판매 회사로부터 연례 모임

때 파워 영업 협상에 대해 강의해 달라고 요청받은 적이 있다. 시상식이 끝나고 점심 식사를 위해 잠시 쉬고 있을 때였다. 어떤 중개인이 단상으로 후다닥 달려가는 것이 보였다. 그는 회사의 부사장을 움켜잡고 외쳤다. "그래, 나한테 또 이럴 수 있어요? 우리 지점의 최고 영업 사원이 상을 못 받았어요. 도대체 당신이 그들을 인정해 주지 않으면 내가 어떻게 직원들에게 독려할 수 있겠소?"

그때는 부사장도 기분이 좋지는 않았던 모양이었다. 부사장은 즉각 대꾸했다. "그가 상을 왜 못 받았는지 몰라요? 그건 당신이 영업 자료를 제때에 제출하지 않았기 때문이오."

"무슨 소리! 나는 제때 제출했어요."

"아니요, 제출하지 않았소. 당신은 지금까지 우리와 5년 동안이나 일을 같이 하면서 한번도 제때에 제출한 적이 없었소!" 말다툼이 계속되었다. 부사장과 이야기를 하려고 늘어섰던 사람들이 당황하여 흩어지기 시작했다. 나는 지점장이 원하는 바를 부사장이 정확하게 파악하는 데 얼마나 걸리는지 보기 위하여 시간을 재기 시작했다.

사건이 발생한 지 23분이 지났다. 그때까지 그들은 서로 큰소리로 다투고 있었다. 마침내 지점장이 말했다. "나는 이 회사를 떠나겠소. 물론 우리 직원들을 모두 데리고 나가겠소. 지금 떠난다구!"

그러자 부사장이 대꾸했다. "회사에 대한 생각이 그 정도라면 어쩔 수 없지. 우리로서도 당신이 없는 편이 더 나을 것이오."

문제가 점점 더 커졌다. 이럴 때에는 부사장이 침착하게 지점장에게 다음과 같이 말하면 그만이다. "오, 그가 상을 받지 못한 것은 정말 미안하게 됐소. 정확하게 지금 내가 어떻게 하면 좋겠소?"

그러면 지점장은 대답할 것이다. "점심시간 동안이나 이따 오후에 그의 실적을 치하하는 한마디 해 주십시오. 괜찮겠지요?"

그러면 부사장이 말할 수 있을 것이다. "만약 내가 그렇게 해 주면 당신은 나에게 무엇을 해 주겠소? 앞으로 영업 보고서를 제때에 제출하겠다고 확실하게 약속할 수 있소? 그러면 이런 일이 다시 일어나지 않을 거 아니겠소?" 이렇게 되면 모든 것이 원만하게 끝난다!

우리는 위의 경우와 같은 식으로 문제가 커지는 것을 흔히 볼 수 있다. 안 그런가? 당신이 사무실에 들어가 보니 직원 두 명이 무언가 다투고 있다. 그들이 매우 화가 나 있는 듯해서 당신은 혹시 도와줄 게 없을까 하고 다가갔다. 사정을 알아본 당신은 다툼의 원인이 믿을 수 없을 만큼 사소한 데에 놀라지 않을 수 없었다. 그들 가운데 한 명이 다른 사람의 호치키스를 빌려가서 돌려주지 않았다는 것이 전부였지만, 그 일이 비정상적으로 확대된 것이었다. 이런 일은 배우자나 자녀와의 사이에서도 자주 일어난다. 무슨 이야기를 한다. 대꾸가 잘못 되었다. 곧 문제가 확대되어, 우리는 절대로 그렇게까지 나쁜 상황으로 몰고 가려는 의도는 아니었지만 다투다가 뱉어버린 말을 어떻게 거둬들여야 할지 모른다.

어떤 협상에서든 그것이 제1단계이다. 상대방에게 무엇을 원하는지 묻는 것이다. 그것이 생각처럼 그렇게 나쁘지 않은 경우도 흔히 있다. 루프트한자 항공사의 비행기가 독일의 프랑크푸르트에서 납치된 사건을 기억하는가? 그때 승객들은 세 시간 뒤에 카이로에 도착할 예정이었다. 그런데 납치되어 온 유럽을 날아다니다가 급기야 뉴욕까지 갔다가 돌아왔다. 결국 승객들은 석방되었다. 승객 가운데 한 명이 루프트한자 항공사 직원을 발견하고는 그에게 가서 마구 고함을 쳤다. 승객은 몹시 화가 나 있었다. 카이로에서의 사업상 약속이 모두 어긋나 버렸고 3일 동안 공포에 떨었다. 승객은 항공기 납치 사건이 루프트한자 항공사의 보안 체계 미비 때문에 일어났다고 생각했다. 이 직원은 그 승객을 진정시키기 위해서 무엇을 해야 한다고 생각했을까? 다행스럽게도 그 직원은 규칙을 알고 있었다. 먼저 사람들이 원하는 바를 파악하라. 그 승객이 무엇을 원했는지 아는가? VIP 고객 마일리지였다! 그 승객이 원했던 것은 그것이 전부였다.

이와 같이 상황이 당신이 두려워하는 만큼 나쁘지 않은 경우도 많다. 그러나 그렇다고 하더라도 화가 난 사람이 자기 입장을 표명하도록 유도하는 것이 좋다. 거기에 대응하여 이쪽에서는 준비되어 있는 것과 준비되어 있지 않은 것을 알려 줄 필요가 있다. 제1단계에서 우리는 기준을 수립한다.

제2단계: 정보 교환

양측이 서로 기준을 세워 상대방이 초기에 기꺼이 할 수 있는 것이 무엇인지 이해했다면 제2단계로 간다. 2단계에서는 상황과 관련된 모든 정보를 알아 내야 한다.

2단계는 어떤 협상에서든 좀더 많은 정보를 탐색하기 위한 가장 중요한 부분이다. 나는 앞에서 정보가 얼마나 중요한 압박 수단인지 언급한 바 있다. 여기서 우리는 정보 수집이 모든 협상의 두 번째 단계임을 알 수 있다.

가능한 모든 정보를 찾아내라. 이 단계에서 성급하게 결론을 내려서는 안 된다. 모든 정보를 요청하라. 인질극 상황의 경우에는 인질범이 어떤 조직에 속해 있는지 알아야 한다. 그가 전에도 이런 협박을 해낸 적이 있는가? 그의 종교는 무엇인가? 우리가 부를 수 있는 성직자가 있는가? 그의 가족은 어디에 있는가? 해결책을 마련하여 우리를 도울 사람은 있는가? 가능한 모든 정보를 구한다.

모든 것이 잘못 되고 사람도 희생되는 인질 협상에 대해서 들을 때에는 언제나 뉴스 기사를 검토하여 협상가가 상황을 좀더 알아볼 능력이 없었는지, 아니면 단순히 그럴 만큼 참을성이 없는 것은 아닌지 알아 본다.

어느 날 한 남자가 주머니에 총을 넣고 비버리힐즈에 있는 로데오거리를 걸어가고 있다.(들어본 적이 있는지 모르지만 이제 이런 풍경은 서던 캘리포니아에서는 이상한 일이 아니다. 얼마 전에 고속도로에서 일어난 총격 사건을 기억하는가? 우리는 하룻밤 사이에 차 뒤쪽에 "먼저 가세요. 비켜 드리겠습니다"라고 적힌 스티커를 붙였다. 이런 일에 우리는 익숙해져 있다.) 그는 보석 가게로 들어가서 호주머니에서 총을 뽑아들었다. 그러자 앞문에 있던 경비가 사람들을 안에 둔 채 재빨리 문을 잠가버렸다. 여기서 문제가 하나 있다. 그 행동은 ①실수다. ②어리석은 짓이다. ③두 가지 모두이다. 무엇일까?

안에 갇힌 사람들은 그제야 구내식당 벽에 적힌 글을 보게 된다. "우선 빠져나오시오. 그 다음에 강도를 안에 가두시오."

비버리힐즈 경찰은 서던캘리포니아의 모든 특수기동대를 불렀다. 각 건물 꼭대기에 저격수가 배치되고, 두 블록의 쇼핑가는 3

일 동안 완전히 출입이 통제되었다. 상인들은 발을 동동 굴렀다. 손해가 수백만 달러에 이르렀기 때문이다. 상인들은 그 사람에 대한 보석 신청을 하려고 모금을 하고 있었다. 3일째 되는 날, 마침내 젊은 남자는 구금되었고 그제야 그들은 그의 이름을 알았다. 그들은 정보 수집 단계를 거치지 않았다.

만약 당신이 영업 간부라면, 유능한 직원이 회사를 그만두려는 상황을 겪을 수도 있다. 이 사람을 잡아두려면 정확하게 무엇을 해야 하는가? 먼저 그의 말을 들어보아야 한다. 듣기 싫은 소리일 듯해도 들어야 한다. 그만두려는 사람에게 돈을 더 주지 않는다는 확고한 생각을 갖고 있더라도 일단 들어야 한다. 화를 내지 말고 정보를 교환하라.

이렇게 말할 수 있을 것이다. "찰리, 우리는 6년 동안이나 같이 지냈잖은가! 나는 자네가 돈 몇 푼 더 받기 위해 위험을 무릅쓰고 다른 회사로 옮긴다는 것은 믿어지지 않아!" 정보를 많이 캐볼수록, 협상에 영향을 미치는 요소가 좀더 많이 표면으로 떠오를 것이다. 어쩌면 이 직원에게 돈은 하등 문제가 안 되고, 다만 배우자가 그 도시를 떠나야 하는 사정이 생겼을 수도 있다.

정보 교환은 당신에게 아주 중요하며, 모든 협상의 두 번째 단계이다.

제3단계: 타협 추구

앞의 두 단계를 마쳤을 때에만이 세 번째 단계, 즉 타협을 추구하는 방향으로 나아가야 한다. 이 단계는 대부분의 사람들이 협상이라고 생각하는 단계이다.

협상을 시작하기 위해서, 상대방이 중요하게 생각하지만 당신은 기꺼이 양보할 수 있는 사안을 찾아보라. 그 사안에 대해 당신이 느끼는 가치와 바이어가 느끼는 가치가 반드시 똑같지는 않기 때문이다.

당신이 원하는 양보를 받아내기 위해서는 그에 상응하는 가치가 있는 것을 양보해야 한다고 생각하지 마라. 화난 사람을 상대할 때에는 그가 비합리적으로 생각하고 있음을 잊지 마라. 물론 당신은 합리적인 태도를 견지해야 한다. 예를 들어 인질극 상황에서, 인질범은 치킨 샌드위치와 맥주 한 병 받은 대가로 여섯 명의 인질을 석방할 수도 있다. 마찬가지로 화가 난 바이어는 당신이 개인적인 보증에 대한 대가로 중요한 문제를 쉽게 넘길 수도 있다. 물론 그런 일은 두 번 다시 일어나지 않을 것이다.

화가 난 바이어를 만났을 때에는 위의 세 가지 단계를 거치면서 협상하라. 얼마나 간단하게 그의 화를 가라앉히며 그의 신뢰를 회복할 수 있는지 보라.

8부
협상 상대방 파악하기 (지피지기면 백전백승)

35

개인적인 능력을 배양하라

세일즈맨은 바이어를 만날 때마다 '이 사람과 협상하면서 내가 얼마나 주도권을 발휘할지' 에 대한 느낌을 조금씩 구체화해 나간다. 어떤 때는 거래를 성사시킬 수 있다는 막연한 자신감이 들기도 한다. 그럴 때에는 "오늘은 운이 따를 것 같다"는 생각을 하기도 할 것이다. 또 어떤 때는 자신감이 훨씬 강해져서 거래를 성사시킬 뿐만 아니라 양보를 전혀 하지 않는 최상의 거래를 이루어낼 것 같다. 이 정도라면, 그 느낌은 객관적일 것이다. 그런 확신이 드는 까닭은 바이어가 원하는 것을 자기가 쥐고 있기 때문이다. 그러나 대부분의 경우에 느낌은 주관적이다. 즉 어떤 느낌이 들지만 그 이유를 알 수 없다. 이 장에서, 나는 그 느낌의 수수께끼를 풀려고 한다. 이 장을 다 읽고 나면 자신의 개인적 능력이 어디에서 나오는지 알 수 있고, 바이어가 당신을 압박할 능력이 있는 것처럼 보일 때, 그 능력의 정체를 이해할 수 있을 것이다.

직책 능력

개인 능력의 첫 번째 요소는 직책 능력이다. 직책 능력은 직함을 가진 사람 누구에게나 효과를 발휘한다. 직함이 사람에게 영향을 미치기 때문이다. 명함에 '부사장' 이라고 찍혀 있으면, '영업사원' 이라고 찍힌 사람보다 이미 한 단계 위에 서 있는 셈이다. 내가 부동산 회사를 운영할 때, 한 지역을 관리하는 직원에게 지역 책임자라는 직함을 주었다.(여기에서 '관리' 는 대략 500여 가구씩 지역을 나누어 집집마다 방문하며 소식지를 전해줌으로써 자기가 지역 소식에 정통하다는 것을 인식시켜주는 작업을 말한다.) 직원들은 '지역 관리자' 라는 명함을 사용하면서 자기를 대하는 사람들의 태도가 많이 달라졌다고 말했다.

따라서 당신 명함에 별다른 직책이 표기되어 있지 않다면, 그 회사는 무엇인가 재평가해야 한다. 지역 임명은 대체로 구역 관리자가 지구 관리자에게 보고하고 지구 관리자는 지역 관리자에게 보고하는 순서로 된다. 따라서 부지역장이라면 바이어에게 좀더 확실한 인상을 심어 주는 직함이 된다. 때때로 직함을 다른 방법으로 표기하는 회사도 있다. 이를테면 구역 관리자가 미국 서부 전체를 담당하는 경우이다. 그 회사가 직함 체계를 바꾸어야 한다고 말하고 싶은 생각은 없지만, 일반적인 직함 체계와 다르기 때문에, 구역 관리자가 지역 관리자보다 하위 직책으로 보일 수 있다.

이런 근거로 어떤 직함을 갖고 있으면 명함이나 서식 용지, 또는 명패에 직함을 사용하는 것이 좋다. 직함이 상대방에게 영향을 미치기 때문이다.

직책 능력과 관련하여 한 가지 알아 두어야 할 점은, 직함을 가진 사람은 가능하면 상대방의 영역에서 협상하기보다는 바이어를 오게 해야 한다는 것이다. 상대의 영역에서는 그의 직책 능력을 보여주는 갖가지 상징물에 둘러싸이기 때문이다. 예를 들어 바이어를 어떤 장소로 데려갈 때에는 항상 당신 차로 움직여야 한다. 그 안에서는 당신이 좀더 주도권을 가질 수 있기 때문이다. 바이어에게 점심을 대접한다면 상대방이 선호하는 곳이 아니라 당신이 선택한 식당으로 가야 한다. 상대방이 선호하는 곳에서는 당연히 상대방이 좀더 주도권을 잡기 때문이다.

직함을 십분 활용하되 상대방의 직함에 주눅 들 필요는 없다. 아무 의미도 없는 직책도 있다. 나의 딸 줄리아는 남부캘리포니아 대학에서 경영 재무 학위를 받고 딘 위터라는 증권회사의 비버리 힐즈 지점에 들어갔다. 뉴욕에 본점을 둔 이 회사의 비버리힐즈 지점은 규모가 꽤 컸다. 들어간 지 얼마 안 되던 어느 날, 딸이 부사장 진급에 대해서 걱정하고 있었다. 나는 기가 막혀 딸에게 말했다. "줄리아, 현실적인 목표를 세워야지. 그 회사는 대기업이니까 거기서 부사장이 되려면 무척 많은 시간이 필요할 거야."

그러자 딸이 대답했다. "아니에요. 나는 늦어도 연말쯤이면 부사장이 될 것 같아요."

나는 딸에게 물었다. "그 회사에 부사장이 몇 명인데?"

딸이 말했다. "확실히 모르겠어요. 아마 수천 명은 될 거예요. 우리 사무실에만 서른다섯 명이나 되는 걸요."

딘 위터(지금은 모건 스탠리 딘 위터)는 직함이 사람에게 미치는 영향을 잘 알고 있는 회사이다!

A.L. 윌리엄스는 그의 책 『할 수 없는 것은 없다(*All You Can Do Is All You Can Do*)』에서 자기는 회사에서 한 달에 100명씩 부사장을 임명했다고 자랑했다. 그가 새로 임명되는 모든 부사장을 만나서 악수했다면 그 일만으로도 시간이 모자랐을 것이다. 그러므로 상대방이 엄청난 직함을 갖고 있더라도 주눅들 필요가 없다. 그 직함이 아무 의미도 없을 수 있기 때문이다.

다른 형태의 직책 능력도 있다. 이를테면 시장에서의 지위도 직책 능력의 한 형태이다. 당신 회사가 가장 크다거나 가장 작다거나 가장 유서 깊다거나 신생 회사라고 주장할 수 있다면, 당신은 직책 능력을 갖고 있는 셈이다. 당신은 당신 회사가 가장 세계화된 기업이라고 주장할 수도 있고 가장 전문적인 기업이라고 주장할 수도 있다. 당신은 바이어에게 신생 회사이기 때문에 한층 더 열심히 노력한다고 말할 수도 있고 이 업계에서만 40년 역사를 갖고 있다고 말할 수도 있다. 입장을 어떻게 설정하든 아무 문제가 없다. 어떤 입장을 취하든 그것을 직책 능력으로 활용할 수 있다.

시혜 능력

개인 능력의 두 번째 요소는 시혜 능력이다. 사람은 자기에게 은혜를 베풀 수 있는 사람 앞에서는 움츠려들게 마련이다. 바이어를 '자기에게 주문하는 은혜'를 베풀 수 있는 사람이라고 생각한다면, 그 순간부터 당신은 그에게 주눅 들게 된다. 소규모 판매 때보다 대규모 판매 때 더 위축되는 것은 그 때문이다. 돌아올 혜택이 크면 클수록 움츠려드는 정도도 강해진다. 물론 그것은 전적으로 주관적이다. 안 그런가? 당신이 초보 세일즈맨이었을 때에는 1,000달러짜리 판매에도 수혜감을 느꼈을 것이다. 그러나 조금 지나고 나면 10만 달러짜리는 되어야 가슴이 들뜬다.

로빈 기븐스를 기억하는가? 그녀는 약 여덟 달 동안 마이크 타이슨의 아내였다. 그들은 매력적인 한쌍이었다. 그들과 악수라도 나누었다면 당신은 자랑하고 싶지 않았겠는가? 로빈 기븐스가 이혼 전문 변호사를 고용하기 위해 캘리포니아로 갔을 때, 그녀가 마빈 미첼슨에게 의뢰한다면 그것을 시혜라고 생각했을까? 나는 아니라고 확신한다. 그녀는 생각했을 것이다. "마빈 미첼슨에게 맡길 수 있다면 좋겠는데. 마빈 미첼슨이면 이 방면에서는 최고 아닌가. 그가 맡아준다면 그보다 좋은 일은 없지." 당신은 업계 최고이다! 당신이 상대하는 사람들은 당신보다 잘 할 수 없다. 만약 당신이 바이어의 문제를 푸는 데 개인적 명성과 전문 기술, 그리고 당신 회사의 명성과 전문 기술을 건다면, 바이어가 당신에게 은혜를 베푸는 것이 아니다. 오히려 당신이 은혜를 베푸는 것이다. 물론 당신이 그렇게까지 이야기하지는 않을 것이다. 오만하게 보일 수 있기 때문이다. 바이어에게 주문 받는 것을 그에게 은혜 입는다고 생각해서는 안 된다. 나는 몇몇 세일즈맨들이 조금만이라도 주문해 달라고 바이어에게 빌었다는 소문을 들은 적이 있다. 믿을 수 있는가? 음식 찌꺼기를 달라고 꼬리 치는 개가 연상되지 않는가? 바이어가 당신에게 은혜를 베푸는 것이 아니라, 당신이 바이어에게 은혜를 베푼다고 생각해야 한다. 그럴 때 당신은 조금이 아니라 전부를 요구하면서도 당당할 수 있을 것이다.

바이어가 당신에게 시혜 능력으로 압박을 가해 오기 시작할 때에는 재빨리 그 수법을 파악하고 절대로 위축되지 마라. 몇몇 바이어는 시혜 능력 이용에 이력이 나 있다. 그들은 당신에게 양보하라고 하면서 슬쩍 다음 주에 큰 건이 있다고 말을 던진다. 당신은 솔깃해진다. 더 나아가 좀더 자세하게 물어 볼 수도 있다. 그러면 상대방은 이른바 '항구에 배만 들어오면'을 이야기할 것이다. 자세히 밝히거나 당신에게 조금이라도 언질을 줄 필요도 없다. 단지 시혜 능력을 암시할 뿐이다. 거기에 휘둘리면 안 된다. 상황을 정확하게 파악하고 협상 원칙에서 벗어나지 않아야 한다.

일단 당신이 시혜 능력을 인식하고 상대방의 속셈을 알아차리면, 상대방은 당신을 통제할 수단을 잃어버리게 된다. 반면에 당신은 협상가로서 좀더 자신감을 갖게 될 것이다.

위압 능력

시혜 능력의 반대는 위압 능력이다. 어떤 사람이 자신을 벌할 수 있는 능력을 가졌다고 느낄 때에는 언제나 그에게 눌리게 된다. 경찰에게 끌려서 도로 가에 나온 다음, 딱지를 뗄 수도 있고 떼지 않을 수도 있는 그 경찰 앞에 서 있을 때 얼마나 가슴을 졸이는지 당해본 사람은 다 알 것이다. 벌금 액수는 그다지 크지 않을 수 있지만 그때 느끼는 위압감은 엄청나다.

따라서 상대가 자신을 벌할 수 있는 능력을 갖고 있다고 느껴질 때, 그 사람은 당신을 위축되게 할 힘을 가지고 있다. 그리고 우리가 알고 있는 가장 강력한 처벌 중의 하나는 사람을 우습게 만들어 버리는 것이다.

앞에서 다룬 등거리 전략을 기억하는가? 거기에는 나는 당신의 실질적인 목표에서 상대방이 제시한 액수와 차이 나는 만큼 높게 초반 입장을 제시해야 한다고 했다. 그것은 때때로 당신이 발휘하는 위압 수단이 되기도 한다. 그러나 당신은 상대방이 비웃을지 모른다는 두려움 때문에 그런 제안을 하지 못한다. 비웃음을 살 수 있다는 두려움은 삶에서 여러 가지를 성취하는 데 방해가 된다. 따라서 그것을 이해하고 적극 대처할 필요가 있다.(나의 책『최고 성취를 위한 13가지 비법(*The 13 Secrets of Power Performance*)』에서 나는 이에 대한 해답을 제시했다. 당신은 가장 두려워하는 것이 무엇인지 파악해서 그것을 해야 한다.) 시혜 능력의 경우와 마찬가지로 해답은 경험 속에 있다. 신입 세일즈맨은 1,000달러짜리 거래를 잃지 않을까 조바심하지만 숙련된 세일즈맨은 10만 달러짜리 거래를 잃고도 크게 상심하지 않는다.

신입 세일즈맨은 늘 시혜 능력과 위압 능력에 휘둘린다. 그가 처음 판매에 나설 때에는 모든 바이어를 '자기에게 주문하여 시혜를 베풀 수 있는 사람'이나 '자기의 제안을 거절하여 벌줄 수 있는 사람', 더 심각하게는 '자기 제안을 비웃을 수 있는 사람'으로 본다. 그러다가 얼마 동안 경험을 쌓고 나면 판매란 다른 모든 것과 마찬가지로 숫자 게임이라는 것을 깨닫는다. 그가 영업을 열심히 일하고 아주 많은 사람들에게 말을 한다면, 자기 제안을 거절하는 사람들의 비율이 아주 높다는 것을 알게 된다. 일단 그것이 숫자 게임임을 이해하고 나면, 사람들이 자신에게 시혜를 베풀 수도 있고 벌을 가할 수도 있다는 인식은 사라지고, 일에 대해 좀 더 강한 자신감을 갖게 된다.

인격 능력

개인 능력의 네 번째 요소는 인격 능력이다. 이 능력은 일관된 가치관을 가진 사람에게서 나타난다. 이와 같은 사람들의 대표적인 예가 교황, 빌리 그레이엄, 로버트 슐러와 같은 종교 지도자들이다. 패트 로버트슨은 '여러분은 나를 믿어도 된다. 나는 일련의 가치 기준을 갖고 있고 그 기준에서 벗어나지 않을 것이기 때문'이라는 하나의 테마를 분명히 선언한 덕택에 회장으로서 상당한 업적을 쌓을 수 있었다. 존 F. 케네디도 인격 능력을 갖고 있었다. 그는 새 세대에게 전해 줄 권력의 형태에 대해서 이야기할 때, 새 개척자 정신에 대해서 이야기할 때 자신이 무엇인가 믿고 있다는 것, 즉 일관된 가치관을 갖고 있다는 것을 보여 주었다.

빌 클린턴은 인격 능력을 갖고 있지 않다. 나는 백악관에서 그를 본 적이 있는데, 매우 카리스마적이고 믿을 수 없을 만큼 열심히 일하는 영리한 사람이라는 생각이 들었다. 그의 문제는 사안에 따라 가치 기준이 다르게 적용된다는 것이다. 그는 상황이 어렵게 되더라도 일정한 견해를 유지할 용기가 있음을 아무에게도 확인시켜 주지 못했다.

카터 대통령의 실패 원인도 인격 능력의 부족이었다. 그는 역대 미국 대통령 중에서도 흔하지 않을 만큼 신사적이고 도덕적이며 윤리적인 대통령이었다. 또한 그는 백악관을 차지했던 그 누구보다도 열심히 일했으며 누구보다도 똑똑했다. 그는 핵물리학을 전공했다! 그러나 그는 영향력을 상실했다. 그가, 최소한 겉으로 보기에는, 사안에 따라 다른 가치 기준을 적용했기 때문이다. 그 역시 상황이 어려워져도 자기 생각을 끝까지 밀고나갈 만큼 확고한 생각을 가졌는지에 대해서 아무에게도 확신을 주지 못했다.

예를 들어 이란 왕에 대한 비자 처리 문제를 살펴보자. 이란 왕은 아카풀코 만에 있는 아름다운 저택에서 살고 있었다. 그러다 이란 왕은 심각하게 병이 들었고, 치료차 미국에 오겠다고 비자를 요청했다. 처음에 카터는 이란의 반발을 두려워하여 안 된다고 했다. 그러다가 마음을 바꾸어 비자를 승인했고 이란 왕은 뉴욕에서 암 치료를 받을 수 있었다. 이 때문에 이란에서 반미 항의가 거세게 일자 카터는 다시 마음을 바꾸었다. 압력을 피하기 위해 이란 왕을 파나마로 보낸 것이다.

나는 로널드 레이건도 인격 능력을 갖고 있다고 생각하지 않는다. 레이건은 이런 저런 식으로 결정하고 그것을 고집했다. 예를 들어 뉴욕에서 열리는 유엔 총회 연설자로 초청된 야시르 아라파트의 비자 발급을 거부했다. 만약 당신이 유엔에서 150 대 2로, 그것도 두 표 가운데 한 표가 당신의 표라면 어떻게 반응하겠는가? 그때 유엔은 당신의 결정을 우회하기 위해서 전체 회의를 제네바로 옮기기로 결정했다! 당신이라면 결정을 재고해 보고 싶지 않겠는가? '내가 좀 심했나 보다' 라고 생각하기 쉽지 않겠는가? 아니다! 당신은 결정을 했고 그것을 고집한다. 왜냐 하면 일관성의 과시가 이제까지 당신에게 도움이 되는 가장 영향력 있는 요소였기 때문이다.

조지 부시는 대통령으로 취임하고 얼마 동안 상당한 일관성을 발휘했다. 그에 대한 지지도는 그것과 직접적으로 관련되어 등락했다. 처음에 그는 새 조세 제도에 대한 반대 의사를 일관되게 견지했다. 그는 말했다. "의원들이 새 조세 제도를 도입해야 한다고 말하고 있습니다. 나는 그들에게 말할 것입니다. '내 입을 보십시오. 새 조세 제도는 안 됩니다.' 그러면 의원들은 그것에 대해 다시 한 번 토론할 것입니다. 그리고 말할 것입니다. '대통령 각하, 우리는 새 조세 제도를 도입해야 합니다.' 나는 또 말할 것입니다. '내 입을 보세요. 새로운 조세 제도는 안 됩니다.'" 우리는 그를 지지했다. 그런데 그는 그 문제에 대해 물러섰고 우리들은 그를 증오했다. 그의 지지도는 거의 하룻밤 사이에 45퍼센트에서 8퍼센트로 떨어졌다.

이어서 걸프전이 터졌다. 걸프전 대응과 관련하여 일관성 측면에서 그는 어떤 평가를 받았을까? 완벽한 점수였다. 사담 후세인을 다루는 방식에 있어서 누구도 부시만큼 일관성을 유지할 수는 없었다. 미국인은 그를 지지했다. 그의 지지도는 40퍼센트에서 90퍼센트로 뛰어올랐다.

그 다음에 쿠르드 난민 문제가 불거졌다. 그가 말했다. "영원히 지속되고 있는 내전 한복판으로 미국 군대를 보내지 않을 것이다." 훌륭하다. 입장을 정하고 그 입장을 고수하라. 다음날, 부시는 마음을 바꾸어 이라크 북부로 군대를 파견했다. 그의 지지도는 즉각 90퍼센트에서 50퍼센트로 떨어졌다.

더 이상 분명한 증거를 제시할 수 있을까? 인격 능력, 즉 일관된 입장 표명은 사람들에게 영향을 미친다. 당신은 고객의 일관성 있는 태도를 좋아하고 거기에 감탄한다. 당신이 그런 모습을 보여준다면 상대방도 좋아하고 감탄한다. 당신이 원칙을 견지한다면, 특히 재정적 손실의 위험을 감수하면서까지 원칙을 지키는 것처럼 보인다면, 상대방에게 신뢰감을 심어줄 수 있으며 상대방은 당신의 그런 모습을 사랑한다.

예를 들어 당신이 컴퓨터를 파는데 용감하게도 고객에게 다음과 같이 말했다고 하자. "물론 손님께서는 돈을 절약하고 싶으시겠지요. 그렇게 하는 것이 손님에게 좋다면 나도 기꺼이 그렇게 권해 드리겠습니다. 그러나 지금은 아닙니다. 손님께서 2기가바이트짜리 하드디스크가 달린 컴퓨터를 구입하지 않는 한 완벽하게 만족하지 않으시라는 것을 나는 알고 있습니다. 따라서 죄송합니다만, 그 이하짜리 컴퓨터는 팔지 않겠습니다."

고객은 그런 당신을 좋아할 것이다. 물론 놀라서 눈을 휘둥그레 뜰 것이다. 그러나 고객의 사정을 충분히 파악했고, 당신이 옳다면, 당신은 그 고객에게 힘을 갖게 된다. 만약 당신이 태도를 바꾼다면, 그가 당신을 얼마나 존중할까?

당신이 갑자기 심장 발작을 일으켰다고 하자. 깨어보니 병원인데 의사가 3중 혈관 우회 심장 수술을 해야 한다고 말한다. 그래서 당신이 "2중 혈관 우회 수술로 하면 안 될까요?"라고 물었다.

만약 그가 "좋습니다. 그럼 일단 2중 혈관 우회 수술을 해 보고 경과를 지켜봅시다"라고 말한다면, 그 의사에게 어떤 생각이 들까? 그 의사에게 기꺼이 수술을 허락할까? 나는 그럴 것이라고 생각하지 않는다!

당신이 인격 능력을 보여 주고 바이어도 그것을 알아챘다면, 바이어는 당신의 일관적인 태도에 경의를 표한다. 그러면 당신은 그에게 영향력을 발휘할 수 있다. 바이어와 협상할 때 편법을 쓰거나 동원해서는 안 될 연출을 동원한다면, 거래 성사 능력에 있어서 단기간의 이득은 얻을지 모르지만 장기적으로 바이어에게 영향을 미치는 능력에 있어서는 손해이다.

기준을 세우지 않거나 자신의 기준을 깨지 않도록 조심하라. 가격을 절대 안 깎아 준다고 해 놓고 조금 있다가 깎아 주는 짓은 절대로 금물이다. 차라리 처음부터 안 깎아 준다고 이야기하지 않는 것이 좋다. 그것이 바로 클린턴이 탄핵 소추된 까닭이다. 만약 처음에 그가 그렇게 완강하게 부인하지만 않았다면 여론은 여직원과의 합의 섹스 문제를 그럭저럭 넘어갔을지도 모른다.

카리스마적 능력

개인 능력의 다섯 번째 요소는 카리스마적 능력이다. 카리스마적 능력은 아마 분석하거나 설명하기가 가장 힘든 요소일 것이다. 나의 책, 『효과적인 설득 비법(*Secrets of Power Persuasion*)』에서 나는 개인의 카리스마 계발 방법에 대해서 세 장에 걸쳐서 설명했다. 여기에서 다시 그 힘과 한계에 대해서 설명하고자 한다.

아마도 어떤 모임에서든 주위를 압도하는 카리스마적 성향을 가진 인사를 한번쯤 보았을 것이다. 나는 클린턴을 만났을 때 심사가 무척이나 불편했다. 나는 정치적으로 그와 정반대의 입장을 갖고 있었기 때문인데, 그도 틀림없이 그런 낌새를 알아차렸을 것이다. 나는 그에 대한 지지 표현으로 해석될 만한 어떤 일도 하고 싶지 않았다. 그래서 나는 말했다. "행운을 빌겠습니다. 각하, 계속 저 사람들의 지지를 받기 바랍니다." 나는 레이건 대통령과 낸시 여사도 그런 말에 문제의식을 가질 거라고 생각하지 않는다. 클린턴은 슬쩍 내 이름표를 본 다음 나의 눈을 똑바로 보면서 말했다. "로저 선생, 당신이 나와 함께 한다면 나도 당신과 함께 있겠습니다." 나는 말했다. "나는 함께 있을 것입니다. 각하." 15초도 안 되어, 그는 자신만의 분위기와 눈빛으로, 나에게 지지 약속을 받아냈다.

모든 대통령이 카리스마적 능력을 내뿜을 수 있는 것은 아니다. 제럴드 포드에게는 그것이 부족했다. 포드는 다른 세 가지 요소를 충분히 갖고 있었으나 그 요소들을 실현시켜 줄 강력한 인격을 갖지 못했다.

리처드 닉슨은 그런 점 때문에 정치가로서 많은 어려움을 겪었다. 그가 훌륭하다고 생각하는 사람은 있었지만 정작 그를 좋아하는 사람은 드물었다.

나는 조지 부시의 패배 원인도 카리스마의 부족 때문이라고 생각한다. 특히 카리스마가 강한 레이건 대통령의 후임이었기 때문에 더욱 그랬을 것이다. 윌리엄스버그에서 벌어진 토론회 동안에 찍은 그의 사진을 기억하는가? 그는 전체적인 과정이 대체로 지루하다는 표정으로 연신 시계를 쳐다보며 서 있었다. 반면에 클린턴은 질문에 대답하기 위해 청중에게 몸을 굽히고 있었다.

세일즈맨은 카리스마적 능력을 지나치게 강조하는 경향이 있다. 나이가 지긋한 세일즈맨들 중에는 나에게 "많은 사람들이 나와 거래하는 유일한 이유는 나를 좋아하기 때문이다"라고 말하는 사람이 많다. 그럴지도 모른다. 그러나 지금은 안 그렇다. 윌리 로만의 함정에 빠지지 마라. 무려 40년 전에 아서 밀러는 『세일즈맨의 죽음』을 쓰고 주인공 윌리 로만의 입을 통해 "가장 중요한 것은 호감을 사는 일이다"라고 말하고는 그것을 조롱했다. 물론 바이어가 당신을 좋아한다면 주문받을 확률이 좀더 높다. 그러나 당신에게 호감을 갖고 있다고 해서 당신에게 협상의 주도권을 주어야 한다고 생각하지는 않는다. 오늘날의 바이어는 그런 점에서 무척 노련하다. 그것은 협상의 통제력을 장악한다는 측면에서 당신과 아주 먼 이야기이다.

당신의 목적은 바이어가 당신에게 양보할 정도로 그의 호감을 사는 것이지, 당신이 바이어에게 양보를 할 만큼 그를 좋아하는 것이 아니다.

전문 기술 능력

여섯 번째 요소는 전문 기술 능력이다. 당신이 특정 분야에서 상대보다 더 많은 전문 지식을 갖고 있다고 인식시킬 때, 당신은 그들을 압도하는 힘을 발휘한다. 변호사와 의사는 이 점을 정말 강조한다. 안 그런가? 그들은 남이 갖지 못한 전문 기술을 갖고 있다는 것을 인식시키기 위해 남들은 이해하지 못하는 말을 구사한다.

의사들이 처방전을 영어로 쓰지 못할 까닭은 전혀 없다. 그러나 영어로 쓴다면, 사람들이 그 뜻을 웬만큼 알게 되고 전문 기술의 위력도 꽤 사라질 것이다. 변호사도 마찬가지이다. 그들도 사람들이 이해할 수 없는 단어를 사용하여 남다른 전문 지식을 강조한다.

바이어가 전문 기술 능력을 구사한다고 해서 위축되지 마라. 당신이 초보 세일즈맨이었을 때를 상기해 보라. 당신은 영업을 시작한 지 얼마 안 되었고 파는 물건의 기술적인 측면에 대해서 공부했지만 아직 확실히 알지 못했다. 당신은 그 제품에 대해 당신보다 많이 알고 있는 듯한 바이어에게 팔려고 했다. 얼마나 위축되었던가? 그러나 이제 바이어에게 주눅 들지 마라. 바이어가 질문하면, 두려워하지 말고 다음과 같이 말하라. "그것은 나의 전문 분야가 아닙니다. 그러나 우리 엔지니어들은 해당 분야의 최고 전문가들입니다. 그들을 전적으로 믿으셔도 됩니다."

인격 능력, 카리스마적인 능력, 전문 기술 능력의 혼합

이전에 언급한 세 가지 능력, 즉 인격 능력, 카리스마적인 능력, 전문 기술 능력을 함께 살펴보자. 협상을 통제하려면 이 세 가지 능력이 무척 중요하다.

당신은 기획 상품을 아주 수월하게 파는 사람을 본 적이 있는가? 이를테면 영업 부장과 함께 판매에 나섰는데 부장은 아무 힘도 안 들이고 쉽게 판매하는 것처럼 보인다! 그는 제품에 대해서는 거의 이야기하지 않는 것 같은데 마지막에 바이어가 부장에게 말한다. "이제 우리는 무엇을 해야 하죠? 최고 모델로 하는 것이 좋을까요, 아니면 보급형 모델로 하는 것이 좋을까요? 우리에게 맞는 것을 추천해 주세요. 당신이 잘 아니까요."

도대체 부장은 바이어에게 어떻게 그런 영향력을 발휘할 수 있을까? 부장은 인격 능력, 카리스마적 능력, 전문 기술 능력을 아주 잘 구사한 것이다.

인격 능력 "이윤이 많이 남더라도 손님에게 가장 알맞지 않으면 권하지 않겠습니다." 이것은 믿음을 준다. 안 그런가?

카리스마적 능력 부장은 호감이 가는 인격의 소유자이다.

전문 기술 능력 부장은 전혀 건방진 태도를 보이지 않으면서도 바이어보다 제품에 대해 더 많이 알고 있다는 것을 인식시켜 주었다.

이 세 가지 능력을 함께 갖추었다면 당신은 이미 협상의 주도권을 쥐고 있는 셈이다. 이제 곧 바이어는 선뜻 결정을 내리지 못하고 다음과 같이 말할 것이다. "그런데, 어떻게 하면 좋겠습니까?" 그는 협상의 주도권을 막 당신에게 넘겼다.

상황 능력

개인 능력의 일곱 번째 요소는 상황 능력이다. 이 능력에 대해서는 누구나 쉽게 경험할 수 있다. 우체국에서 사람들이 몸을 낮추는 것이 바로 이 능력이기 때문이다. 일반적으로 다른 분야에서는 전혀 힘을 갖고 있지 못하지만 특수한 상황에서 우체국 직원들은 소포를 받아줄 수도 있고 거절할 수도 있다. 그들은 이런 힘을 갖고 있지만 그것을 즐겨 쓰지 않는다!

상황 능력은 대규모 조직이나 정부 기관에서 흔히 나타나는데, 거기에서 근무하는 사람들은 업무 처리 방식에 있어서 재량권이 많지 않다. 그들이 어느 정도 재량권을 갖고 있을 때, 그래서 어느 정도 힘을 발휘할 수 있을 때, 그 힘을 쓰지 못해 안달이다!

나는 노바스코샤 주의 핼리팩스에서 열린 대규모 영업 집회에서 연설을 한 적이 있다. 내가 거기에 도착하기 전날 밤, 모든 파티를 마무리하는 최종 파티가 열렸다. 사람들은 정신을 잃을 정도로 술에 취했다. 그들 가운데 한 명이 새벽 세 시에 옷을 다 벗고 침대로 가다가 문득 얼음이 먹고 싶어졌다. 그는 방 안에 서서 얼음을 가지러 가기 위해 옷을 입어야 하나 말아야 하나 고민했다. 그러다 생각했다. "지금이 새벽 세 시 아닌가. 제빙기는 문 옆 모퉁이 어딘가에 있잖아. 누가 날 보겠는가? 귀찮으니 그냥 살짝 갔다 오자."

그는 복도로 나오는 순간 문이 안으로 잠긴다는 것을 깜박 잊고 있었다. 잠시 후 그는 얼음통을 들고, 아무것도 걸치지 않은 알몸으로 문 앞에 서서 이 위기를 어떻게 극복해야 할지 고민하고 있었다. 그는 마침내 선택할 수 있는 방법이 그리 많지 않다고 결론을 내렸다. 그는 얼음통을 내려놓고 핼리팩스 셰라턴의 복도를 가로질러 아래로 내려가 접수대 뒤에 있는 젊은 여자에게 갔다. 그는 자기 방 열쇠를 달라고 했다. 그녀는 그를 똑바로 쳐다보고 말했다. "손님, 그건 어렵지 않습니다만, 그 전에 신분을 확인해야 하는데요." 이것이 상황 능력이다. 그리고 그들은 절대로 그것을 즐겨 사용하지 않는다!

핵심 문제는 상대방이 당신을 억누르는 강력한 상황 능력을 보유하고 있어서, 당신이 아무리 훌륭한 협상가라 하더라도, 협상에서 패할 수밖에 없는 순간이 때때로 있다는 것이다. 따라서 당신이 어떻게 하든 양보해야 할 듯하면, 가능한 가장 우아하게 양보하는 것이 좋다. 화가 치민다고 상대에게 나쁜 인상까지 심어 준다면 올바른 행동이라고 할 수 없다. 그렇게 해도 양보해야 하는 상황은 변함이 없기 때문이다.

백화점에서 우리는 얼마나 많이 환불을 해 왔는가? 판매원들은 말한다. "좋습니다. 환불해 드리겠습니다. 그러나 이번에만 특별히 해 드리는 것입니다." 여기에서 무엇을 알 수 있는가? 우리가 어쨌든 양보를 해야 한다면, 가능한 우아하게 양보하여 상대에게 좋은 인상을 심어 주어야 한다는 것이다.

수년 전 내가 부동산 중개업을 하고 있을 때, 우리 회사는 캘리포니아의 한 지역에서 집을 네 채 지었다. 우리는 대개 콘크리트를 부어서 집을 지었는데, 막 콘크리트 붓기를 마칠 즈음에 시의 건축 검사관이 다가와서 보았다. "지금 뭐 하는 겁니까?" 그는 지나가는 말처럼 물었다.

우리가 보기에는 너무 뻔해서 물을 일이 아니었지만 그는 유모 감각이 있다고 알려진 사람이 아니어서 평범하게 대답했다. "콘크리트를 붓고 있습니다."

"내가 배관 작업에 대한 승인을 하기 전에는 진행하면 안 됩니다." 우리는 직감적으로 그가 이 상황을 즐기고 있다고 생각했다.

현장은 발칵 뒤집어졌다. 우리는 허둥지둥 건축 허가서를 찾아보았다. 끔찍하게도, 그의 말이 맞았다. 누군가 실수를 했고, 건축 담당자는 명백한 상황 능력을 보유하고 있었다. 우리는 인부들을 모아서 콘크리트가 굳기 전에 파내야 할 상황이었다. 그렇게 파내고 나면 담당자는 배관 공사 상황을 힐끗 보고 승인해 줄 것이었다.

요점은 그 상황에서 화를 내면 안 된다는 것이다. 그럴 때에는 현상에 대한 상황 능력을 인식하고, 처리한 다음에, 자신이 어느 정도 통제력을 발휘할 수 있는 분야로 움직여라.

정보 능력

개인 능력의 마지막 요소는 정보 능력이다. 정보 공유는 연대감을 생성시킨다. 미공개 정보는 억제 수단으로 쓰이기 쉽다. 대기업은 이 속성을 능숙하게 이용한다. 일정 수준의 정보를 경영층에서만 공유하고 노동자들에게는 밝히지 않는다. 그것은 비밀이기 때문이 아니다. 어떤 해를 끼치기 때문도 아니다. 경영층에만 알려진 일정 수준의 비밀이 노동자들을 통제할 수 있는 수단이 되기 때문이다.

인간은 일의 진행 상황을 알고 싶은 엄청난 본능적 욕구를 갖고 있다. 우리는 신비를 밝혀내고 싶은 욕망을 갖고 있다. 소를 들판에 풀어놓으면 그 소는 평생 그 들판에서 머문다. 언덕 건너편에 무엇이 있는지 절대로 궁금해 하지 않는다. 인간은 허블 망원경을 우주 공간으로 올리는 데 15억 달러를 쓸 것이며 그것이 제대로 작동하지 않으면 수리비로 20억 달러를 더 쓸 것이다. 이런 엄청난 돈을 쓰는 이유는 딱 한 가지, 우주에서 무슨 일이 일어나는지 알아야 하기 때문이다.

정보 억제는 효과적인 압박 수단이 될 수 있다. 당신이 구매 위원회에 상세하게 제품 소개를 마치자 위원들이 말한다. "우리끼리 잠시 이야기를 해야겠습니다. 복도에서 기다려 주시겠습니까? 얘기가 끝나면 부르겠습니다." 복도에 앉아 있을 때 당신은 마음이 편치 않을 것이다. 사람은 정보가 차단되는 상황을 싫어한다.

그러나 그들이 단지 협상 전략으로 그렇게 할 뿐이라는 것을 알아차리는 순간, 그들이 안에서 누구나 알고 있는 축구 경기 결과에 대해 이야기할 뿐이라는 것을 알아차리는 순간, 더 이상 그런 수법에 휘둘리지 않게 된다. 그들은 상대를 회의실 밖으로 내보내면, 자기들이 심리적으로 유리해진다는 것을 알고 있다. 그들은 협상 현장에서 우리가 멀어질 때 우리의 자신감은 떨어지고 자기들의 힘은 강해진다는 것을 알고 있다. 우리가 그들의 속셈을 깨달을 때 그런 수법은 더 이상 압박 수단이 되지 못한다.

당신이 바이어보다 우위에 설 수 있는 여덟 가지 요소는 다음과 같다.

1. 직책 능력: 시장에서의 당신의 직함 또는 지위
2. 시혜 능력: 바이어가 당신을 '자기에게 은혜를 베풀 수 있는 사람' 이라고 생각하는가?
3. 위압 능력: 바이어는 당신과 거래함으로써 자기 문제가 해결된다고 생각하는가?

4. 인격 능력: 일관된 태도를 보여줄 수 있는 능력. 이것이 신뢰감을 만들어 낸다.
5. 카리스마적 능력: 인격의 힘
6. 전문 기술 능력: 바이어는 당신이 자기보다 당신 제품에 대해 더 많이 알고 있다고 생각하는가?
7. 상황 능력: 바이어가 여건 때문에 불리한 처지에 있는가?
8. 정보 능력: 바이어는 당신이 도움이 될 만한 정보를 많이 갖고 있다고 보는가?

기회가 있으면, 각각의 요소에 대하여 자신을 평가해 보라. 당신이 자신을 보는 것이 아니라, 실제로 자신이 아니고 다른 사람이라고 생각하고, 자신을 평가해 보라. 이 여덟 가지 분야에 대해 바이어는 당신을 어떻게 생각하는가? 각 요소에 대해서 1부터 10까지 점수를 매겨보라. 1은 매우 약하고 10은 매우 강한 것이다. 그 점수들을 모두 더해 보라. 모든 요소에서 모두 '가장 강하다'는 평가가 나온다면 80점이 될 것이다. 점수가 60점대라면 파워 협상가에 해당하는 좋은 점수이다. 당신에게는 능력이 있다. 그러나 아직 완벽하지는 않다.

점수가 70점을 넘었다면, 사람들과 거래할 때 너무 위압적이 되지 않도록 조심할 필요가 있다.

점수가 60점이 안 된다면, 약한 측면이 있다. 스스로에게 약한 점수를 준 요소들을 살펴보고 그 요소에 대하여 10점까지 받기 위해 할 수 있는 일을 생각해 보라.

이 목록들을 보면서 잊지 말아야 할 것이 있다. 이 여덟 가지 요소들이 한편으로 바이어가 당신을 몰아붙여 무력감을 느끼게 만들 수 있는 방법이 되기도 한다는 점이다. 따라서 협상하다가 주도권을 잃었다고 생각될 때, 즉 상대방이 당신을 압박하기 시작할 때에는 먼저 이들 요소 가운데 어떤 요소가 당신을 압박하는지 알아보라. 그것이 파악되면 대처하기가 수월하다.

파워 영업 협상가가 되기 위해서는 특히 네 가지 요소에 신경을 써야 한다. 이들 네 가지 요소가 합쳐졌을 때의 효과는 엄청나다. 이들 네 가지가 한 사람에게 모여졌을 때 믿을 수 없는 일이 일어난다. 그 네 가지는 다음과 같다.

1. 직책 능력 : 직함의 힘
2. 시혜 능력 : 사람들에게 시혜를 베풀 수 있는 능력
3. 인격 능력 : 일관성
4. 카리스마 능력 : 인격, 그것을 발현시키는 정력

좋은 쪽으로든 나쁜 쪽으로든 이 요소들은 강력하다. 1930년대에 아돌프 히틀러가 독일 통치권을 장악한 것도 이 네 가지 요소 덕분이었다. 그는 쉬지 않고 직함을 강조했다. 총통! 총통! 총통! 그는 끊임없이 시혜 능력을 강조했다. 그는 독일 사람들에게 늘 말했다. "만약 우리가 이것을 해낸다면, 만약 우리가 체코슬로바키아와 폴란드를 침공하면, 그것은 그대로 우리 것이 됩니다. 우리는 결코 이 길을 포기하지 않을 것입니다." 그리고 최면적인 카리스마를 갖고 있다. 그는 웅변으로 수십만 명의 사람들에게 최면을 걸 수 있었다.

데이빗 코레슈가 텍사스의 웨이코에서 다비드 분파 신도들을 장악한 것도 같은 방식이었다. 그가 신도들을 얼마나 확실하게 장악했는지 신도들은 그에게 어디서 살아야 하는지, 무엇을 생각해야 하는지, 무엇을 말해야 하는지 가르쳐 달라고 했을 뿐만 아니라 목숨까지 맡겨 죽을 때를 알려 달라고 했다. 그는 신을 자처했다! 그는 시혜 능력을 늘 강조했다. "만약 네가 내 곁에 머문다면, 너는 천당으로 갈 것이다. 만약 네가 그들과 함께 간다면, 너는 감옥으로 갈 것이다." 인격 능력. "우리는 다른 세상 사람들이 어떻게 생각하든 신경 쓰지 않는다. 이것이 우리가 믿는 것이다." 카리스마적인 힘. 최면을 거는 듯한 능력은 모든 사이비 종교 지도자들의 특징이다.

존 F. 케네디와 로널드 레이건은 모두 이 네 가지 요소를 많이 갖고 있었으며 그 덕택에 현대 미국 역사에서 가장 인기 있는 대통령이 되었다. 당신이 이 네 가지 개인 능력의 요소들을 개발하는 데에 집중한다면 바이어에게 그런 능력을 발휘할 수 있다. 당신이 노력만 한다면, 나는 당신의 바이어 통제 능력이 크게 향상될 것이라고 약속할 수 있다.

36
상대를 파악하는 방법

이 장에서 나는 협상 게임의 상대방 다루는 방법에 대하여 계속 다룰 것이다. 35장에서는 개인 능력에 대해 알아 보았다. 36장에서는 바이어의 인격 유형을 확인하고, 거기에 협상 형태를 맞추는 방법에 대해서 가르친다. 여기에서 가르치는 방식은 고대 그리스 사람들이 썼던 것으로서 오랫동안 쓰이면서 효과가 검증되었다. 그러나 당신이 받은 영업 교육과 상충하는 면이 많을 것이다. 당신은 바이어가 제기할 수 있는 어떤 문제에 대해서도 대응할 수 있도록 준비된 답변에 대해서 배웠을 것이다. 그러나 좀더 효과적인 협상을 하려면 상대 바이어들의 각기 다른 인격 유형에 맞추어 대응해야 한다.

여기에서 언급하는 방식은 두 가지 척도에 바탕을 두고 있다.

첫 번째 척도는 바이어의 단정적인 정도이다 악수할 때 손을 잡는 세기, 질문에 대한 답변의 솔직성, 자기 이름을 스스로 말하는 방식 등을 보면 상대의 단정적 성향의 정도를 짐작할 수 있다. 단정적인 성향의 바이어는 거래를 빨리 매듭짓고 싶어 한다. 그런 사람은 악수하면서 말한다. "어서 오십시오. 준비해 오신 것을 한 번 볼까요?" 단정적인 바이어는 빨리 결정한다. "당신이 정가에서 20퍼센트 깎아 준다면 한 트럭 분량을 주문하겠습니다. 15일까지 납품해 주시고 운송 책임을 져 주십시오. 거래를 하시겠습니까, 안 하시겠습니까?" 덜 단정적인 사람은 좀더 시간을 갖고 당신을 알아보려고 한다. 그런 사람은 오랫동안 집중해서 생각하며, 따라서 결정도 천천히 하는 습관이 있다. 이런 사람들은 진심으로 생각할 시간을 필요로 한다.

사람의 성향은 거래를 마무리할 때 주요 갈등 요인이 된다. 당신이 빨리 결정하는 타입이라면, 우유부단하고 결정이 더딘 사람과 거래할 때 무척 답답하게 느껴질 것이다. 당신은 생각할 것이다. "그에게 일주일 동안이나 제안 설명을 했다. 내가 전화를 걸면 그는 아직도 생각중이라고 한다! 도대체 결정하는 데 얼마나 많은 시간을 써야 한단 말인가? 겨우 20만 달러짜리 거래인데. 그렇게 큰 거래도 아니지 않은가."

반면에 당신이 비교적 여유있는 성품의 사람이라면 천천히 결정 내리는 타입일 것이며 빨리 결정하는 사람을 매우 미심쩍어 할 것이다. 당신은 말한다. "내가 이 바이어에게 제안서를 주었다. 그는 아주 간단하게 살펴보았다. 겨우 3, 4분도 안 되는 시간이었다. 그리고는 말한다. '좋습니다. 이대로 합시다.' 이 회사의 신용도는 틀림없이 최악일 거야. 우리가 대금을 못 받을지도 몰라. 이렇게 빨리 결정한다는 것은 정상이 아니야."

두 번째 척도는 바이어의 감정 수준이다 이것은 좌뇌적 사고방식과 우뇌적 사고방식의 경우와 같다. 감정적인, 우뇌적 사고방식인 사람들은 창조적이고 사람에게 관심을 갖는다. 비감정인 사람, 좌뇌적 사고방식인 사람은 사물을 이분법적으로 보며 사물에 관심을 갖는다. 상대방의 감정 성향을 파악하려면 그의 대화 방식, 그리고 그가 상대방에게 얼마나 온화하게 대하는지를 파악하라.

위의 두 가지 척도, 즉 단정적인 정도와 감정적인 정도를 섞는다면, 네 가지 유형이 나온다.

첫째, 단정적이고 비감정적인 사람이다 나는 이런 사람을 실용주의적 사람이라고 부른다. 실용주의적 바이어는 흔히 전화를 선별적으로 받는다. 그의 비서는 그에게 전화를 연결하기 전에 전화 건 사람이 누구인지, 용건은 무엇인지 알려고 한다. 사업 방식에서는 형식을 많이 따진다. 그런 사람은 비서에게 전화 건 사람의 신분을 확인하게 하고, 자기의 약속을 확인시키고 당신을 자기 사무실로 안내하게 할 것이다.(바이어에게 자기를 만나러 직접 사무실로 오게 하지 않는다.) 실용주의자들은 스키, 스쿠버다이빙, 비행과 같은 스포츠를 좋아한다. 골프를 좋아할 수도 있겠지만 시간이 많이 걸리는 것을 싫어하며 흔히 거기에 많은 시간을 투여하지 않을 것이다. 그런 사람은 말쑥하며 잘 정리되어 있고 늘 정장 차림이다.

실용주의적인 사람을 대할 때에는 사소한 이야기로 시간을 낭비해서는 안 된다. 당신은 거래 제안을 하기 위해 그를 만나는 것이지 잡담하려고 만나는 것이 아니다. 어젯밤에 있었던 농구 경기를 화제에 올려 분위기를 부드럽게 하려고 하면 그는 아예 고개를 돌려 버린다. 실용주의적인 사람에게는 정보를 너무 많이 주어서는 안 된다. 그런 사람은 꼭 필요한 최소한의 정보만으로 결정한다. 그의 마음을 움직이려고 좀 과장하여 상품을 설명하면, 그는 당신을 사기꾼쯤으로 생각할 수도 있다. 확실한 사실에 바탕을 둔 빠른 결정을 예상하라.

둘째, 단정적이면서 감정적인 사람이다 그런 사람을 나는 외향적인 사람이라고 부른다. 외향적인 사람은 우호적이고 개방적이다. 그런 사람은 흔히 전화를 직접 받으며 걸려오는 전화를 반드시 선별해서 받으려고 하지도 않는다. 당신이 그의 회사로 간다면, 복도까지 나와서 맞이하기를 좋아하며 직접 회사 구경을 시켜주기도 한다. 그는 건물 안에서 만나는 사람들 누구에게나 따뜻하게 인사한다. 그는 농구나 축구와 같이 구경하면서 즐기는 박진감 넘치는 스포츠를 좋아한다. 그는 사무실에 가족사진을 놓아두었을 수도 있다. 실용주의자의 생각에 너무 형식에서 벗어났다고 생각되는 사람이다.

그러나 그가 휴가 얘기나 사냥 갔던 이야기를 하면서 시간을 보내더라도 누군가 사업상의 결정을 하기 위해 들어오거나, 당신이 있을 때 전화를 받으면, 빨리 결정을 내릴 것이다.

이런 사람은 친근감 있고 따뜻하지만 서슴없이 '노'라고 말하기도 한다. 따라서 그는 인간적이기도 하지만 단정적이기도 하다. 그는 특별히 짜임새 있는 생활을 하지도 않고 아마 책상도 어질러져 있을 것이다. 그는 뒷심이 부족하기는 하지만 호감이 가고 즐겁게 같이 할 수 있는 사람이다.

외향적인 사람과 거래를 할 때에는, 그에게 이익이 되는 점을 열정적으로 설명하라. 그를 흥분시켜라. 그의 관심사에 대해서 말하라. 크게 성공했던 이야기, 크게 실패했던 이야기를 하면서 그에 접근하라. 제안에 대하여 얼마나 열광적인 관심을 갖느냐에 바탕을 두고 빨리 결정이 내려진다고 예상하라.

셋째, 비단정적이고 감정적인 사람이다 나는 그런 사람을 감성적인 사람이라고 부른다. 감성적인 사람은 장벽을 설치하는 경향이 있다. 그는 집 전화번호를 전화번호 안내 서비스에 올리지 않는 경우가 많으며 사무실 문에는 '잡상인 출입금지' 표시를 해놓았을 것이다. 그는 아마 한 집에서 오랫동안 살 것이다. 사람은 물론이려니와 갖가지 사물과도 관계를 맺기 때문이다.

그는 아마 오래 된 자동차를 몰고 다닐 것이다. 자동차 가게에 가서 끈덕진 세일즈맨에게 시달리는 것을 걱정하기 때문이다. 그는 사업가로는 어울리지 않는다. 그는 단정적인 결정을 해야 하는 경우가 거의 없는 대기업의 조직 틀 안에서 관리하는 것을 선호한다. 그는 임기응변에는 약해 보인다. 그에게 전화를 걸어서 약속을 잡아보라. 언제라도 들르라고 말할 것이다. 그는 꽉 짜여진 것을 좋아하지 않는다. 왜냐하면 사람들에게 '노' 라고 말할 수 없기 때문이다. 위원회에 참석해 달라는 요청을 받으면 그는 막연히 시간이 없다고 거절한다. 그래서 그는 감당할 수 있는 양보다 많은 일을 떠맡는 경향이 있다. 그의 주변 환경은 따뜻하고 편안하다. 그는 집, 가구, 차 등과 같은 생활용품과 관계를 형성하고, 그것을 바꾸려고 하지 않기 때문이다.

감성적인 사람과 상대할 때에는 서두르지 말아야 한다. 그가 당신을 믿을 때까지 기다려야 한다. 당신이 정말로 사람에 신경 쓴다는 점을 보여주어야 한다. 그를 만날 때에는 조심해야 한다. 아무리 사소한 일이라도 그를 자극할 수 있기 때문이다. 그에게 압박을 가하지 마라. 그는 몰려서 결정하는 상황을 좋아하지 않는다. 그저 그 성향을 인정하고 그에게 생각할 시간을 주어야 한다. 그가 당신에게 편안함을 느낄 때까지 기다려야 한다.

넷째, 성향은 비단정적이고 비감정적인 사람이다 나는 그런 사람을 분석적인 사람이라고 부른다. 분석적인 사람은 엔지니어나 회계 업무에 가장 어울릴 만하다. 그는 아마 기계를 무척 좋아할 것이며 컴퓨터, 계산기, 최신식 전화기로 둘러싸여 있을 것이다. 그는 주위에서 팩시밀리를 집에 가장 먼저 장만한 사람일 것이다. 그는 호기심이 매우 강해서 정보를 쏙쏙 빨아들이며 만족하는 법이 없다. 그에게 책을 보여 주면 언제 어떻게 인쇄되었는지부터 보려고 할 것이다.

그가 일을 처리하는 모습을 보면 아주 흥미롭다. 그는 엄청난 양의 정보를 분석하면 어떤 일이든 해나갈 수 있다고 생각한다. 분석적인 사람은 시간관념이 매우 투철하다. 따라서 그에게 "점심시간쯤에 그리 가겠어요"라는 식의 이야기를 듣는 일은 거의 없다.

그는 이렇게 말할 것이다. "열두 시 십오 분에 그리 가겠습니다." 그는 또한 숫자관념도 철저하다. 그는 가격이 100달러 조금

넘을 것이라는 식으로 이야기하지 않는다. 그는 가격이 114.16달러라고 말할 것이다. 그는 정확한 것을 좋아한다. 따라서 당신이 그런 사람에게 제품 명세를 말할 때에는 소수점 이하 두 자리까지 딱 부러지게 밝히는 것이 좋다.

분석적인 사람과 상대할 때에는 정확성에 만전을 기하라. 그에게 오늘이 무슨 요일이냐고 물어보라. 그는 대답할 것이다. "오늘은 수요일입니다. 그러나 통가 섬은 아닙니다. 거기는 이미 목요일 아침입니다." 그는 분석에 마음이 끌리고 모든 것을 표나 그래프로 표시한다. 따라서 그가 당신에게 어떤 수치를 알려 달라고 하면 단 단위까지 일러 주어야 한다. 작업과 관련된 세세한 부분까지 대답할 준비를 하라. 그의 관심 사항, 즉 공학 기술이나 컴퓨터 기술과 같은 분야의 이야기를 해서 그와 친분 관계를 쌓아라.

일단 바이어의 성향 파악이 얼마나 쉬운 일인지 깨닫고 나면, 영업에 대해서 이제까지 교육받은 여러 가지 사항에 대하여 의문이 생길 것이다.

예를 들어 당신은 늘 열정적이어야 한다고 배웠을 것이다. 안 그런가? 바이어가 당신 제품이나 서비스에 대해서 열광적으로 반응할지 어떻게 짐작할 수 있는가? 열정은 외향적인 사람에게는 아주 훌륭한 접근 방법이다. 그런 사람은 자극에 민감하게 반응하기 때문이다.

그리고 감성적인 사람에게도 좋은 방법이다. 그런 사람은 열정에서 따뜻한 느낌을 받기 때문이다. "당신은 그가 그것에 대해서 얼마나 좋게 느끼는지 알 수 있다. 따라서 그것은 좋은 아이디어

임이 틀림없다."

그러나 실용주의적인 사람에게는 열정이 싫증을 느끼게 한다. "그런 쓸데없이 장황한 얘기는 하지 마세요." 그럴 때 그는 생각한다. "내가 결정을 내리는 데 필요한 사실만 이야기해 달란 말이야."

분석적인 사람에게는 열정으로 설득시킬 방법이 없다. 그는 정보가 충분하다고 느끼기 전에는 결정을 내리지 않을 것이다.

또 하나, 당신은 영업 교육에서 대화 주도 방법을 배웠을 것이다. 바이어가 질문하면 되질문으로 대답을 대신하라.

"30일 이내에 배달할 수 있습니까?"

"30일 이내에 배달되기를 원하십니까?"

"푸른색이 오나요?"

"푸른색을 좋아하십니까?"

"90일 후 결제로 할 수 있습니까?"

"90일 후 결제를 원하십니까?" 등의 질문과 대답이 될 것이다.

이것은 분석적인 사람에게 좋은 방법이다. 그런 사람은 질문을 좋아하기 때문이다. 상대방은 온종일 그 자리에 앉아서 질문과 대답을 주고받을 것이다.

이것은 감성적인 사람에게도 좋은 방법이다. 그것은 당신이 그에게 관심이 있다는 표시이기 때문이다.

그러나 실용주의적인 사람이 당신에게 질문했다면, 그는 대답을 듣고 싶어 한다. 그는 당신과 말 주고받기 놀이를 하고 싶어 하지 않는다.

단정적이고 외향적 사람에게도 사정은 마찬가지이다. 그는 당신이 직접적이고 개방적인 태도로 거래하지 않는 한 당신을 따뜻하게 대하지 않을 것이다. 그는 빨리 결정하겠지만 그것은 사실에 근거를 둔 결정이 될 것이다.

또 다른 영업 교육 사항 가운데 하나는 사람들이 감정적으로 사지, 논리적으로 사지 않으며 사람들에게 논리가 필요한 오직 한 가지 이유는 자기가 감정적으로 내린 결정을 정당화하기 위함이라는 것이다.

그것은 외향적인 사람에게는 진실이다. 도널드 트럼프는 트럼프 타워 건물 복도에 쓸 분홍색 이탈리아 대리석을 수백만 달러에 샀다. 그가 거액을 들여 이탈리아 대리석을 산 이유는 딱 한 가지, 그렇게 하는 것이 옳다고 생각되었기 때문이다.

감성적인 사람에게도 그 말은 맞는다. 감정이 당신과 당신이 하는 일에 대한 따뜻한 느낌으로 바뀌기 때문이다.

그러나 실용주의자들은 감정적으로 돈을 쓰지 않는다. 그들은 자기가 원하는 것이 대가로 돌아올 것이기 때문에 돈을 쓴다.

분석적인 사람들도 감정적으로 구매 결정을 하지 않는다. 그는 모든 수치가 적정 수준에 이르렀다고 생각될 때에 구매 결정을 할 것이다.

알아 두어야 할 것은 단정적인 측면이나 감정적인 측면에서 당신과 다른 성향을 가진 사람과 상대할 때에 가장 어렵다는 점이다. 당신이 단정적이고 비감정적인 실용주의자라면, 다른 실용주의자를 좋아한다. 그는 솔직하며 허튼 소리를 하지 않으며 당신이 어떤 질문을 한다면 곧바로 원하는 답을 들을 것이다. 당신이 어떤 결정을 원하면 그것을 얻을 것이며 그는 그것을 받아들일 것이다. 문제는 당신이 비단정적이고 감정적인, 이른바 감성적인 사람과 거래할 때이다. 이때에는 어려움에 빠져든다. 당신은 빨리, 비감정적으로 생각하지만 상대는 천천히, 그리고 감정적으로 생각한다.

당신이 감성적인 사람에게 제안했을 때, 그가 받아들이지 않을 이유는 전혀 없을 것 같다. 당신이 현재 공급자보다 더 좋은 제품을 더 싸게 공급할 수 있다는 것은 너무도 분명하다. 따라서 바이어는 현재 공급자와 거래를 끊고 당신과 거래해야 한다. 그러나 그는 망설이고 있다. 그의 생각은 이렇다. "나는 아직 당신이 편하게 느껴지지 않아. 나는 내가 편한 사람과 거래하고 싶거든. 당신이 얼마나 알고 있는지 말하기 전에, 당신이 얼마나 좋아하는지 말하시오."

반대로 감성적인 사람은 당신 같은 실용주의자와 거래할 때 가장 어려움을 겪을 것이다. 이런 종류의 사람에게 당신은 아주 냉정하며 비인간적으로 보인다. 당신은 사람에 대한 감정은 전혀 없고 모두 사업적으로만 대하는 것처럼 보인다. 따라서 감성적인 사람은 당신과의 거래를 좋게 생각하지 않는다.

당신이 단정적이고 감정적인 외향적 사람이라면, 역시 외향적인 사람을 좋아한다. 그런 사람들은 재미있으며 신호가 있으면 즉시 일을 시작하고 활기차다. 문제는 당신이 비단정적이면서 비감정적인 분석가와 거래해야 할 경우이다. 당신은 어려워지기 시작한다. 당신이 보기에 분석적인 사람들은 너무 많은 정보를 필요로 하는 것 같다. 그들은 사소한 일에 너무 신경을 많이 써서 큰 그림을 보지 못하는 것 같다. 당신이 보기에 그들은 일하는 방식이 너무 조심스럽다. 분석적인 사람들에게 있어서 정확성은 신에 대한 믿음에 필적할 만큼 중요한 문제이기 때문이다.

어떤 분석적인 사람이 묻는다. "언제 물건을 발송하십니까?"

그가 듣고 싶은 말은 이를테면 이런 식이다. "1월 16일 오후 세 시 십오 분까지 발송하겠습니다."

다음과 같은 대답은 질색이다. "1월 중순쯤에 발송하겠습니다." 그는 분 단위까지 정확한 대답을 듣고 싶어 한다.

그가 "포장의 페인트 두께는 어느 정도로 할 생각입니까?"라고 물었을 때 "아마 중간쯤으로 할 것입니다"라는 대답은 금물이다. 그는 1,000분의 1인치 단위까지 정확한 대답을 듣고 싶어 한다.

반대로 분석적인 사람은 외향적인 당신이 너무도 경망스럽다고 생각한다. 당신은 일을 너무 쉽게 처리하며 마땅히 알아야 하는 정보를 알지 못한 채, 엉뚱한 곳에서 시작한다.

성향에 따른 차이점

이제 이들 각각의 성향들이 얼마나 다르게 협상하는지 알아 보자.

실용주의적인 사람은 협상 상황에서 싸움꾼으로 변한다. 여기에서 싸움꾼이란 협상의 목표가 오직 승리인 사람이며, 그에게 있어서 승리란 곧 다른 누군가가 져야 한다는 것을 의미한다. 뭐 잘못된 것이 있는가? "그것이 바로 세상의 이치이다. 윈윈 전략이라는 말도 안 되는 헛소리에 시간을 허비할 까닭이 없다. 도대체 내가 협상하면서 왜 상대방의 입장까지 신경 쓴단 말인가? 자기 입장은 자기가 생각해야 하는 거 아닌가? 나는 원하는 바를 얻기 위해 싸울 것이며 그들 또한 그들이 원하는 바를 얻기 위해 열심히 싸울 것이다."

그런 싸움꾼이라면 정말로 상대하고 싶지 않은 것이다. 그러나 그들은 깨지기 쉬운 결점을 갖고 있다. 그들의 결점은 협상에서 한 가지 사안에 집착한다는 점이다. 그들은 협상을 이기느냐 지느냐의 게임으로 보기 때문에 게임에서 이길 방법을 갖고 있어야 한다. 따라서 싸움꾼 바이어가 당신과의 협상에서 이기는 것은 현재 공급자보다 더 싸게 당신으로부터 공급받는 것이라고 생각한다. 따라서 그는 그 한 가지 사안에 사로잡힌다. 만약 당신이 이것을 알아차린다면, 상대가 그 목표를 달성하기 위해서 다른 모든 사안에 대해서는 쉽게 물러선다는 것도 알게 된다. 예를 들어 당신이 위탁을 받아 상업용 부동산을 팔고 있다고 하자. 싸움꾼인 원판매자는 자기의 쇼핑센터의 판매 가격을 1,000만 달러로 정해 놓고 한 푼도 깎아주지 않겠다고 마음먹었다. 만약 당신이 그에게 980만 달러짜리 제안서를 갖다 주면 그는 거절할 것이다. 그렇게 하면 자기가 지는 것이라고 생각하기 때문이다. 그러나 1,000만 달러에 팔되 100만 달러는 6퍼센트 이자의 10년 만기 어음으로 주는 조건이라면 받아들일 것이다. 사실 그것은, 시간에 따른 돈의 가치 변화를 생각하면, 현금으로 98만 달러를 받는 것보다 나쁘다. 그러나 그는 현금 98만 달러짜리 매매는 받아들이지 않을 것이다. 자기가 게임에서 이긴다는 기준에 맞지 않기 때문이다.

싸움꾼과 관련하여 또 다른 문제는 그런 사람들은 자기의 승리 확인을 위해 패자를 보아야 한다는 것이다. 거리의 싸움꾼에게는 아예 윈윈이라는 말조차 쓰지 마라. 대신 그에게 피를 묻혀 주고 당신이 얼마나 다쳤는지 말해 주어라.

외형적인 사람은 덜렁이 협상가로 바뀐다. 덜렁이는 사물에 대하여 무척 흥분해서 균형 감각을 잃는 경향이 있는 사람을 말한다. 이런 세일즈맨은 소프트볼 팀을 조직하여 거기에 아주 재미를 느끼고 열광하는 사람이다. 그에게는 화요일 밤에 소프트볼을 하고 싶지 않은 사람이 세상에 있다는 것은 상상할 수도 없는 일이다.

덜렁이는 협상 전체가 거의 실패로 돌아가도 문제점을 전혀 깨닫지 못할 가능성이 아주 높다. 그런 사람들은 흔히 사무실로 돌아와 책상을 차며 말한다. "그들은 다른 공급자와 계약했어! 그들이 나한테 어떻게 그럴 수 있지? 나는 며칠 전까지만 해도 그들과 한밤중까지 같이 술을 마셔주었는데."

감성적인 사람은 협상 중재자로 변한다. 중재자는 협상에서 이기는 데에 큰 목적을 두지 않는다. 그는 모든 사람이 만족하는 데 더 신경을 쓴다. 이런 사람이 반대의 성향을 가진 싸움꾼과 협상할 때에는 재미있는 현상이 벌어진다. 싸움꾼은 마지막 한 푼까지 긁어내려고 안간힘을 쓴다. 마침내 싸움꾼이 이제 더 이상 긁어낼 것이 없으니 협상은 끝났다고 생각하는 순간, 중재자가 싸움꾼 쪽으로 돌아서며 말한다. "이제 공평하다고 생각하십니까? 나는 당신을 이용하고 싶은 생각은 없습니다."

분석적인 사람은 실무자형 협상가로 변하는 경향이 있다. 전형적으로 분석적인 바이어는 엔지니어나 회계원 교육을 받았다. 따라서 모든 것이 명백해지고 확고부동하게 제 자리에 놓이기만 하면 문제없이 통과된다. 이런 사람들은 협상에서 밀어붙이기를 좋아하지 않는다. 그들은 모든 것이 제자리에 분명히 놓기를 좋아하며 그들이 좋아하는 표현은 "이것이 원칙이다"이다.

그 반대의 성향인 외향적인, 즉 덜렁이는 말할 것이다. "이봐, 우리가 지금 겨우 500달러 갖고 입씨름하고 있단 말인가! 우리 서로 반씩 양보하여 이 문제를 끝맺읍시다."

그러면 분석적인, 즉 실무자형 협상가가 말할 것이다. "우리가 지금 500달러 갖고 이야기하고 있다는 것은 맞습니다. 사실 당신이 반씩 양보하자고 제안했기 때문에, 이제 문제는 250달러입니다. 그렇죠? 그러나 이 시점에서 내가 생각하는 것은 원칙의 문제입니다."

따라서 당신이 분석적인 사람이라면, 협상 방식을 너무 고집하지 않도록 주의해야 한다.

이제 각각 성향의 다른 점을 살펴보고 각각의 협상 스타일이 우리의 목표인 호혜적인 파워 협상가와 어떻게 다른지 알아보자. 먼저 협상 요소들을 살펴본다.

협상에서의 목표

실용주의자, 즉 싸움꾼의 목표는 분명하다. 그의 목표는 승리이다. 이 사람은 협상에서 승리할 계획을 세운다.

외향적인 사람, 즉 덜렁이의 목표는 다른 사람에게 영향을 미치는 것이다. 이 사람은 다른 사람의 마음을 바꾸는 데 큰 재미를 느끼기 때문에 자기가 상대방의 마음을 바꿀 수 있는지 알아보기 위해 곧잘 상대방과 다른 입장을 취한다.

감성적인 사람, 즉 중재자의 목표는 합의이다. 이런 사람은 한 가지 중요한 문제에 대하여 합의를 이룬다면, 다른 것들은 수월하게 해결된다고 생각한다.

분석적인 사람, 즉 실무자의 목표는 원칙에 따라 질서정연하게 협상을 진행하는 것이다. 그는 형식을 갖추어 협상을 진행하고 싶어 하기 때문에 확립된 절차에 따라 협상하면 해결책이 나온다.

그렇다면 우리가 되려고 하는 호혜적인 파워 협상가의 목표는 무엇인가? 파워 협상가의 목표는 참석한 모든 사람들에게 좋은, 현명한 결과이다.

협상에서의 관계 설정

싸움꾼은 사람들을 공포 분위기로 몰아넣는 경향이 있다. 그는 호전적인 마음을 품고 있기 때문에 은연중에 상대에게 자기 뜻을 전한다. "내가 원하는 대로 하지 않으면 몹시, 아주 몹시 힘든 상황이 될 것이다. 아마 당신도 그런 상황을 좋아하지는 않을 것이다."

덜렁이 성향을 가진 사람은 상대방의 마음을 움직여서 협상을 하려고 한다. 상대방을 흥분시켜 흔들어 놓을 것이다.

중재자는 좋은 관계를 증진시키려고 한다. 그의 철학은 이렇다. "우리가 서로에게 충분히 호감을 갖게 되면 모든 일이 순조롭게 풀릴 것이다."

그리고 실무자 성향을 가진 사람은 상대와의 관계는 상관하지 않고 오직 사실에 바탕을 두고 엄격하게 협상한다.

호혜적 파워 협상가는 사람과 문제를 별개로 놓는다. 서로간에 조성되어 있는 감정 관계에서 사람을 한 걸음 뒤로 떼어놓고 일의 해결에 집중하는 것이 그 방법이다.

네 가지 성향의 협상 스타일

싸움꾼의 스타일은 몹시 딱딱하고 힘에 의존한다.

덜렁이의 스타일은 활기에 넘친다.

중재자의 스타일은 부드럽다(때로는 지나치게 부드럽다).

실무자의 스타일은 사람의 성향을 고려하지 않는다.

호혜적인 파워 협상가는 사람에게는 부드럽고 문제에 대해서는 분명하게 짚고 넘어간다. 그는 협상에 참여하는 모든 사람에게 편안하고 상냥하고 우호적이고 공손하게 대한다. 그러나 문제점에 대해서는 철저하게 파헤치며 거기에 집중한다.

협상가로서 각 성향이 지니고 있는 단점

싸움꾼, 즉 위압적인 성향은 특정 입장에 집중하기 쉽다. 협상에서 원하는 바를 결정하면, 비록 양보하는 것이 더 좋을 경우라도, 마음을 바꾸려고 하지 않는다.

덜렁이는 상대방을 무시하는 경향이 있으며 협상의 본질적인 진행이 어떻게 되어 가는지 잘 알아차리지 못하는 경향이 있다.

중재자는 너무 쉽게 흔들린다.
실무자는 유연성이 부족하다.

협상 방법의 차이

싸움꾼은 상대방으로부터 백기를 요구한다. 그는 다른 사람이 패배하지 않는 한 자기가 이길 수 없다고 생각한다.

덜렁이는 사람들의 기분을 고취시켜서 특정한 생각에 열중하게 하고 싶어한다. 사람들이 거기에 충분히 공감하면 일이 순조롭게 해결된다고 믿는다.

중재자는 손해를 감수하는 경향이 있다. 그의 원칙은 자기가 양보하면 상대방도 그만큼 양보한다는 것이다.

실무자는 자기의 협상 방식을 너무 고집한다.

호혜적인 파워 협상가는 누구도 손해를 보지 않는 협상 방안을 만들어내는 방법을 배운다.

따라서 협상 과정에서 중요한 것은 각자 취하고 있는 입장에서 사람을 분리해 내는 일이다. 입장이란 주로 인격 유형에 따라 달라지므로, 그 입장에서 사람들을 분리해 내면 서로의 이해관계에 관심을 집중시킬 수 있다. 이것이 핵심이다. 입장이 전혀 달라도 이해관계는 일치할 수 있기 때문이다.

미국과 러시아 사이의 관계 변화를 살펴보자. 40여 년 동안 러시아 사람들은 한 가지 입장에 맞추어 왔다. "자본주의자들과 입씨름 하는 것은 아무 의미가 없다. 그들은 세계를 지배할 때까지는 바뀌지 않을 것이기 때문이다. 그들과 협상할 까닭이 무엇이란 말인가?" 마찬가지로 미국 사람들도 '러시아 사람들은 너무도 경직되어서 그들과 말하는 것은 시간 낭비에 지나지 않는다' 는 입장을 견지해 왔다. 우리는 흐루시초프가 유엔에서 신발로 책상을 탕탕 친 이후 늘 그렇게 생각해 왔다. 그들은 세계를 공산주의 철학으로 지배할 때까지 멈추지 않을 것이다. 우리도 똑같이 불굴의 입장을 취해 왔다. 우리는 그들을 악마의 제국이라고 불렀다.

양측의 입장은 이러했다. 40년 동안 우리는 입장에만 신경을 썼다. 의심할 여지도 없이 양측은 세계 평화에 있어서 공통의 이해관계가 있었다. 양측은 군비 축소에 공통의 이해관계가 있었다. 서로 교역 상대가 되는 데에 이해관계가 있었다. 그들은 티탄을 갖고 있었다. 우리는 골프 클럽을 만들기 위해 티탄이 필요했다. 그러나 서로 입장만 고집하고 있는 동안에는 이런 이해관계를 볼 수 없었다.

따라서 호혜적인 파워 협상가는 사람을 그의 입장과 분리하는 방법을 배운다. 그 결과 그들은 서로의 이해관계에 집중할 수 있다. 이렇게 할 수 있는 핵심 사항은 바이어의 각종 성향을 잘 알고, 사안에 대한 그들의 접근 방법의 차이를 알아 보는 것이다. 그러면 그들이 당신과 근본적으로 다른 입장을 갖고 있더라도, 그들을 그들의 입장에서 분리시켜서 서로간의 이해관계에 집중할 수 있다.

37 윈윈 영업 협상 법칙 (서로 이익이 되는 협상)

파워 영업 협상의 이 과정을 끝내기 위해서, 윈윈 협상에 대해서 좀더 살펴보자. 바이어를 위압하여 평소라면 하지 않았을 일을 하도록 꾀하는 대신에 바이어와 함께 문제를 해결하고 상생의 방안을 개발해야 한다고 나는 믿는다. 이런 믿음에 대해서 이렇게 말하는 사람도 있을 것이다. "로저 씨 당신은 내가 하는 일에 대해서 잘 모르는 것이 분명합니다. 나는 약육강식의 세계에 살고 있습니다. 나의 바이어는 상대를 그냥 두지 않습니다. 그들은 자기 새끼도 잡아먹습니다. 우리 업계에서는 윈윈이란 존재하지 않습니다. 내가 판매를 할 때에는 두말할 필요도 없이 가능한 가장 높은 가격을 받아야 합니다. 물론 바이어는 가능한 가장 싼 가격에 사려고 합니다. 도대체 우리가 어떻게 윈윈 협상을 할 수 있단 말입니까?"

그렇다면 가장 중요한 사안에서부터 시작하자. 우리가 윈윈이라고 할 때 그것은 무슨 뜻인가? 말 그대로 양쪽 다 승리한다는 뜻인가? 아니면 양쪽의 손해가 비슷해서 공평하다는 뜻인가? 만약 서로 자기가 졌다고 생각한다면, 그것도 윈윈이라고 할 수 있는가?

윈윈의 가능성을 무시하기 전에, 먼저 윈윈에 대해서 좀더 생각해 보라. 예를 들어 당신이 대량 주문을 따내면서, "이겼다! 만약 바이어가 좀더 협상을 잘 했더라면 좀더 가격을 내릴 참이었다"라고 생각한다면 어떨까? 한편 바이어도 자기가 이겼다고 느끼면서 '상대가 좀더 협상을 잘 했다면 돈을 좀더 지불할 생각'이었다면 어떨까? 그렇다면 두 사람 모두 자기가 이겼고 상대가 졌다고 생각한다. 이런 상황을 윈윈이라고 할 수 있을까? 그렇다. 나는 양쪽이 계속 그렇게 생각한다면 윈윈 협상이라고 생각한다. 두 사람 가운데 한 명이라도 다음날 아침에 일어나서 "제기랄! 이제야 그 녀석의 수작을 알았어. 다시 보기만 해 봐라"라는 생각이 들지 않는 한 그것은 윈윈 협상이다.

상대의 첫 번째 제안을 덥석 받아들이지 말라고 한 것이나 좀더 부풀려서 요구하라고 한 것, 엄살 피우기, 받아들이기 쉽도록 명분을 제공하라는 등의 방법을 이용하여 상대로 하여금 스스로 이겼다고 생각하게 하라고 강조한 까닭이 바로 이 때문이다.

상대가 이겼다고 생각하게 끊임없이 노력하는 것 외에 지켜야 할 기본적인 법칙이 세 가지 있다.

법칙 1 협상을 한 가지 사안으로 좁히지 마라

만약 당신이 다른 문제들을 다 해결하고 가격 문제 한 가지만 남겨 놓았다면, 필연적으로 한쪽은 이겨야 하고 다른 한쪽은 져야 한다. 그러나 협상할 것이 두 가지 이상 남아 있는 한 언제라도 바꾸기를 시도하여 바이어로부터 가격 양보를 받아낼 수 있다. 그대가로 다른 것을 제안할 수 있기 때문이다.

때때로 바이어가 다음과 같이 이야기하면서 당신 제품을 별 특징이 없는 고만고만한 제품으로 취급할 수 있다. "우리는 이런 물건을 저울로 달아서 한 트럭씩 삽니다. 요구 사항만 충족시키면 어느 회사 제품이든 가리지 않습니다." 이것은 당신이 할 만한 양보는 가격을 깎아 주는 것뿐임을 강조하기 위해 한 가지 사안으로 협상을 몰고 가려는 수법이다. 그럴 때에는 다른 문제들, 이를테면 배달, 기간, 포장, 또는 보증 기간 등 가능한 모든 문제를 협상 대상으로 삼아야 한다. 그러면 그런 문제들로 바꾸기를 시도할 수 있고 협상 대상은 한 가지뿐이라는 생각도 없앨 수 있다.

어떤 세미나에서 상업용 부동산 세일즈맨이 나에게 왔다. 그는 1년 이상 끌어온 계약 협상을 거의 마무리지어 흥분해 있었다. 그가 말했다. "그리고 우리는 문제를 거의 다 해결했습니다. 우리는 가격 문제만 빼고 모든 사안에 대해서 합의했습니다. 가격에 대한 의견 차이도 겨우 7만 2,000달러에 지나지 않습니다." 나는 그의 말에 동의하지 않았다. 그는 이미 협상을 한 가지 사안으로 좁혀 놓아서 이제 승자와 패자로 갈라지는 일만 남았기 때문이다. 어떻게 마무리될지 모르지만, 그는 어려운 길로 접어들었다.

다행히 협상에는 주 협상 대상 외에 다른 중요한 요소들도 많이 있다. 따라서 윈윈 협상을 하려면 이런 요소들을 마치 조각 그림 맞추기처럼 잘 결합시켜서 양쪽이 다 이길 수 있는 방법을 마련해야 한다.

'법칙1'은 사소한 문제들에 대한 공통의 이해관계를 찾아내어 난국을 헤쳐 나가더라도, 한 가지 사안으로 좁히면 안 된다는 의미이다.

법칙 2 사람들이 정확하게 똑같은 것을 찾으려고 나온 것은 아니라는 점을 이해하라

우리에게는 '다른 사람들도 우리가 원하는 것을 원하며, 우리에게 중요한 것은 다른 사람에게도 중요하다' 는 관념이 뿌리 깊게 박혀 있다. 그러나 그것은 사실이 아니다.

세일즈맨이 빠지는 가장 큰 함정은 '협상에서 가장 중심적인 문제는 가격' 이라는 생각이다. 다른 많은 요소들도 바이어에게 중요하다. 당신은 바이어에게 제품이나 서비스의 품질에 대한 확신을 심어주어야 한다. 바이어는 제품이 제때에 배달되는지 여부도 알아야 한다. 또한 바이어는 자기네 거래 내역에 대한 적절한 관리가 가능한지에 대해서도 알고 싶어 한다. 결제 기한에 대해 얼마나 유동성을 발휘할 수 있는지 설명해 주어라. 당신의 회사가 바이어 회사의 동반자가 될 수 있을 만큼 재무 구조가 튼튼한가? 당신은 숙련되고 의욕에 찬 노동력의 뒷받침을 받고 있는가? 그밖의 대여섯 가지 요인과 함께 이런 요인들을 활용하라. 이 모든 요구 조건들을 충족시킬 수 있다는 것을 바이어에게 납득시킨 다음에만 가격이 결정적인 요소가 된다.

윈윈 협상의 두 번째 핵심 사항은 '당신이 원하는 것을 상대방도 원한다고 가정하지 마라' 이다. 똑같은 것을 원한다고 가정하면 상대방이 원하는 것을 얻을 수 있도록 도와줄 수 없다. 상대방이 얻는 만큼 당신은 얻을 수 없기 때문이다.

윈윈 협상은 사람들이 협상에서 똑같은 것을 원하지 않는다는

것을 이해할 때에만 이루어질 수 있다. 효과적인 영업 협상을 하려면 자신이 원하는 것뿐만 아니라 상대가 원하는 것도 배려해야 한다. 바이어와 협상하면서 잊지 말아야 할 것은 '상대방으로부터 내가 무엇을 얻어낼 수 있는가'가 아니라 '내 입장에서 벗어나지 않으면서 상대방에게 무엇을 줄 수 있는가'라는 생각이다. 당신이 상대가 원하는 것을 줄 때 상대도 당신이 원하는 것을 줄 것이기 때문이다.

법칙 3 너무 욕심을 부리지 마라

협상 테이블에서 마지막 한 푼까지 긁어내려고 하지 마라. 당신은 스스로 환호성을 지를지 모르지만 당했다고 생각하는 바이어가 당신을 돕겠는가? 협상 테이블에 남은 마지막 한 푼을 집는 것은 너무 큰 대가를 요구한다. 이른바 소탐대실이다. 따라서 모든 것을 가지려고 하지 말아야 한다. 당신이 무엇인가 남겨 놓으면 바이어는 자기가 이겼다고 생각한다.

법칙 4 테이블에서 무엇인가 얹어 주어라

당신이 하기로 약속한 것 이외에 덤으로 무엇인가 해 주어라. 바이어에게 조그만 추가 서비스를 제공하라. 의무적으로 해야 하는 일 외에 조금만 더 바이어에게 성의를 표시하라. 바이어 입장에서는 협상하지 않아도 되는 그 작은 성의 표시가 협상해야 했던 모든 것보다도 더 큰 의미가 될 수 있다.

잊지 말아야 할 주요 사항

1. 협상을 한 가지 사안으로 좁히지 마라.
2. 바이어가 원하는 것을 얻을 수 있도록 도와주면 당신이 원하는 것을 덜 얻게 된다고 가정하지 마라. 미숙한 협상가는 바이어의 입장을 깨뜨리려고 노력한다. 파워 영업 협상가는 서로의 입장이 완전히 상반되더라도 양쪽의 이해관계는 중립적일 수 있으므로 각자의 입장에서 벗어나서 이해관계에만 집중하게 할 수 있다.
3. 너무 욕심을 부리지 마라. 협상에서 마지막 한 푼까지 긁어내려고 하지 마라.
4. 테이블에서 무엇인가 없어 주어라. 상대방이 흥정하려고 했던 것 이상을 해 주어라.